La Nueva Vida en Cristo y El Ca
con Enfasis en las Bienaventuranzas

Editado por el Departamento de Educación Teológica de la Editorial Universitaria Libertad

Madrid, España.

Pág. Web: **http://alv36588.wix.com/editorial-libertad**

Contenido.

INTRODUCCIÓN

Una experiencia vivida hace casi un cuarto de siglo me va a servir de ilustración para introducir esta obra. Ocurrió durante mi primer pastorado, en Jovellanos, Cuba, entre los años 1952 y 1956. Un pastor graduado en la Facultad de Filosofía de la Universidad de La Habana, se reunía periódicamente conmigo para estudiar. Un día nos llamó la atención el hecho de que en el patio del templo habían aparecido una gran cantidad de plantas no conocidas en la zona. Luego se comprobó que se trataba de plantas de tabaco que nadie había sembrado deliberadamente. El hecho causó consternación porque las iglesias evangélicas cubanas se oponían - y creo que lo siguen haciendo - a que los cristianos fumaran. En toda la región no se sembraba tabaco, y la plantación más cercana distaba unos doscientos kilómetros. El enigma pronto quedó aclarado. Unos sesenta años atrás habían revocado las paredes del edificio principal con tierra; en esa época se sembraba tabaco en aquella región. Cuando durante mi pastorado se hizo un nuevo revoque, las semillas de tabaco que habían quedado aprisionadas en el primero, fueron esparcidas por todo el patio, y, al darse las condiciones favorables de humedad y sol, la vida brotó.

Esta experiencia me estimuló a reflexionar sobre la imagen de Dios en el hombre. Desde entonces esta doctrina bíblica me apasiona. En cada ser humano el hombre nuevo está en potencia y se necesitan condiciones adecuadas para el nacimiento a la vida renovada. A veces los duros golpes de la picota de la vida son necesarios para hacer posible el nacimiento a la nueva vida.

En esta obra presentaremos al hombre nuevo como una posibilidad para cada ser humano. El hombre nuevo comienza a realizarse desde el momento en que acepta el señorío y la salvación de Jesucristo y comprende que hay un largo camino que recorrer, bajo la dirección del Espíritu Santo. Sólo así puede concretarse el hombre nuevo capaz de dar frutos. La semilla de *Dios* (*esperma-toteu*) está latente en todos los seres humanos, sean creyentes o incrédulos - como en las semillas de tabaco del templo de Jovellanos - pero no sólo se necesita el nuevo nacimiento: hay también que crecer y fructificar. Igualmente la semilla del animal (*espermatozoide*) es vida en potencia para fecundar un óvulo, vida en potencia que quizás nunca se concrete; pero una vez producida la fecundación, ésta no es más que el comienzo de un complicado proceso que culmina en el hombre adulto.

Las semillas de tabaco existieron como vida en potencia en las paredes de un templo; no es exagerado asegurar que en la mayoría de las iglesias de hoy se produce el mismo fenómeno, no porque haya semillas empotradas en los muros del templo, sino porque sus estructuras institucionales, sus ritos y costumbres y su cultura confesional se constituyen en sustitutos para la nueva vida en Cristo.

Muchas personas participan de las actividades de instituciones religiosas (iglesias con minúscula) sin haber nacido de nuevo, ni estar en camino hacia el completamiento de la condición humana según el modelo de Jesucristo.

Nuestra esperanza es que la lectura de este libro sea una ayuda para comprender cuán compleja es la vida cristiana y cuán necesario es desarrollarse, pasando por etapas diferentes, para concretar el hombre nuevo.

Los conceptos de imagen de Dios, hombre nuevo, segundo Adán y hombre perfecto apuntan a una misma realidad: el hombre según la intención original de Dios. No ocuparé más tiempo en establecer diferencias sutiles entre estos conceptos. Lo importante es, a mi juicio, estimular al lector a tomar muy en serio la posibilidad de lograr, para sí y para su prójimo, la nueva humanidad prometida en las Sagradas Escrituras.

Provincia de Buenos Aires.

¿Qué es el hombre?

Distintas ciencias han tratado de encontrar una definición precisa para describir al hombre. La más clásica es la del sistema sociológico de Linneo: homo sapiens, es decir, "el hombre que saborea, paladea, prueba las cosas". No se trata tanto del hombre "sabio" sino del que tiene la facultad de "paladear" lo que le agrada o lo que le disgusta. (En la psicología moderna, Jaspers utiliza esta misma definición). Darwin denominó al hombre homo faber, es decir, aquél que con su técnica transforma la naturaleza. Para Freud el hombre era el homo psychologicus o el homo libidinosus. Para Carlos Marx, el homo economicus. Finalmente, para Tomás de Aquino se trata del homo religiosus.

¿Cómo encarar nuestro trabajo? No pretendemos parcelar al hombre. Deseamos acercamos al ser humano como una Gestalt viviente en proceso de integración. El término Gestalt lo tomamos prestado de una escuela psicológica surgida en Alemania y que presenta hoy diferentes matices. Gestalt significa "forma, organización o configuración". Esta escuela reacciona contra el intento de estudiar la conciencia humana a partir del análisis de diferentes aspectos de la misma. Considera que la psicología que la precedió era eminentemente atomística. Al introducir el concepto de Gestalt viviente en proceso de integración, queremos subrayar que no pretendemos parcelar al hombre a fin de estudiarlo en cada uno de sus "elementos que lo componen". El hombre es una unidad psicosomática-espiritual. Con ese supuesto básico vamos a reflexionar sobre el hombre en sus múltiples manifestaciones, sin intentar fragmentarlo. El hombre, además, ha recibido la influencia desintegradora del pecado y la de la obra y ministerio integrador de Jesucristo.

En este capítulo nos ocuparemos de los aspectos biopsicológicos y espirituales del ser humano. Reconocemos, sin embargo, la dificultad para concretar un estudio exhaustivo sobre el hombre. En el capítulo III añadiremos algunos elementos al estudiar la redención del hombre a nivel horizontal. La realización plena del hombre, en cuanto Gestalt viviente, incluye elementos salvíficos en esta vida tales como la satisfacción de las necesidades socio-políticas, morales, de equilibrio personal, de relaciones interpersonales efectivas y, finalmente, la plena satisfacción de las necesidades económicas. Antes de entrar al análisis del sujeto humano para comprender cómo funciona en sus múltiples inter-relaciones, es indispensable que presentemos el contexto teológico en el cual es posible la redención del hombre, su plena integración como Gestalt viviente.

EL HOMBRE EN LA PERSPECTIVA BIBLICA.

La Biblia afirma que el hombre fue creado a imagen y semejanza de Dios.[1] También nos dice que la imagen de Dios se ha deteriorado por la irrupción del pecado en la experiencia humana.[2] El hombre ha sido creado en familia. Por lo común, la plena

---

[1] Génesis 1:27.

[2] Génesis 3.

humanidad se da en la relación hombre-mujer. Es en esa relación que se da la imagen de Dios, que es básicamente una dimensión moral. Sin la presencia de otra persona el hombre no podría ser humano, por eso "varón y hembra los creó".[3] Como lógica consecuencia de los propósitos de Dios, no puedo ser yo si no existe alguien a quien conocer como tú. La humanidad plena del hombre se da a través de su capacidad para el encuentro con otra persona, a nivel horizontal, y con Dios a nivel vertical.

El hombre es un ser inconcluso que necesita aprender y madurar. Necesita de Dios y de otros seres humanos para alcanzar el completamiento de su condición humana a fin de ser humano. Los niños llamados "lobos" (criados como lobos), no llegaron a ser plenamente humanos, a pesar de la herencia genética. El ambiente no fue propicio para el logro de su maduración como humanos; por cuanto carecieron de alguien que hubiera madurado previamente para poder tratarlos como tú, no llegaron a alcanzar la consolidación de su yo. Desde el punto de vista ético-moral, la situación es más grave para los "hombres lobos", aquellos que habiéndose socializado y alcanzado cierto grado de cultura, actúan como bestias porque sólo se han relacionado con el tú con minúscula y todavía desconocen al Tú con mayúscula, Dios.

La influencia desintegradora del pecado[4] ha conducido al hombre a comportarse aún por debajo de su naturaleza. Los animales se comportan según su naturaleza. El caballo, por ejemplo, se alimenta de pasto y no puede convertirse en un animal carnívoro. Incluso las manadas de lobos o de leones buscan a sus víctimas entre animales de otras especies. Pero el hombre no. Aun cuando se lo considera racional, se ha vuelto antropófago, porque ha convertido en esclavos y ha eliminado - y lo sigue haciendo - a sus congéneres mediante el abuso del poder, la violencia, la guerra, el crimen, la subversión y la antisubversión. El hombre se ha convertido en el lobo del hombre, aun cuando el lobo no es el lobo de sí mismo.

Dios creó al hombre como un ser moral. El relato de Génesis 1 y 2 y el del Salmo 8 nos presentan al hombre según la intención original de Dios. Es el representante de Dios sobre la tierra, la corona de la Creación, el único ser de la Creación con el cual Dios puede establecer una relación *Yo-tú*. Como ha dicho Gerhard Von Rad: "En Génesis 1:26 se nos dice que el hombre es creado a imagen de Dios para que pueda controlar toda la creación... Es lógico que el hombre ha sido provisto para este propósito, porque aún los gobernantes terrenales, cuando no pueden estar presentes en persona, usualmente colocan sus imágenes como señales de majestad".[5]

El hombre y Dios son los dos grandes intereses en mi vida. Por eso, al analizar el pasaje fundamental para la explicación de la entrada del pecado en el mundo,[6] debo confesar que me cuesta pensar en el hombre como "ser caído", como una "réplica terrena

3 Génesis 1:27.

4 Génesis 3.

5 Véase el artículo de G. von Rad sobre *eikon* en el *Theological Dictionary of the Bible*.

6 Génesis 3.

de Satanás". Igualmente me cuesta pensar en Dios como un ser omnipotente y omnisciente y al mismo tiempo como un creador frustrado por causa del pecado cometido por la "corona" de su creación. Me es más fácil aceptar este pasaje bíblico como una narración de los hechos preestablecidos por Dios. El Creador habría, pues, creado al hombre como un ser libre y responsable, siendo la caída la antítesis necesaria, en la dialéctica divina, para que la imagen de Dios llegue a consumarse plenamente en el hombre.

El proceso biológico[7] y el psicológico presuponen también un proceso de maduración espiritual. En la dialéctica divina, la finalidad del hombre es el bien, el amor y la justicia, tanto en las relaciones interpersonales como en su relación con el resto de la creación.

Así, en la esencia del hombre podemos intuir los propósitos de Dios de humanizarlo a través de un proceso redentor en que el mismo hombre coparticipa al aceptar la redención y colaborar con los propósitos redentores del Creador. Igualmente podemos intuir a Dios a partir del concepto revelado del hombre como imagen de Dios en proceso de completamiento. Si el hombre es una Gestalt viviente en proceso de integración según un modelo revelado, ese modelo - la Gestalt viviente integrada - debe existir. La existencia de ese ser perfecto se manifiesta a sí misma cuando se hace historia en la persona de Jesucristo, la imagen de Dios según su intención original y el modelo para todo ser humano. Jesucristo es la Gestalt viviente integrada, es Dios y es hombre por excelencia.

LA MADURACION HUMANA BIOPSICOLOGICA Y ESPIRITUAL.

El hombre es un ser inconcluso en proceso de maduración, es decir, el estado de completo desarrollo del ser humano. Pero, como resulta muy difícil determinar el máximo desarrollo posible, preferimos llamar maduración al proceso mediante el cual se logra el completamiento de la condición humana.

Así definido el concepto de maduración, es preciso señalar que hay distintos niveles en el desarrollo humano. Vamos a referirnos a tres de ellos: el biológico, el psicológico y el espiritual.

1. Desarrollo biológico. Este proceso se inicia con el misterio de la fecundación del óvulo, continúa en la vida intrauterina y manifiesta sus más grandes desafíos después del nacimiento. Cuando el niño nace ya posee los catorce millones de células nerviosas (neuronas) del cerebro, las mismas que necesitará su inteligencia cuando sea adulto. Las neuronas cerebrales no se renuevan: morimos con las mismas con que nacimos, quizás con unas cuantas más. El proceso de maduración se da también a nivel del cerebro. Es imposible adelantar el proceso, ya que las neuronas no estarán en condiciones de

---

[7] El proceso biológico no es quizás el mejor paralelo de la maduración espiritual, ya que en las inexorables etapas biológicas de nacimiento, crecimiento, madurez, vejez y muerte, tras el progreso sobreviene la decadencia. Para el cristiano la muerte no es el fin; es más bien algo semejante al parto: una muerte a la vida fetal pero un nacimiento a una nueva vida. Esta vida presente no es la meta del cristiano, sino la vida eterna. Por otro lado, el proceso biológico es idéntico en todos los seres humanos, mientras que el proceso espiritual requiere el mayor compromiso por parte de cada persona.

funcionar sino en la madurez. Por eso, todo intento de forzar al niño a que haga algo antes de tiempo, puede resultar nefasto. Sólo cuando se haya logrado la madurez de los enlaces nerviosos se puede obtener el aprendizaje. Es por eso que resulta inútil todo intento de hacer andar a un niño de seis meses, pues su madurez para el andar llegará alrededor de los doce meses.

El aprendizaje del animal es mucho más rápido. Un cabrito recién nacido comienza a andar al cabo de varios minutos, precisamente porque el animal no es un ser en proceso de completamiento a nivel biológico, psicológico y espiritual.[8] Para alcanzar su madurez en los tres niveles, el humano necesita el afecto de sus congéneres. Un patito que ha nacido bajo las alas de una gallina seguirá las ciegas leyes genéticas: será un pato con sus hábitos de vida nocturna y su afición por la natación. Un hombre (al estar por casos espontáneos conocidos), criado por lobos o por monos, no llega a desarrollar una inteligencia normal, no es realmente humano; se comporta como un animal, vive como un animal y es un animal.

Entre los cinco y siete años el niño logra consolidar la conciencia de su yo y se afirma a sí mismo, aunque acepta y necesita la dependencia de sus padres. La motricidad y la inteligencia se desarrollan en sucesivas etapas. Cuando llega a la pubertad, se producen una serie de transformaciones: experimenta el "estirón", la caja torácica crece con mayor rapidez que los órganos internos, surgen las urgencias sexuales (menstruación en la joven y poluciones nocturnas en el muchacho). El proceso continúa hasta alcanzar la plena madurez a nivel biológico; el metabolismo[9] es anabólico hasta que se hace catabólico y se inicia la involución. Aquí surge una nueva crisis semejante a la de la pubertad - menopausia o andropausia -, que a veces coincide con la crisis de pubertad de los propios hijos. A medida que avanza la involución, se regresa a etapas similares a las de la niñez. Los sexos se van acercando: el hombre pierde su vello y la mujer lo adquiere; la mujer se masculiniza en sus facciones, se hace dura, mientras que el hombre un poco se afemina en cuanto a sus facciones "más bonitas". La proximidad sexual es ahora similar a la que encontramos en los niños; es el momento en que el ser humano se dispone a terminar sus días en esta tierra.

2. Desarrollo psicológico. Algunos de los traumas - o heridas psíquicas - tienen su origen en la vida intrauterina. Los seis primeros años de vida, cuando el yo está en proceso de consolidación, son decisivos. Un déficit afectivo, una desagradable experiencia sexual, una situación económica agobiante, pueden dejar una huella indeleble. El niño es como el cemento fresco: las huellas permanecen en él.

La adolescencia es una etapa conflictiva. El muchacho o la chica buscan su propia identidad. Este proceso biológico coincide en su inicio con el proceso biológico que conocemos como pubertad, la edad en que se manifiesta la aptitud para procrear (aunque

[8] Véase Jorge A. León, *Psicología de la experiencia religiosa*. Buenos Aires, 1973, PP. 14s.

[9] El metabolismo es el conjunto de procesos químicos que acontecen en la materia viva transformando y liberando energía. El término deriva del griego *metabol*, que significa cambio (referido a los constantes cambios en el organismo). La fase constructiva del cambio se llama anabolismo y la destructivo catabolismo.

no termina necesariamente cuando culmina la pubertad). En la adolescencia los jóvenes tienen que encarar grandes conflictos en sus relaciones interpersonales, especialmente con los padres. Debido al "estirón" y a que sus pulmones y su corazón no han crecido con la misma rapidez que su caja torácica, con frecuencia el adolescente se siente cansado. Ocurre a menudo que se lo acusa de haragán porque pasa muchas horas recostado y sin hacer nada. El adolescente, que ya tiene bastantes problemas con su propio cuerpo porque ha crecido precipitadamente, también halla dificultades en lograr una correcta ubicación en la realidad cambiante en que vive. Hasta ayer era niño y ahora no sabe qué es: a veces se siente hombre, o mujer, pero en ocasiones se siente y actúa como niño. Esta etapa evolutiva necesita de la comprensión de los mayores.

La maduración psicológica del hombre de nuestros días requiere más tiempo que la del hombre de generaciones anteriores porque, entre otras razones, las expectativas de vida han aumentado considerablemente. Treinta años atrás un hombre esperaría vivir alrededor de cincuenta años, de modo que cuando terminaba su conscripción militar ya estaba pensando en la necesidad de encontrar pareja y fundar una familia. Por el contrario, el joven de hoy tiene una expectativa de vida de alrededor de setenta y cinco años, de allí que sienta que tiene todavía mucho tiempo por delante para hacer sus grandes decisiones. Esta problemática tiende a extender la adolescencia, la cual no coincide necesariamente con la pubertad.

La vida es un proceso de constante adaptación a situaciones nuevas. Tanto la evolución como la involución crean tensiones que hay que superar. Ya hemos hecho mención de la menopausia, problema que conlleva una gran carga emotiva negativa. Los prejuicios y la mala información contribuyen a que en algunas mujeres surjan serios problemas psicológicos antes y durante esta etapa, que es tan normal como la pubertad. Los problemas suelen ser más psicológicos que biológicos. Es una lástima que no podamos abundar más en el tema en estas páginas.

3. Desarrollo espiritual. Tampoco podemos dedicar mucho espacio a este tema.[10] Dado que en el hombre está la imagen de Dios, es por naturaleza un ser religioso; sin embargo, es necesario que el hombre alcance el pleno desarrollo. Igualmente están en el hombre, cuando nace, todas las neuronas cerebrales que ha de necesitar cuando sea adulto, pero sus neuronas necesitan desarrollarse para que la persona alcance su plena humanidad. "La creencia es algo que nos acompaña en nuestro desarrollo y maduración, y las varias formas por las que atraviesa la creencia constituyen precisamente este desarrollo. De esto concluimos que la incredulidad es una interrupción del desarrollo".[11]

El desarrollo espiritual no es inexorable, como el biológico, pero tiene muchos puntos en contacto con el desarrollo psicológico o emocional. Cada uno de estos tres aspectos de la maduración tiene sus características específicas. Así como no hay dos cuerpos exactamente iguales, ni mucho menos existen dos personas con las mismas vivencias espirituales. En toda persona existe cada una de estas tres dimensiones en una forma

---

[10] Véase mi obra *Psicología de la experiencia religiosa.*

[11] C. Rumke, *Psicología de la incredulidad*, Ediciones Carlos Lohlé, Buenos Aires, 1959, p. 8.

especial y distinta de todos los demás; de allí la singularidad de cada ser humano. Hemos visto que hay cierta coincidencia cronológica entre el desarrollo biológico y el psicológico. Esto no existe en la vida espiritual, aunque debemos señalar que la adolescencia sea la época más propicia para una experiencia espiritual, lo que comúnmente llamamos "conversión". Es claro que así sea, puesto que el adolescente busca identidad propia y tiene que hacer definiciones ante los grandes problemas que la vida le plantea. Un desarrollo armónico debe incluir una experiencia espiritual profunda en la adolescencia, pero esto no es inexorable. Hay quienes han conocido el evangelio ya en la edad madura, aunque quizás sean los menos.

La predicación del evangelio en las iglesias evangélicas ha insistido en la necesidad del nuevo nacimiento a partir de la aceptación del señorío de Jesucristo y el arrepentimiento del pecado. Es una lástima que esta importante parte del evangelio haya sido dejada de lado por una buena parte de la iglesia. ¿Por qué? Quizás por el hecho de que no se ha entendido que el nuevo nacimiento es el inicio de un largo proceso que marcha hacia una consumación. La vida cristiana es un proceso, como lo es también la vida psicológica. La diferencia estriba en que la vida espiritual normal sólo tiene anabolismo, está siempre en crecimiento, sin elementos destructivos. Esto lo plantea claramente San Pablo cuando afirma que "aunque nuestro hombre exterior se va desgastando, el interior no obstante se renueva de día en día".[12] Aquí San Pablo nos presenta los dos procesos: el biológico (catabolismo destructivo), y el espiritual (siempre anabólico).[13]

El anabolismo es característico del desarrollo biológico del niño y del adolescente. El anabolismo espiritual, el proceso ascendente hacia el logro de la plena humanidad, no tiene fin en esta vida: "Porque sabemos que si nuestra morada terrestre, este tabernáculo, se deshiciera, tenemos de Dios un edificio, una casa no hecha de manos, eterna, en los cielos".[14] En otras palabras, en el metabolismo espiritual no existe el catabolismo.

Es lógico que si el desarrollo espiritual es paralelo o semejante al desarrollo biopsicológico, éste debe incluir un nuevo nacimiento, similar al nuevo nacimiento del púber que deja de ser niño incapaz de procrear para convertirse en una persona capaz de crear nuevas vidas humanas. A nivel psicológico se produce también un cambio: uno deja de ser el niño dependiente, para alcanzar la independencia y la plena identidad como

---

[12] 2 Corintios 4:16.

[13] El metabolismo espiritual es siempre ascendente anabólico, cuando marchamos hacia el completamiento de la condición humana según el arquetipo que Dios nos ha dado en la persona de Jesucristo. Esta afirmación merece una fundamentación filológica. Como hemos visto en la nota 9, *metabolismo* deriva del griego *metabol*, que significa cambio, pero *metabol* deriva del verbo *metabal*, "cambiar" (en el Nuevo Testamento aparece una sola vez, en Hechos 28:6, donde se traduce "cambiar de parecer"), compuesto por la preposición *meta* y el verbo *bal*(lanzar). En cuanto al anabolismo y catabolismo, la preposición *ana* sugiere la idea de ascenso, de movimiento hacia arriba, y la preposición *cata* expresa la idea de descenso, de movimiento hacia abajo. Etimológicamente el anabolismo es la parte del proceso que lanza a alguien hacia arriba, y el catabolismo la parte del proceso que lo lanza hacia abajo, hacia la muerte.

[14] 2 Corintios 5:1.

persona. Por lo tanto, el nacimiento espiritual no comienza con la llamada "conversión"', jalón fundamental en el proceso hacia una consumación. La vida espiritual nace con el hombre, por cuanto en todo hombre está la imagen de Dios. Pero el nuevo nacimiento no coincide necesariamente con la pubertad. Ya hemos señalado que la adolescencia tampoco coincide inexorablemente con la pubertad. En el desarrollo biológico es imposible evitar la pubertad o la menopausia. Sin embargo, en el desarrollo espiritual no hay una inexorable menopausia (o andropausia), aunque no dejamos de encontrar algunos cristianos que bien podríamos llamar "menopáusicos espirituales". Pero, volviendo al anabolismo espiritual, es indispensable que nos acerquemos al Nuevo Testamento para encontrar la orientación que necesitamos.

Hay pasajes bíblicos donde se señala el cariño especial de Jesucristo por los niños.[15] Hay pasajes donde claramente se señala la necesidad de un nuevo nacimiento.[16] Lo que muchos no tienen en claro es el hecho de que ese nuevo nacimiento se da en el contexto del Reino de Dios, que se presenta en los Evangelios como una realidad en proceso de realización. El Reino ya es una realidad por cuanto hay un rey, Jesucristo, y un pueblo que lo acepta conscientemente como Señor, la Iglesia. Pero es evidente que ese Reino no se ha consumado todavía. El Reino es un proceso que avanza hacia su consumación. El nuevo nacimiento que el Señor muestra a Nicodemo como una necesidad, ocurre en el contexto del Reino.[17] Se trata de la nueva creación, no para permanecer como niños sino para ser adultos en Cristo en el contexto del Reino de Dios. A nivel social, éste es el completamiento de la condición humana bajo el señorío de Jesucristo. Este no es un enfoque exclusivo del Evangelio según San Juan; ocurre también en los Evangelios sinópticos: "El que no reciba el Reino de Dios como un niño, no entrará en él".[18] El concepto mismo del Reino lleva implícita la idea del crecimiento hacia la maduración. San Pablo advierte del nuevo nacimiento como una imagen de la muerte y resurrección de Jesucristo que se expresa en el bautismo.[19] Para San Pablo es claro que se trata de una nueva creación,[20] pero una nueva creación en proceso de realización, en maduración. Es decir que, según San Pablo, existe un proceso de maduración que marcha hacia el completamiento de la condición humana, un metabolismo espiritual, una *metamorfosis*. Es precisamente el verbo *metamorfoo*, "transformar?", el que San Pablo usa en Romanos 12:2 y 2 Corintios 3:15. A los Gálatas les dice: "... hasta que Cristo sea formado en vosotros".[21] La meta del hombre es conformarse al arquetipo de lo humano que Dios nos

[15] Mateo 19:13-15; Marcos 10:13–14; Lucas 18:15–16.

[16] Mateo 18:3; Juan 3:3–5.

[17] Juan 3:3–5.

[18] Marcos 10:15; Lucas 18:17.

[19] Romanos 6:4; Colosenses 2:12; 3:1.

[20] 2 Corintios 5:17; Gálatas 6:15.

[21] 4:19.

ha dado en la persona de Jesucristo.[22] En este pasaje el apóstol señala los dos extremos: el bebito (*nepios*), el recién nacido que no puede hablar, y el hombre acabado, que ha alcanzado la madurez (*elikia*) de Jesucristo. Hay que nacer de nuevo para ser cristiano, pero no para permanecer como niños espirituales a perpetuidad, sino para ser adultos en Jesucristo.

No, la perpetua "inocencia infantil" no es la meta del cristiano. El adulto que pretenda ser y vivir como un niño tiene una seria crisis de identidad y su salud mental está en peligro. Debemos aprender a ser cristianos en cada una de las etapas evolutivas e involutivas de nuestro desarrollo biológico. Nacer de nuevo para permanecer como un niño no es el ideal cristiano. San Pablo usó esa imagen cuando escribió a la dividida comunidad de Corinto, y no precisamente para alabarlos: "Os di a beber leche, y no vianda; porque no erais capaces; ni sois todavía capaces, porque sois carnales, pues habiendo entre vosotros celos, contiendas y disensiones, ¿no sois carnales, y andáis como hombres?".[23]

El Señor nos llama a la adultez, a la vida plena, no a la mediocridad. Nada podemos hacer para evitar la evolución y la involución, el anabolismo y el catabolismo, a nivel biológico: la tumba es nuestro destino inexorable. Pero mucho podemos hacer, por las provisiones de Dios, para alcanzar la plenitud de la vida aquí y ahora y en el más allá, aunque el catabolismo está deteriorando nuestra morada terrenal.[24]

¿ES POSIBLE DEFINIR QUE ES EL HOMBRE?

El título de este capítulo reclama una definición. Por lo general deseamos llegar a comprender plenamente la naturaleza de aquello que nos interesa. Hemos dicho que nuestro mayor interés se centra en el hombre y en Dios, pero ¿necesitamos una definición? Definir significa limitar, enmarcar, resumir. ¿Podemos lograrlo con el hombre y con Dios? ¿Conocemos lo suficiente del hombre como para definirlo? Para Heidegger, el filósofo existencialista, es imposible alcanzar un conocimiento exhaustivo del hombre. Nos dice: "Ninguna época ha sabido tantas y tan diversas cosas del hombre como la nuestra... Pero ninguna otra época supo en verdad menos qué es el hombre".[25]

Por cuanto el hombre es imagen de Dios, es imposible definirlo y conocerlo en forma absoluta y total. La Biblia no nos da información suficiente, y la ciencia y la filosofía tampoco pueden ofrecernos un conocimiento exhaustivo del hombre. Sin embargo, la Biblia nos orienta en cuanto al camino que el hombre debe recorrer. La revelación del hombre como imagen de Dios nos muestra su dimensión moral. En la Biblia se utiliza reiteradamente el verbo caminar (*peripateo* en el Nuevo Testamento), en el sentido ético-

---

[22] Efesios 4:13–14.

[23] 1 Corintios 3:2–3.

[24] 2 Corintios 5:1.

[25] Citado por Martin Buber en ¿Qué es el hombre? Losada, Buenos Aires, 1955, p. 145.

moral, para expresar la idea de conducirse en la vida. Dios es amor, pero el hombre no lo es, ya que en él predomina el egoísmo y el odio. Cuando en las relaciones interpersonales prevalezca el amor, desaparecerán los grandes conflictos que angustian al hombre. El pecado ha introducido una escisión existencial en la persona humana. El pecado es un atentado contra la identidad moral de la "corona" de la creación.

La búsqueda del completamiento de la condición humana implica un compromiso moral - no moralista - con nuestra perfección en Cristo. Debemos recordar la exhortación de San Pablo: "Os ruego que andéis como es digno de vuestra vocación con que fuisteis llamados".[26] El hombre es un peregrino en pos de su plenitud. En el Antiguo Testamento la vida del hombre se presenta como una marcha hacia Dios y con Dios. Dios es el camino. Abraham recibe la orden de ponerse en camino y también la seguridad de que Dios marchará con él. En el éxodo de Egipto, donde la historia y la revelación se dan de la mano, el pueblo marcha bajo la dirección divina. Dios es el camino. Desde ese momento el pueblo de Dios es un pueblo en marcha, el pueblo del camino, que deberá permanecer en esa postura para ser fiel a su Señor.

En el Nuevo Testamento se hace referencia al camino - o al caminar - como a una forma de vida con propósito. La idea del camino indica que la vida tiene un sentido y una meta. El libro de los Hechos nos muestra que el nombre más antiguo de los seguidores de Jesús fue "los del Camino".[27] La versión de Reina-Valera traduce Camino (con mayúscula), en cada uno de los cinco textos donde aparece la palabra. Es evidente que los traductores entienden que la palabra alude a Jesucristo, quien afirma que él es el camino.[28] No obstante no hay nada en el texto que sugiera que esta palabra se refiere a la persona de Jesucristo, aunque es evidente que él es el conductor y también la meta del peregrinaje de los que andamos en el Camino. Por supuesto, en el texto griego la palabra camino (*'odos*), está escrita con minúscula en los cinco casos. En el mismo libro hay otros cinco usos del término que nos dan aún más claridad sobre la intención de Lucas al usar el término. Por ejemplo: "instruido en el camino del Señor" y "camino de Dios".[29]

El concepto de camino tal como aparece en el libro de los Hechos está en línea con el concepto expresado de que el hombre es una Gestalt viviente en proceso de integración y completamiento por medio de Jesucristo.

San Pablo, donde el concepto de caminar (*peripateo*) significa conducirse en la vida, al escribir a los Corintios se refiere a su camino en Cristo para manifestar su peregrinar. En este caso[30] Reina-Valera traduce la palabra *'odos* por proceder: "Timoteo... el cual os recordará mi proceder (*ódos*) en Cristo".

---

[26] Efesios 4:1.

[27] 9:2; 14:9; 22:4; 24:14, 22.

[28] Juan 14:6.

[29] 18:26.

[30] 1 Corintios 4:17.

En Apocalipsis, la idea del camino que nos conduce a una meta se expresa a través de las palabras alfa y omega, referidas a Jesucristo.[31]

Jesucristo es el principio del hombre,[32] su paradigma y su meta final. En otras palabras, es su alfa y su omega. Entre estas dos letras (la primera y la última del alfabeto griego), se extiende el camino, porque Jesucristo mismo es el camino. Entre ambas letras transita el peregrinar del hombre que marcha en pos de Cristo, hacia ese punto omega que es la meta de su vida.

La humanización es el proceso que nos acerca al punto omega, o sea, a la culminación de nuestra humanidad, hasta que Cristo sea formado en nosotros.[33]

Humanizar es ayudar al peregrino a acercarse a esa meta. El que está más cerca de la meta final es aquél que se ocupa de ayudar a sus compañeros de peregrinaje, aquél que se ocupa de la humanización del hombre y, por ende, de la sociedad.

En conclusión, ¿es posible definir qué es el hombre? Para la razón pura el ser humano es indefinible, pero para la razón práctica es comprensible. La Biblia no define al hombre; sólo muestra su origen y su finalidad, de dónde procede y lo que debe llegar a ser. Es un peregrino en pos de su plenitud. Jesucristo es para él el alfa y la omega, el principio y el fin. El nuevo nacimiento es posible sólo a través del sacrificio expiatorio de Jesucristo y por el arrepentimiento y la aceptación, por la fe, de lo que él ha hecho en la cruz para salvarnos.

Hemos visto que el nuevo nacimiento no tiene como finalidad la perpetua infancia espiritual. Por el contrario, nacemos en Cristo para crecer hacia el completamiento de nuestra condición humana según el modelo que Dios nos ha dado en Jesucristo, nuestro punto omega. El autor de la Epístola a los Hebreos nos dice:

a) Que el cristiano es un atleta en el estadio de la vida;
b) que hay una multitud de testigos[34] que contemplan nuestro esfuerzo atlético;
c) que es necesario que el atleta cristiano se despoje de todo peso excesivo, ya sean ropas o sobrepaso, porque le impide la máxima eficacia, lo aprietan y lo debilitan;
d) que la carrera del cristiano no es de velocidad, sino de resistencia. Por lo tanto es necesario conservar el paso firme y sostenido (corramos con perseverancia la carrera que tenemos por delante);
e) que Jesucristo es nuestro modelo de atleta. Él es el pionero, el que primero venció en el estadio de la vida. Puestos los ojos en el modelo de humanidad, lograremos la victoria.[35]

---

[31] Apocalipsis 1:8; 21:6; 22:13.

[32] Juan 1:3; Colosenses 1:16.

[33] Gálatas 4:19.

[34] Hebreos 11.

[35] Hebreos 12:1–2.

Con estas cinco afirmaciones se introduce el tema de la disciplina, tan importante en la vida personal y en el asesoramiento pastoral. El atleta cristiano debe soportar la disciplina si quiere llegar a la meta.[36] San Pablo continúa con la imagen del padre que disciplina a sus hijos por amor.[37] Y concluye diciendo: "Es verdad que ninguna disciplina parece ser causa de gozo, sino de tristeza; pero después da fruto apacible de justicia a los que en ella han sido ejercitados".[38] La imagen de Dios tiene una dimensión moral, y la disciplina de Cristo y en Cristo nos ayuda a alcanzar la meta.

Lo importante no es la conceptualización del hombre, sino llegar a ser plenamente humanos por el camino que Dios nos muestra en su Palabra.

PARA REFLEXIONAR.

En la Biblia encontramos un lenguaje muy diferente al de nuestra cultura occidental. El libro de Génesis, por ejemplo, se refiere al hombre en un lenguaje simbólico, no conceptual, lo cual no significa que sea falso. A pesar de un lenguaje tan peculiar, es posible extraer un concepto del hombre de los primeros tres capítulos de la Biblia.

1. ¿Cómo definiría al hombre a la luz de los capítulos bíblicos mencionados?
2. ¿Qué opina de la siguiente definición: "El hombre es un ser en relación con el prójimo, con la naturaleza, con Dios y consigo mismo"?
3. ¿Qué significa que el hombre es un ser caído? ¿No se introduce un sentido de frustración con tal definición? ¿De qué otra manera podríamos definir al hombre a la luz de Génesis 3, sin que esté implícita la idea de una humanidad frustrada?
4. ¿Qué pasajes bíblicos nos ayudan a definir al hombre como un peregrino en pos del completamiento de su condición humana según el modelo que Dios nos ha dado en la persona de Jesucristo?
5. ¿Cómo se salva el abismo entre el "hombre caído" del Antiguo Testamento y la esperanza del hombre nuevo según un modelo establecido por Dios? ¿Por qué prevalece en algunos creyentes el pesimismo y no la esperanza?

---

[36] Hebreos 12:7.

[37] 12:8–10.

[38] 12:11.

Jesucristo: Hombre nuevo y modelo de humanidad.

El Nuevo Testamento no nos dice en forma explícita que Jesucristo es el *hombre nuevo*. Ignacio, a principios del siglo II, fue el primero que lo expresó en su epístola a los **EFESIOS 20:1**. Pero es evidente que el Nuevo Testamento nos presenta a Jesucristo como el hombre nuevo en múltiples pasajes. Karl Barth nos dice, en forma reiterada, que Jesucristo es el hombre nuevo.[1] Toma como punto de partida para sus reflexiones Efesios 4:24: "Y vestíos del hombre nuevo creado según Dios en la justicia y la santidad de la verdad", y pregunta: "¿Cómo puede atribuirse al sujeto *hombre* la justicia, la santidad, la misericordia, la victoria sobre el pecado y la muerte y la inmunidad frente al diablo?"[2] Afirma que si los atributos mencionados corresponden a Dios y no al hombre, luego se refieren a Jesucristo.

JESUCRISTO, EL HOMBRE NUEVO.

Cualquier ser humano que reflexione honestamente sobre Jesús no puede hacer otra cosa que maravillarse frente a su extraordinaria personalidad. Su aporte no se limita al campo religioso. Sin ser artista, el arte fue revolucionado por el impacto de su presencia en el mundo; ése es el caso con la pintura, la escultura y la arquitectura. Sin ser filósofo, logró asimilar las escuelas filosóficas bajo la patrística. Sin ser historiador, la historia comenzó a narrar los hechos como anteriores o posteriores a él. Sin ser un revolucionario, revolucionó las relaciones humanas; así un esclavo es considerado un hermano de su amo (Epístola a Filemón), la mujer es considerada como persona y sus derechos son reconocidos inalienables; los hijos no sólo tienen deberes, sino también derechos.

El impacto de Jesucristo en la cultura es innegable. Ya en el Nuevo Testamento se pone de manifiesto cómo su persona influía sobre la gente. San Mateo, al redactar el Sermón de la montaña, hace el siguiente comentario: "Y cuando terminó Jesús estas palabras, la gente se admiraba de su doctrina; porque les enseñaba como quien tiene autoridad y no como los escribas".[3] San Lucas señala la capacidad dialéctica de Jesús para vencer a sus opositores.[4] Lo mismo hace San Juan al relatar el caso de la mujer adúltera, cuando los escribas y fariseos son derrotados por Jesús, a pesar de que le habían tendido una trampa perfecta para destruirlo.[5] Los milagros de Jesús llenaron de asombro a mucha gente.[6] La pesca milagrosa convenció a Pedro de que la persona que tenía adelante no era

---

[1] Karl Barth, *Realité de l' homme nouveau,* Labor et Fides, Ginebra, 1964, pp. 19, 21, 25–26, 30, 43, 45, 53.

[2] *Ibid.*, p. 21.

[3] 7:28–29.

[4] Véase Lucas 20:19–26.

[5] Juan 8:1–11.

[6] Mateo 9:33; 15:31; 21:20, etc.

un hombre común: "Viendo esto Simón Pedro, cayó de rodillas ante Jesús diciendo: Apártate de mí, Señor, porque soy hombre pecador".[7] El asombro de sus discípulos llega al paroxismo cuando lo ven calmando la tempestad y aquietando las olas enfurecidas.[8] Los Evangelios sinópticos son unánimes en conservar este relato asombroso.

En los tres sinópticos también se conserva el relato de la tentación en el desierto. Además del hecho histórico, es evidente que la personalidad extraordinaria de Jesús llevó a la comunidad primitiva a reflexionar sobre su relación con el hombre según la intención original de Dios. La idea de Jesús hombre nuevo, segundo Adán, hombre perfecto, está implícita en este relato. Compárese el drama del jardín del Edén[9] con la victoria del desierto.[10] El tentador es el mismo. Lo es también la persona tentada: el hombre según la intención original de Dios, el segundo Adán, como lo llamará después San Pablo. La diferencia estriba en los resultados del enfrentamiento. En el Edén, Adán cae y arrastra en su caída a toda la humanidad. En el desierto, Adán[11] no cae sino que triunfa sobre la tentación y restaura a la humanidad la posibilidad de alcanzar el completamiento de la condición humana. Después de la victoria del desierto sólo falta la victoria de la cruz. Desierto y cruz significan la rehabilitación y redención respectivamente. En la rehabilitación del viejo Adán prevalece la obediencia activa del hombre nuevo que resiste al tentador. En la redención prevalece la obediencia pasiva del hombre nuevo que se deja matar para pagar los pecados de la humanidad y hacer posible que los hombres alcancen la nueva humanidad.

El Evangelio según San Juan conserva palabras de Jesús que ponen de manifiesto que él es la imagen de Dios, o sea, el hombre según la intención de Dios: "el que me ve, ve al que me envió".[12] Jesús es la imagen, sobre la tierra, del Dios ignoto e incomprensible. Esta realidad nos ayuda no sólo a conocer a Dios, sino también a conocer al hombre, porque entre nosotros ha estado la perfecta imagen de Dios, el hombre nuevo, el segundo Adán, el hombre perfecto.

San Juan también nos muestra la actitud del hombre nuevo, Jesucristo, para con los demás seres humanos: se comporta como un hombre común participando en una fiesta, pero muestra que es una persona fuera de lo común al convertir el agua en vino.[13] Muestra

---

[7] Lucas 5:8.

[8] Mateo 8:27; Marcos 4:41; Lucas 8:25.

[9] Génesis 3:1–24.

[10] Mateo 4:1–11; Marcos 1:12–13; Lucas 4:1–13.

[11] Adán es una palabra hebrea que significa *hombre*. Cuando Pilato dice "He aquí el hombre" (Juan 19:5), dice mucho más que lo que dice a primera vista: "He aquí al hombre por excelencia, he aquí a Adán, el hombre nuevo, el hombre perfecto".

[12] Juan 12:45.

[13] Juan 2.

a Nicodemo que se puede alcanzar una vida fuera de lo común a través del nuevo nacimiento.[14] Muestra a la mujer samaritano la posibilidad de ser una "nueva mujer", especialmente en la dimensión moral.[15] Se convierte en el amigo del solitario y abandonado paralítico de Bethesda y le devuelve la salud para ser un "hombre nuevo", especialmente en sus posibilidades físicas.[16] La nueva humanidad de Jesucristo se transmite a través de su obra y ministerio a lo largo del Evangelio.

También para el autor de la Epístola a los Hebreos, Jesucristo es el hombre por excelencia, según la intención original de Dios y sin pecado. A él se refiere el Salmo 8 cuando habla de un hombre coronado de gloria y honra y señor de la creación, sin pecado.[17]

Para San Pablo, Jesucristo es el segundo Adán;[18] la imagen de Dios;[19] el hombre nuevo;[20] y el hombre perfecto.[21] Estas afirmaciones están íntimamente relacionadas entre sí, son complementarias. Jesucristo, como hombre, es la restauración de la humanidad a la intención original de Dios. "Él es la imagen del Dios invisible".[22] San Pablo no usa la palabra *omoioma*, que significa "parecido". Él quiere expresar, con la palabra *eicon*, "imagen", que Jesucristo es un arquetipo, aunque, por supuesto, eicon puede usarse para expresar "parecido". En un texto muy difícil, San Pablo nos asegura que el hombre es "imagen y gloria de Dios"[23] por oposición a la mujer, "gloria de varón". Se entiende que la mujer también es imagen de Dios. El contexto paulino parecería indicar que esa imagen está en proceso de completamiento. Según Colosenses 1:15, Jesucristo es la imagen visible de un Dios invisible. El Dios ignoto, escondido, que escapa a las posibilidades cognoscitivas del hombre, puede ser conocido en la persona de su *eicon*. "Porque en él habita corporalmente toda la plenitud de la deidad".[24] Aquí San Pablo usa la palabra *theotes*, que significa "la esencia de la divinidad". Podría haber usado el término *theiotes*, que significa "cualidad de la divinidad".

---

[14] Juan 3.

[15] Juan 4.

[16] Juan 5.

[17] Hebreos 2:6–9.

[18] Romanos 5:1 2–21; 1 Corintios 15:21–29.

[19] 2 Corintios 4:4; Colosenses 1:15–19; 3:9–10.

[20] Efesios 4:24.

[21] Efesios 4:13.

[22] Colosenses 1:15.

[23] 1 Corintios 11:7.

[24] Colosenses 2:9.

La diferencia es mucho más que una letra. Este segundo término lo usa San Pablo con mucha precisión en Romanos 1:20, cuando dice "Porque lo que de Dios se conoce les es manifestado, pues Dios se lo manifestó". San Pablo quiere dejar en claro que Jesucristo es Dios mismo, pero también señala que es el hombre por excelencia, el arquetipo de lo humano. Al término *pleroma*, "plenitud", que utiliza para referirse a la divinidad de Cristo, lo presenta en forma inclusivo en Colosenses 1:19 "Por cuanto agradó al Padre que en él habitase toda plenitud". Aquí se hace referencia a la plenitud de la humanidad. El contexto es bien claro (véase Colosenses 1:15–23). "Porque en él fueron creadas todas las cosas".[25] San Juan afirma que este Verbo creador vino a ser carne.[26] San Pablo hace la misma afirmación al decir que en él habita toda la plenitud.[27] Estos pasajes deben interpretarse a la luz del incipiente docetismo que es combatido en 1 Juan 4:2–3 y 2 Juan 7. El anticristo es aquél que niega la humanidad de Cristo, en quien habita toda la plenitud (*santo pleroma*).

La literatura juanina se acerca a la paulina en su concepto de plenitud. En Juan 1:1–16 se señalan las dos plenitudes de Jesús: la divina, expresada en el concepto de verbo (*logos*), y la humana, expresada en el concepto de carne (*sarx*). San Juan afirma que de su plenitud (*pleroma*) recibimos gracia sobre gracia. Es decir, hay comunicación de gracia entre la plenitud de Cristo - en lo divino y en lo humano - y nuestra vaciedad. Por eso afirma que recibimos. San Pablo hace reflexiones similares: "Y vosotros estáis completos (*pepleromenoi*) *en* él, que es la cabeza de todo principado y potestad".[28] "Llenado" es un perfecto verbo *pleroo*, del cual procede *pleroma*. O sea, por cuanto él está pleno (*lleno*), nosotros también podemos alcanzar la plenitud (*llanura*). Esta es la meta y el desafío a cada cristiano: alcanzar la estatura de Jesucristo, el hombre cabal, terminado, pleno;[29] que no seamos niños inseguros y vacilantes,[30] fácil presa de los que quieren engañarnos.

En Colosenses, como en el prólogo del Evangelio de San Juan, la plenitud de Cristo se da tanto a nivel divino como humano. Pero en Colosenses esta idea es mucho más explícita. Los dos versículos clave son 1:17 y 2:9. En ambos se usa el verbo habitar (*katoikeo*). Este verbo está compuesto por la preposición *kata*, que expresa la idea de "debajo", y *oikeo*, que viene de *oikos*, "casa". En San Juan 1:14 se usa el verbo *skenoo*, que se traduce también por "habitar", pero que realmente significa "armar una tienda de campaña" (*skene*). Por eso algunos exégetas prefieren traducir este verbo por "acampar": "acampó entre nosotros". En San Juan 1:14 se usa el aoristo, un tiempo griego que da la noción puntual, o sea que aquí sugiere la provisionalidad de la encarnación. En

[25] Colosenses 1:16.

[26] Juan 1:14.

[27] Coloneses 1:17.

[28] Colosenses 2:10.

[29] Efesios 4:13.

[30] Efesios 4:14.

Colosenses el mismo verbo *katoikeo* se usa en tiempos diferentes para referirse a la plenitud de la deidad y la plenitud de la humanidad. En 1:19, que se refiere a la plenitud de la humanidad, usa un aoristo primero en infinitivo, que muestra temporalidad, con una noción puntual. Por el contrario en 2:9, donde se refiere a la plenitud de la divinidad, utiliza el presente de un indicativo que expresa continuidad, con una noción lineal. Jesucristo como Dios es una realidad hoy, como vivencia en la fe del creyente. Jesús, hombre, es una realidad histórica y un desafío aquí y ahora, por cuanto es arquetipo de la humanidad devuelta a la intención original de Dios.

Es significativo que San Pablo utilice doce veces el concepto de *pleroma*, seis en las epístolas a los Efesios y a los Colosenses[31] y seis en el resto[32] de sus escritos, y que lo haga para referirse a la plenitud de los tiempos en que Dios deseaba revelar a los hombres sus misterios.[33] Aquí *pleroma*se relaciona con *anaquefalaiosis*, el proceso mediante el cual Dios va colocando todas las cosas terrenas y celestiales bajo el pleno señorío de Jesucristo. En Efesios 1:23 la "plenitud" (*pleroma*) se refiere a la Iglesia, tiene un sentido comunitario. Ya nos hemos referido a los dos pasajes de Colosenses (1:19 y 2:9) que se ocupan de la plenitud de la humanidad y de la divinidad, respectivamente, en la persona de Jesucristo. En Efesios, San Pablo nos presenta de una manera muy clara que la plenitud de Cristo es una manera por alcanzar; que la plena humanidad - nuestro completamiento -, se da al alcanzar el *pleroma* de Cristo y "conocer el amor de Cristo", que excede a todo conocimiento, para que seáis llenos (*plerothete*) de toda la plenitud (*pleroma*) de Dios".[34] "Hasta que todos lleguemos a la unidad de la fe y del conocimiento del Hijo de Dios, a un varón perfecto (*teleios*, es decir: acabado, terminado, completo) a la medida de la estatura (*'elikia*, estatura, puede también traducirse por madurez) de la plenitud (*pleroma*) de Cristo".[35]

Para concluir con las reflexiones sobre *pleroma* debemos señalar que el sentido de completamiento de la condición humana (completamiento en Cristo, como aparece en Gálatas 4:19), se registra en toda la literatura paulina.

Hemos procurado bosquejar los fundamentos de una antropología cristiana básica. La plenitud de vida (*pleroma*) es una realidad que estamos viviendo a pesar de que su

---

[31] Efesios 1:10, 23; 3:19; 4:13; Colosenses 1:19; 2:9, donde aparece *pleroma*. El verbo *pleroo, llenar*, aparece 21 veces en las epístolas paulinas, 9 de ellas en Efesios-Colosenses (Efesios 1:23; 3:9 bis; 4:10 y 5:8; Colosenses 1:9, 25; 2:10 y 4:17).

[32] Romanos 11:12, 25; 13:10; 15:29; 1 Corintios 10:26 y Gálatas 4:4.

[33] Efesios 1:10.

[34] Efesios 3:19.

[35] Efesios 4:13. Véase mi obra *Psicología de la experiencia religiosa*, pp. 148, 156, 161, 164, 168, donde me refiero al uso *de pleroma*.En las páginas 34, 46, 52 y 53 doy más información, en especial sobre el uso del verbo *katantao* en 4:13, para expresar la idea de la terminación de un viaje, o sea, la llegada a la meta de nuestro peregrinar: Jesucristo.

culminación es todavía una meta por alcanzar. El hombre es la imagen de Dios (*Imago Dei*[36]) en proceso de integración y completamiento.

Imagen de Dios, segundo Adán, hombre nuevo y hombre perfecto son diversas manifestaciones de la misma realidad, Jesucristo, el hombre según la intención original de Dios. En Jesucristo la humanidad es rehabilitada y redimida por la victoria en el desierto y en la cruz.

Antes de pasar a la segunda parte de este capítulo hemos de prestar atención a un problema que los escritores cristianos frecuentemente soslayan. Nos referimos a la plena realización de la vida humana en Jesús a pesar de su celibato. En el capítulo anterior he señalado que la plena humanidad comúnmente se da en la relación hombre-mujer, por cuanto es en esa relación que se muestra plenamente la imagen de Dios: "Varón y hembra los creó".[37] No vamos a especular aquí sobre lo que podría haber ocurrido en el caso de que Jesús hubiera fundado una familia y engendrado hijos. Lo real es que no lo hizo. La pregunta ¿cómo puede ser un hombre soltero el modelo de humanidad? resultaría tan inútil como esta otra: ¿Cómo puede un varón ser el modelo de humanidad para una mujer? Por otro lado, el hecho de que Jesús, arquetipo de humanidad, se haya mantenido soltero, muestra la posibilidad de plena realización que tienen algunas personas excepcionales a pesar de mantenerse solteros por su entrega a una causa. Lo que sigue es una versión libre de la enseñanza de Jesús sobre este tema en San Mateo 19:12–13: "Ustedes saben que hay hombres que no pueden tener relaciones sexuales debido a imperfecciones físicas. Saben también que hay algunos infelices que han sido castrados a fin de que, sin peligro, cuiden a las mujeres de los poderosos. Saben, además, que hay hombres que se imponen la abstinencia sexual por causa del Reino de Dios. Hay gran diferencia entre abstenerse por impotencia y hacerlo por propia voluntad. El que tenga poder para hacerlo, hágalo".

Juan Calvino hizo un magnífico trabajo exegético sobre este pasaje, algunas de cuyas conclusiones anotamos enseguida:

1. "No todos los hombres son capaces de mantenerse célibes".
2. "La decisión no está en manos humanas, pues la continencia es un don especial concedido a muy pocas personas".
3. "Sólo unas pocas personas señaladas por Dios pueden afrontar el sacrificio del celibato".
4. "Para todos los demás, la mayoría, Dios no sólo permite sino que ordena el matrimonio".
5. "Quien se resiste al matrimonio está luchando contra Dios".

El celibato de Jesús es comparable al de San Pablo, quien no considera el celibato como una cualidad que hace al célibe superior al casado.

---

[36] Véase mi obra *Psicología de la experiencia religiosa.*

[37] Génesis 1:26–27.

San Pablo reconoce que los apóstoles, los hermanos de Jesús y Cefas, tienen sus respectivas esposas, y afirma que él también tiene autoridad para hacer lo mismo.[38] San Pablo afirma que el matrimonio es el estado normal de todo hombre y de toda mujer que no tenga el carisma del celibato,[39] y que aun cuando hay carismas diferentes para los casados y para los célibes, todo viene de Dios.[40]

JESUS, MODELO DE HUMANIDAD.

En todo ser humano hay dos realidades: la imagen de Dios y el pecado. La presencia de estos dos elementos contradictorios crea en la persona una ambivalencia existencial. A pesar del pecado se expresa la imagen de Dios, de modo que hay en cada persona valores inherentes a la condición del ser humano. Es significativo que Jesucristo predique a una multitud que no estaba integrada exclusivamente por creyentes: "Vosotros sois la sal de la tierra... vosotros sois la luz del mundo".[41] En otro lugar he reflexionado sobre la imagen de Dios en los no creyentes.[42] El hecho de que una persona no crea en la imagen de Dios no impide que la tenga. La imagen de Dios es el germen del nuevo hombre que está latente en cada persona.

En el Nuevo Testamento el concepto de *hombre nuevo* se emplea para referir concretamente a: l) El nuevo nacimiento y el encuentro con el imperativo moral; 2) El hombre nuevo en progreso hacia la perfección; y 3) El hombre nuevo en su expresión comunitaria. Veamos cada uno de estos tres usos.

1. El nuevo nacimiento y el encuentro con el imperativo moral. Presentaremos aquí, en orden cronológico, varios pasajes del *corpus* paulino.

Es sabido que las epístolas de San Pablo han sido ubicadas en la Biblia por orden de extensión, no cronológicamente.

En la Epístola a los Gálatas San Pablo afirma: "Porque todos los que habéis sido bautizados en Cristo, de Cristo estáis revestidos".[43] La idea del hombre nuevo como una vestimenta, que todavía no es nuestra piel, pero que debe serlo, aparece más tarde en las

---

38 1 Corintios 9:5.

39 1 Corintios 7:9.

40 1 Corintios 7:7.

41 Mateo 5:13–14.

42 Véase mi obra *La comunicación del Evangelio en el mundo actual,* Editorial Caribe, Miami, 1974, especialmente el capítuloII (E hombre como imagen de Dios), pp. 31–48, donde tratamos los siguientes temas: "Definición de la imagen de Dios', "La Imagen de Dios en el creyente", "La imagen de Dios en los no creyentes", "La imagen, de Dios y la evangelización", "La imagen de Dios y la vocación evangelizadora", "La posibilidad de completar la imagen".

43 3:27.

epístolas de la cautividad.[44] Jesucristo es el hombre nuevo y debemos ir conformándonos no sólo para parecernos a él - vestidos del hombre nuevo - sino para ser como él es. El hombre nuevo debe dejar de ser un traje del cristiano para convertirse en parte de su ser. El bautismo es la expresión externa de la fe en Jesucristo que nos lava de nuestros pecados, y el sello del Espíritu Santo que nos convierte en nuevas criaturas aunque todavía no seamos plenamente el hombre nuevo: "Si alguno está en Cristo, nueva criatura es; las cosas viejas pasaron; he aquí todas son hechas nuevas".[45] La vida que uno inicia cuando se arrepiente de sus pecados y se entrega a Cristo y da testimonio por el bautismo y en él recibe el sello de la Gracia de Dios, es realmente una vida nueva. En este nuevo estado de vida, no existe más diferencia alguna entre judío y gentil, esclavo o libre, hombre o mujer, ya que "todos vosotros sois uno en Cristo Jesús".[46]

En la Epístola a los Romanos encontramos un enfoque similar al de Gálatas, pero en aquélla San Pablo señala que el nuevo nacimiento involucra el encuentro con el imperativo moral. "¿O no sabéis que los que hemos sido bautizados en Cristo Jesús, hemos sido bautizados en su muerte? Porque somos sepultados juntamente con él para muerte por el bautismo, a fin de que como Cristo resucitó de los muertos por la gloria del Padre, así también nosotros andemos en vida nueva. Porque si fuimos plantados juntamente con él en la semejanza de su muerte, así también lo seremos en la de su resurrección; sabiendo esto, que nuestro *viejo hombre* fue crucificado juntamente con él para que el cuerpo del pecado sea destruido, a fin de que no sirvamos más al pecado".[47] Cuando el hombre entra en contacto con el Cristo resucitado, muere a su viejo hombre y nace como un hombre nuevo, "muertos al pecado, pero vivos para Dios en Cristo Jesús, Señor nuestro".[48] El cristiano debe conformarse a Jesucristo, el cual es el hombre nuevo: "Porque a los que antes conoció, también los predestinó para que fuesen hechos conformes a la imagen de su Hijo; para que él sea el primogénito entre muchos hermanos".[49]

En la Epístola a los Colosenses encontramos el mismo esquema que San Pablo presenta en Gálatas 3:27–28 y en Romanos 6:3–6. Dice el apóstol: "Sepultados con él en el bautismo, en el cual fuisteis también resucitados con él, mediante la fe en el poder de Dios que le levantó de los muertos. Y a vosotros, estando muertos en pecado y en la incircuncisión de vuestra carne, os dio vida juntamente con él..."[50] En la carta a los

---

[44] Efesios 4:22, 24 y Colosenses 3:9–10.

[45] 2 Corintios 5:17.

[46] Gálatas 3:28.

[47] Romanos 6:3–6.

[48] Romanos 6:11.

[49] Romanos 8:29.

[50] Colosenses 2:12–13.

Colosenses, la nueva vida en Cristo implica la liberación del cristiano de supersticiones "de filosofías y huecas sutilezas, según las tradiciones de los hombres, conforme a los rudimentos del mundo, y no según Cristo".[51]

2. ***El hombre nuevo en progreso hacia la perfección***. En el Sermón de la montaña, Jesús nos dice: "Sed, pues, vosotros *perfectos* como vuestro Padre que está en los cielos es *perfecto*".[52] Al joven rico le dice: "Si quieres ser *perfecto,* anda, vende todo lo que tienes y dalo a los pobres, y tendrás tesoro en el cielo, y ven y sígueme".[53] En ambos pasajes la palabra griega *teleios* es traducida por *perfecto.* Se trata de un término que deriva de *telos*, que significa fin, *objetivo final. Teleios* aparece sólo estas dos veces en los Evangelios, siempre para expresar conceptos de Jesús. En Mateo 5:48, el Señor nos muestra que, en la medida que el hombre es una Gestalt viviente en proceso de integración, debe tener como meta el completamiento de su condición humana. En otras palabras, "Sed hombres como Dios es Dios". El mandato a ser hombres lleva implícita la idea de hombres *según* la intención original de Dios, es decir, hombres nuevos, perfectos. El aporte del hombre para lograr esa meta es muy pequeño en comparación con lo que Dios hace, pero el Señor nos ordena hacerlo y debemos consagrar nuestros mayores esfuerzos.

En el texto de Mateo 19:21, Jesús le muestra al joven rico que las riquezas le impedían alcanzar la meta que Dios señala a cada hombre. Todo obstáculo debe ser quitado del camino pues la meta es más grande y gloriosa que toda posesión terrena. Ambos pasajes están enmarcados en un contexto ético-moral.

Para San Pablo, el objetivo de la evangelización es anunciar a Jesucristo, "amonestando a todo hombre y enseñando a todo hombre en toda sabiduría, a fin de presentar *perfecto* (*teleios*) *en* Cristo Jesús a todo hombre".[54] El cristiano debe crecer hacia el completamiento de su condición humana según el modelo del hombre nuevo y perfecto, Jesucristo. Ya hemos señalado que la perpetua niñez no es la meta de la persona nacida de nuevo: "Hermanos, no seáis niños en el modo de pensar, sino sed niños en la malicia, pero *maduros* (*teleios*) en el modo de pensar". La versión de Reina-Valera traduce aquí *teleios* por *maduro;* estimo que sería más adecuado usar la palabra *adulto* por oposición a niño. La idea del completamiento de un proceso queda bien en claro. La Biblia *Latinoamericana* trae, a mi juicio, la mejor traducción de Efesios 4:13, pues es fiel al original griego y presenta lúcidamente la idea de crecimiento hacia un objetivo: "La meta es que todos juntos nos encontremos unidos en la misma fe y en el mismo conocimiento del Hijo de Dios y con eso se logrará el hombre perfecto (*teleios*) que en la madurez de su desarrollo es la plenitud de Cristo".

---

[51] 2:8.

[52] Mateo 5:48.

[53] Mateo 19:21.

[54] Para un estudio más amplio de este término véase mi libro La *comunicación del Evangelio en el mundo* actual, pp. 69–77.

Jesucristo es la imagen de Dios, el hombre nuevo, el segundo Adán, el hombre perfecto. La meta de cada cristiano debe ser llegar a ser como Jesucristo. Cuando buscamos a Dios nos encontramos con la realidad de que él nos estaba buscando antes de que nos interesáramos en el encuentro: "Somos transformados de gloria en gloria en la misma imagen, como por el Espíritu del Señor".[55] El verbo transformar (*metamorfoo*) es el mismo que San Pablo utiliza en Romanos 12:2: "Transformaos por medio de la renovación de vuestro entendimiento". Este verbo, que San Pablo utiliza sólo en las dos ocasiones mencionadas, aparece también tres veces en los Evangelios sinópticos (referido a la transformación de Jesús en el monte de la Transfiguración).

En 2 Corintios 3:18 se hace referencia a la transformación del rostro de Moisés cuando bajaba del Monte Sinaí después de haber estado en comunión con Dios: "No sabía Moisés que la piel de su rostro resplandecía después que hubo hablado con Dios... y tuvieron miedo de él".[56] Moisés descendió con la gloria de Dios en su rostro. San Pablo afirma que en su proceso de crecimiento, el cristiano es transformado de gloria en gloria en la misma imagen, y que no se trata del esfuerzo humano, sino de la obra del Espíritu Santo con la colaboración del mismo creyente. Conozco una persona que ha tenido experiencias espirituales muy profundas, al punto de haber sentido la gloria de Dios en su cuerpo. Lamentablemente muchos cristianos parecen haber perdido el interés por las experiencias espirituales profundas y se conforman con la mediocridad.

La transformación que debe experimentar el cristiano tiene como objetivo hacerlo tan humano como Jesucristo: "Hasta que Cristo sea formado en vosotros".[57] El cristiano nace de nuevo para crecer. Resulta sumamente interesante la antinomia niño-adulto en 1 Corintios 13 y Efesios 4:13–14. El adulto, el hombre perfecto (nuevo) o en proceso de serio, es aquél que es capaz de amar con la misma intensidad que anota 1 Corintios 13. "El amor no hace mal al prójimo; así que el cumplimiento de la ley es el amor".[58]

En todo ser humano está la imagen de Dios, y también el pecado. El progreso hacia la perfección no es entonces un proceso de autorreforma, producto de un humanismo ingenuo, sino la obra de Dios en colaboración con el hombre. Por lo tanto tomemos en consideración los consejos de San Pablo: "Andemos como de día, honestamente; no en glotonerías y borracheras, no en lujurias y lascivias, no en contiendas y envidia. *Sino vestíos del Señor Jesucristo,* y no proveáis para los deseos de la carne".[59]

3. El hombre nuevo en su expresión comunitaria. Conviene tener en cuenta que los pasajes que hemos considerado hasta aquí no fueron originalmente dirigidos a individuos,

---

[55] 2 Corintios 3:18.

[56] Exodo 34:29–30.

[57] Gálatas 4:19.

[58] Romanos 13:10.

[59] Romanos 13:13–14.

sino a comunidades. Si bien es válido aplicarlos a cada persona, no debe perderse de vista el sentido comunitario de los mismos.

Hay dos pasajes de San Pablo que muestran prioritariamente el sentido comunitario. En Efesios 2:15 el apóstol utiliza el concepto de hombre nuevo en relación con la Iglesia universal. De miembros de dos pueblos diferentes (el gentil y el judío), Dios funda la Iglesia "para crear en sí mismo de los dos un sólo y nuevo hombre, haciendo la paz". Un árbol en un bosque es al mismo tiempo árbol y bosque. Sin los árboles no hay bosque, pero sólo en comunidad el árbol puede ser bosque; así ocurre con el cristiano en su relación con la iglesia.

Efesios 5:21–33 es el único lugar de la Biblia donde se hace referencia al bautismo de la iglesia. La comunidad de creyentes es santificada por el bautismo y es Jesucristo mismo el que la ha bautizado para presentársela a sí mismo como "una iglesia gloriosa, que no tuviese manchas ni arruga ni cosa semejante, sino que fuese santa y sin mancha" (v. 27).

En la imagen conyugal que aquí emplea San Pablo, llama la atención el hecho de que la palabra *iglesia* aparece seis veces (5:23, 24, 25, 27, 29, 32), mientras que en el resto de la epístola aparece sólo tres veces (1:22; 3:10, 21).

La voluntad de Dios es la santificación[60] de la Iglesia desnaturalizada a través de los siglos por muchas manchas y arrugas. Los cristianos hoy tenemos la responsabilidad histórica de ponernos en las manos de Dios y de hacer nuestro mayor aporte para el completamiento de nuestra condición humana - nuestra santificación - de modo que podamos contribuir a la santificación de la Iglesia y a la creación del hombre nuevo individual y comunitario.

PARA REFLEXIONAR.

En Ymcápolis, donde estoy escribiendo estas líneas, hay un arroyo serrano de casi mil metros que atraviesa esta propiedad de la Asociación Cristiana de Jóvenes de Buenos Aires. En algunos sectores el agua corre serenamente; son lugares de mayor profundidad. En otros lugares las aguas corren atropelladamente, produciendo un alegre murmullo; éstos son los tramos donde hay menos profundidad. Los cristianos somos como ese arroyo: algunos hacemos mucho ruido pero carecemos de profundidad; otros, en cambio, marchamos serena pero irreversiblemente hacia la meta.

Jesucristo es el modelo de hombre, además de redentor. El lector habrá conocido creyentes que se ocupan en marcar las distancias existentes entre ellos mismos y las demás personas - creyentes o no - a quienes consideran inferiores; quizás usted mismo sea uno de esos creyentes. Los cristianos somos conscientes de la distancia que existe entre nosotros y nuestro modelo. Quien asume aquella primera actitud encontrará siempre alguien peor con quien compararse y hasta lo celebrará ruidosamente, como lo hacen las partes poco profundas del arroyo serrano. Los que asumimos la segunda actitud

[60] Santificar deriva de dos palabras latinas (*sanctus y faere*) y significa "hacer santo". *Santo* significa "separado, apartado", y también "totalmente morar".

somos necesariamente humildes ante el Señor y ante nuestro prójimo; no hacemos ruidos, pero sabemos dónde estamos y hacia dónde nos dirigimos.

1. ¿Puede una persona ser creyente sin ser necesariamente cristiana? ¿Es posible un auténtico nuevo nacimiento sin crecimiento hacia el completamiento de la condición humana en Jesucristo? Si esto es posible... ¿qué ocurre con el recién nacido que no crece?
2. ¿Por qué resulta más fácil ver los defectos de otros que reconocer las deficiencias propias?

Caminos de renovación humana.

Nuestra época clama por una humanidad diferente. El menosprecio por las personas, el uso indebido de drogas, los crímenes, las violaciones, las injusticias, el hambre, las diferentes formas de expresión de la violencia, etc., nos hacen anhelar una nueva humanidad y un mundo diferente. Pero... ¿se trata tan sólo de un anhelo, o hay algo que podemos hacer para contribuir a la concreción del hombre nuevo? Si es así... ¿qué clase de hombre nuevo necesitamos y en qué y cómo podemos ayudarlo?

Nuestra reflexión cristiana debe tener en cuenta otros intentos que se están realizando en pos de la renovación y reeducación de la vida humana. Aunque estos intentos no coinciden necesariamente con la fe cristiana en todos sus aspectos, ciertamente muestran puntos de contacto con ella. Además, forman parte de la cultura donde el cristiano está inmerso y donde debe ofrecer su testimonio.

La reflexión teológica debe tener en cuenta tres factores fundamentales: la revelación divina a través del mensaje bíblico y la obra y testimonio del Espíritu Santo; la experiencia histórica, tanto de la iglesia como del mundo, y finalmente el contexto histórico en que nos toca vivir. Estos tres elementos son indispensables para que la reflexión teológica sea pertinente a nuestra situación.

Hay dos intentos de renovación humana que merecen la seria consideración de todo aquel que desee reflexionar seriamente sobre el hombre nuevo: el psicológico y el sociológico.

LA RENOVACION HUMANA Y LA PSICOLOGIA.

Hay muchos puntos de contacto, y también grandes diferencias, entre el esquema psicológico y el cristiano con relación a la concreción de una vida renovada. Entre los puntos de contacto y diferenciación consideraremos tres: 1. El concepto de pecado; 2. La justificación; y 3. La plenitud de vida (santificación o completamiento de la condición humana).

1. El concepto de pecado. En la Biblia se utilizan varios términos para expresar la idea de *pecado*. Deriva de una raíz que significa literalmente “errar el blanco”. Pensemos en el arquero que dispara su flecha sin dar en el objetivo propuesto. La flecha que disparamos, o que dejamos de disparar, es nuestra propia vida. Toda vida tiene un objetivo que alcanzar: si no lo logramos, estamos en pecado.

De esta manera habría dos formas de pecado: la del que en su mediocridad no dispara su flecha, y la de aquél que la dispara sin dar en el blanco. Podríamos afirmar que el pecado, en cuanto *hamartia,* es una *frustración existencial* tanto del hombre impotente para disparar su flecha como del hombre impotente para dar en el blanco. *Pecado* es, pues, la alienación de la persona del objetivo que Dios le ha propuesto para su vida. Pecado es todo aquello que conspira contra el logro del completamiento de la condición humana según el modelo que Dios nos ha dado en la persona de Jesucristo.

El concepto de frustración es suficientemente conocido y no necesitamos aquí intentar una definición exacta del término. Tras haber presentado los puntos de contacto, veamos ahora las diferencias. En la psicología la frustración no tiene implicaciones trascendentes; por el contrario, en la Biblia el pecado tiene que ver no sólo con las frustraciones aquí en esta vida sino también con el destino eterno del pecador. Las frustraciones y los demás problemas psicológicos pueden ser superados por la exclusiva acción del hombre, pero el perdón de los pecados acontece solamente por el concurso del hombre y de Dios. El hombre se arrepiente y Dios le otorga el perdón mediante la fe en Jesucristo, quien ha realizado en su lugar el sacrificio expiatorio de la Cruz del Calvario.

Parecería una exageración la del rabino Josué L. Liebman cuando afirma que "la religión tiene ahora un aliado en lo que puede llamarse psicología revelada".[1] Por ser la psicología un importante aspecto de nuestra cultura, es evidente que no puede estar ausente de ninguna reflexión teológica seria sobre el ser humano. En su obra *Teología de la cultura,* el teólogo Paul Tillich afirma que la psicología hace varias contribuciones fundamentales a la reflexión teológica:[2] A) *El descubrimiento del inmenso material de psicología profunda que encontramos en la literatura bíblica de hasta casi tres mil años de antigüedad.* Ya en otra ocasión me he referido a la narración bíblica sobre Adán y Eva como ilustración del sentimiento de culpa, el temor de los mecanismos inconscientes de racionalización y proyección.[3] B) *El descubrimiento del significado de la palabra pecado.* Tillich sostiene que esta palabra se ha hecho ininteligible debido a la identificación que generalmente se hace entre "los pecados" y "el pecado" y por la identificación de "los pecados" con ciertos actos que no son convencionales o socialmente aprobados. Para Tillich el pecado es la separación, la enajenación del ser esencial de uno. C) La psicología ayuda a la teología a *descubrir las estructuras demoníacas que determinan nuestra conciencia* y nuestras decisiones. D) *La teología puede y debe vencer al moralismo;* la psicología y el existencialismo lo ponen de manifiesto. Para Tillich la moralidad es la autoafirmación de nuestro ser esencial y por lo tanto es absoluta; los moralismos, por el contrario, son relativos.

Si bien *hamartia y frustración* no son términos sinónimos, se enriquecen mutuamente y resultan de gran valor tanto para el psicólogo como para el teólogo.

Otro binomio a analizar es *paraptoma-neurosis. Paraptoma* es una palabra griega que procede del verbo *caer* (se trata de una caída, de un resbalón, de una falla personal). La neurosis es un trastorno menor de la personalidad; el neurótico, aun sin perder su contacto con la realidad, experimenta la angustia de su incapacidad para manejar sus conflictos internos o concretar una respuesta adecuada. En términos psicoanalíticos la neurosis es el estado de inadecuación del yo al no poder establecer el equilibrio entre las fuerzas en pugna del Superyo y del Ello.

El pecado como *paraptoma* y la *neurosis* producen por igual situaciones angustiosas, sentimientos de culpa conscientes e inconscientes y deseos de obtener la aprobación de los demás la solución, como en el binomio anterior, muestra diferentes niveles: la

---

1 J. L Liebman, *Paz del Espíritu,* Santiago Rueda Editor, Buenos Aires, 1947, p. 27.

2 Paul Tillich, Theology of culture, Oxford university Press, New York, 1959, p. 123ss. Hay traducción castellana.

3 Véase mi libro *Psicología pastoral Para todos los cristianos,* (5a. ed.), Editorial Caribe, Manú, 1976,pp.53–58 y 86s.

neurosis se resuelve, por lo general, a nivel terapéutico, mientras que el *paraptoma* requiere el concurso de la acción divino-humana. Es difícil establecer una clara línea de demarcación entre uno y otro.

En el caso de la psicología pastoral se tiene en cuenta ambos aspectos, ya que el creyente puede resolver sus problemas teológicos pero seguir siendo neurótico, o puede aceptar el perdón de Dios y al mismo tiempo no ser capaz de perdonarse a sí mismo.

2. El concepto de justificación. Para el cristiano, la *justificación* es la superación del estado de pecado; para el hombre común el *ajuste* es la superación del nivel de neurosis que le ha impedido el máximo de eficacia de que es capaz. Ajuste y justificación poseen características similares, pero también grandes diferencias. A veces la justificación mueve al desajuste más que al ajuste. No es cuestión de adaptarse a la medida común del medio donde se actúa; el cristiano debe ajustarse al modelo que Dios le ofrece en Jesucristo, que, por lo general, está reñido con el que le ofrece la sociedad en que vive. El cristiano no se conforma a su medio, trata de conformarse a Jesucristo.

3. El concepto de santificación. Entendido como completamiento de la condición humana según el modelo que Dios nos ha dado en la persona de Jesucristo, no tiene paralelo en la psicología. La psicología se conforma con ayudar al individuo a adaptarse al medio considerado normal. Luego, si bien a través de técnicas psicoterapéuticas el hombre puede lograr cierto grado de salud mental, no es el propósito de la psicología lograr el hombre nuevo tal como lo presenta el mensaje bíblico. No obstante, aquél que ha superado una profunda crisis emocional siente, por comparación, que ha encontrado una vida nueva. De lo que está fuera de lo común ha pasado a ser como el común de la gente. Pero la meta del hombre nuevo es ser anormal, es decir, situarse fuera de la norma de una sociedad corrompida por el pecado individual y social. Ser como Jesucristo es estar fuera de la norma común. El hombre nuevo es anormal ascendente; el esclavo del pecado es anormal descendente. El cristiano normal es alérgico al pecado, pero no su esclavo. Jesucristo lo ha liberado de la esclavitud del pecado y de la muerte.

Algunas de mis conferencias donde he señalado coincidencias entre el esquema psicológico y el bíblico con relación a la renovación de la vida, han suscitado inquietudes de esta índole: "¿La comprensión de ciertas actitudes humanas por medio de la psicología... no debilita el concepto de pecado? La Biblia afirma que el adulterio es pecado, pero en algunos casos la psicología nos muestra que la persona adúltera es víctima de circunstancias adversas... ¿cómo va a juzgar Dios a personas que son víctimas de ciertos condicionamientos de su historia personal y familiar? ¿No existe el peligro de caer en un relativismo moral?".

Ante tales preguntas suelo dar respuestas muy sencillas, por ejemplo: el pecado siempre es pecado, pero es más fácil eliminarlo cuando se conocen sus causas reales, por lo menos a nivel humano; el conocimiento de las causas profundas del pecado no tiene como propósito aprobarlo o condenarlo, sino comprender al pecador y ayudarlo a comprenderse para dar los pasos necesarios a fin de salir de su situación; en todo hombre, la coexistencia del pecado y de la imagen de Dios siempre produce tensión; todo hombre lleva dentro de sí su propio juez, a veces implacable; abrir la puerta a la comprensión no significa cerrarla a la santidad; abrir la puerta al amor no significa cerrarla a la justicia de

Dios; Dios nos mira con amor, pero a nosotros nos gusta mirar a nuestro prójimo con juicio.

Personalmente no sobrevaloro el aporte de la psicología, pero no tengo derecho a desconocerla como ciencia auxiliar de la teología. No creo que haya una psicología todopoderosa capaz de crear un hombre terapizado que - como la leche pasteurizada - esté libre de todos los contenidos enfermizos o enfermantes. El hombre es un ser pecador y como tal no podrá renovarse exclusivamente por su esfuerzo personal. El hombre nuevo sólo puede acontecer por la acción del Espíritu Santo y su propia colaboración en el proceso hacia una realización humana. La psicología se ubica dentro de la colaboración de la persona para el logro de su objetivo en Jesucristo. La psicología puede ser un aliado de la teología pastoral, no necesariamente su enemiga.

Hemos conocido casos de "Testigos de Jehová" que han dejado morir a sus familiares por no haber autorizado una transfusión de sangre "por motivos de fe". Igualmente culpable es el cristiano que no procura ayuda profesional a un familiar con trastornos psíquicos. En América Latina he escuchado muchas veces que el creyente se cura por la fe y que acudir a un psicólogo es síntoma de falta de fe. Uno se enferma de la mente como podría enfermarse del hígado o de los pulmones. En casos límites la concreción del hombre nuevo podría comenzar por el consultorio del profesional para ser complementada por la acción pastoral. Para lograr el crecimiento espiritual se necesita, como base, cierto grado de salud mental. Claro que hay profesionales - incluidos algunos "evangélicos" - a los cuales yo no recomendaría.

LA RENOVACION HUMANA Y LA SOCIOLOGIA.

Dentro del campo de la sociología, el marxismo aspira a lograr el hombre nuevo. Es muy probable que Marx haya descubierto el concepto de hombre nuevo en la Biblia, pero el suyo propio conlleva un sentido materialista, al igual que su comprensión de la dialéctica de Hegel. Para Marx la materia es la única realidad infinita en el espacio y en el tiempo. A través de la evolución se ha logrado un producto material superior al cual llamamos espíritu. En el esquema marxista el hombre es el producto de la evolución.

El humanismo marxista confía en la capacidad del hombre para alcanzar la perfección por su propio esfuerzo. El hombre nuevo es, pues, la creación del hombre. El trabajo se convierte en el absoluto del hombre. Recuerdo una experiencia vivida en Cuba a principios de la década del sesenta. Viajaba en auto desde La Habana a Matanzas y recogí por el camino un militar que me hizo señas para que lo llevara. Charlamos durante el viaje y al despedirnos le dije: "Que Dios le bendiga", a lo que el militar respondió: "El único que a mí me bendice es el trabajo".

Según la filosofía marxista, es el trabajo lo que convirtió al antropoide en hombre y aún continúa humanizándolo. Luego el hombre se crea a sí mismo mediante el trabajo. Este concepto, que Marx heredó de Hegel, pugnaba con la dura realidad que Marx estaba percibiendo: el trabajo se había animalizado y animalizaba al hombre. Marx llegó a la conclusión de que cuando el hombre vende la fuerza de su trabajo, también está vendiendo su posibilidad de autocreación - en consecuencia se aliena y hace posible la alienación de su prójimo. Es por eso que el marxismo afirma que en una sociedad donde no exista la propiedad privada, en lugar de alienarse el hombre se autocreará por medio del trabajo.

El concepto marxista de alienación tiene ciertos puntos de contacto con el concepto bíblico de pecado como *hamartia*. Marx toma de Hegel su concepto de alienación; a su vez Hegel se había servido de las principales doctrinas bíblicas como modelos para sus reflexiones filosóficas. Se dice que la *dialéctica* (tesis-antítesis-síntesis), le fue sugerida por el dogma de la Trinidad y que el concepto bíblico de pecado inspiró el desarrollo de su concepto de alienación. Una persona está alienada cuando no es lo que debiera ser, cuando se convierte en un extraño para sí mismo. Marx consideró a la religión corno una alienación, y a Dios como la representación de los anhelos, sueños y fuerzas que el hombre transfiere a un ser inexistente. Cuando el hombre proyecta energías a algo que le es externo, pierde contacto con sus propias posibilidades. De allí, afirma Marx, que mientras más fuerte sea el "dios", más débil y miserable será el hombre. La religión es, pues, para Marx, el reflejo de la naturaleza humana. Dicho de otra manera, "dios" es el espejo del hombre.

Marx sostiene que la llamada alienación religiosa es de carácter secundario, y que lo más grave es la alienación del trabajo. La alienación religiosa sería el resultado directo de la alienación económica.

Desde el punto de vista de la filosofía marxista el hombre nuevo surgirá al final de la historia cuando la revolución comunista haya triunfado en todo el mundo. El marxismo tiene pues su escatología en intento de realización. El problema es que para llegar al objetivo final, el hombre común en los países comunistas donde el comunismo ha triunfado, es sometido a un proceso de reeducación por medio de estímulos y presiones muy fuertes. Raúl Castro lo dijo explícitamente en un discurso en La Habana: "La revolución es un tren, y hay sólo dos posibilidades: o suben al tren o éste les pasa por encima". El hombre común deberá soportar la "dictadura del proletariado" - la cual no se ejerce solamente sobre la clase social que ha sido quebrantada, sino también sobre los que integran la clase trabajadora - renunciar a su capacidad de interpretar la realidad en que vive y aceptar pasivamente la interpretación oficial. En fin, el hombre de los países dominados por el comunismo deberá renunciar a sí mismo, es decir, deberá alienarse para lograr la desalienación. Se verá obligado a aceptar que es un hombre de transición, un precursor del hombre nuevo que aparecerá en un mañana que se presenta como un signo de interrogación. El hombre debe aceptar, por fe, este esquema escatológico o se verá obligado a someterse por la fuerza. Se pretende llegar a la desalienación por el camino de la alienación. Por el contrario, en el cristianismo el hombre se arrepiente y renuncia a sí mismo como esclavo del pecado por decisión personal. A pesar de tener más poder que todos los comunistas juntos, Dios no usa la fuerza para quebrantar al hombre, porque lo respeta.

El marxismo no sólo aliena al hombre de sí al pretender disolverlo en la masa; también lo aliena de Dios. La imagen de Dios está presente en todo hombre, creyente o incrédulo, y jamás el hombre podrá alcanzar su plena realización separado de Dios: en ese caso estará separado de sí mismo y del Dios Trascendente. El marxismo ateo jamás logrará concretar una humanidad plenamente humana porque está divorciado de las realidades espirituales.

Para alcanzar el hombre nuevo, en un sistema marxista, el hombre debe renunciar a sí mismo y someterse a la disciplina del partido, que decidirá por él. Esto parece un calco de las palabras de Jesús: "Si alguno quiere venir en pos de mí, niéguese a sí mismo y tome su cruz, y sígame".[4] El partido, o la clase dominante que lo represente, ocupan el lugar que le corresponde a Dios. La lealtad del marxista a su causa debe estar por encima de su amor por sus seres queridos. Muchos marxistas han denunciado a sus padres y éstos han perecido frente al paredón de fusilamiento. Esta actitud de ciega obediencia a un absoluto nos recuerda las palabras de Jesús: "El que ama a su padre o a su madre más que a mí no es digno de mí; el que ama a su hijo o hija más que a mí, no es digno de mí".[5] Dentro de la fe cristiana la diferencia estriba en que el hombre se determina por el amor, que debe ser expresado en su mayor intensidad para Dios y en menor para los demás afectos del hombre. En el marxismo el odio al opresor es el motor de la conducta. Por lo general se odia más al opresor que lo que se ama al oprimido. Jesús anuncia que en las persecuciones venideras "el hermano entregará a la muerte al hermano, y el padre al hijo; y los hijos se levantarán contra los padres, y los harán morir".[6] He visto de qué modo esta premonición se cumplía en Cuba entre aquellos que no creían en Jesucristo como Señor y Salvador.

Para el marxismo la producción del hombre nuevo es resultado del trabajo del hombre genérico, mientras que para la fe cristiana la creación del hombre nuevo es posible mediante la acción de un hombre histórico: Jesucristo. Él es el modelo y nos ha enviado su Espíritu Santo para que continúe su ministerio sobre la tierra. Cuando el hombre se encuentra con Jesucristo, se encuentra consigo mismo, con Dios y con su prójimo.

A pesar de todo cuanto hemos dicho del marxismo, en él hay elementos positivos que podemos incorporar a nuestra reflexión teológica. Ya hemos expresado que nuestra cultura es uno de los ingredientes básicos para una reflexión teológica pertinente a nuestra situación. Es evidente que la filosofía marxista forma parte de nuestra cultura, ya sea para atacarla o para difundirla.

Decir que debemos incorporar ciertos elementos del análisis marxista de la realidad a nuestras reflexiones teológicas significa aceptar conscientemente lo que ya hemos hecho en forma inconsciente. Esto no es necesariamente una adulteración de la doctrina cristiana: significa descubrir nuevos vehículos de comunicación del Evangelio en una cultura que ya no es la de los Evangelios. En su momento también lo hizo San Juan - cuando introdujo el concepto filosófico pagano del *logos* (*palabra, verbo*) en su Evangelio[7] -, y San Pablo - cuando predicó en Atenas de la misma manera que lo hubieran hecho los filósofos estoicos y epicúreos[8] o cuando introdujo el concepto de *soma*(tomado del

---

[4] Mateo 16:24.

[5] Mateo 10:37.

[6] Mateo 10:21.

[7] Juan 1:1–14.

[8] Hechos 17:23–28.

estoicismo vulgar y del naciente gnosticismo), para referirse a la Iglesia como el cuerpo (*soma*) de Cristo[9].

Comúnmente resulta más fácil afirmar que Freud ha hecho un aporte a la teología pastoral que decir lo mismo sobre Marx con relación a la teología en general. Sin embargo, debemos aceptar conscientemente lo que sí es innegable en ambos pensadores. A veces olvidamos que también Freud afirmó ser ateo y que escribió libros antirreligiosos como *Totem y tabú (1913), y El futuro de una ilusión* (1927).

He de limitarme a enumerar algunas contribuciones indirectas del marxismo a la reflexión teológica:

1. El descubrimiento de que el Reino de Dios es el tema central de la predicación de Jesús. Recién en el siglo XX la teología se ha ocupado seriamente del Reino de Dios en la predicación de Jesús.[10] En mi opinión, la influencia inconsciente del esquema marxista es evidente.
2. El marxismo levantó banderas que la Iglesia había dejado caer y olvidado. El concepto de hombre nuevo es una de ellas.
3. La dimensión social del evangelio ha sido redescubierta en los últimos tiempos. El énfasis exclusivo en la salvación del alma es abandonado paulatinamente. Hoy se proclama la salvación del hombre. Es evidente que todo lo social cabe dentro del evangelio, pero no todo el evangelio cabe dentro de lo social.
4. La teología cristiana ha sido muy influida por el dualismo griego, de allí entonces el predominio durante siglos del énfasis exclusivo en la salvación del alma. De Platón se ha heredado cierto menosprecio por el trabajo manual; muchos "intelectuales" creen que es denigrante trabajar con sus manos y que los que trabajan con sus manos son inferiores. Esa idea está tomada de la *República* de Platón, pero no tiene nada que ver con el mensaje bíblico. Recuerdo que cuando asumí al rectorado del Seminario Evangélico de Teología de Matanzas (Cuba), comprobé que el encargado de los sembrados había renunciado. Había mucho maíz listo para ser cosechado y entonces pedí a los estudiantes que ayudaran en la recolección. Recuerdo que uno de ellos me contestó: "Usted me ofende; yo no soy cualquier cosa, soy un estudiante de teología". "Yo también, le contesté, y por eso voy a recoger maíz con los otros estudiantes". Levantamos la cosecha sin ayuda de ese estudiante. El marxismo nos desafía a desarrollar una teología del trabajo para nuestra situación cambiante. En las Escrituras abunda materia prima, y nuestro contexto nos estimula. Por eso todos los que pretendamos hacer teología en América Latina debemos renunciar a la autosuficiencia y reconocer humildemente que somos estudiantes de teología aunque tengamos un doctorado.

---

[9] Romanos 12; 1 Corintios 12, etc.

[10] Véase mi libro *La comunicación del Evangelio en el mundo actual*, el capítulo V ("La evangelización y el Reino de Dios"), especialmente pp. 110–118 donde presentamos una visión panorámica del Reino de Dios en la historia de la Iglesia.

LA REDENCION CRISTIANA.

Al comenzar este capítulo nos preguntamos si hay algo que podemos hacer para contribuir a la concreción del hombre nuevo. La respuesta psicológica sería: "Sí, abrirnos a la psicoterapia para superar nuestras deficiencias personales". La respuesta del esquema marxista sería: "Sí, hay dos cosas que podemos hacer: trabajar y obedecer". La respuesta cristiana sería: "Sí, podemos ser colaboradores de Dios para el logro de nuestra plena redención y la concreción del hombre nuevo". Esa colaboración debe ser entendida en el sentido de *synergoi*, "compañero de trabajo" de Dios, como afirma San Pablo en 1 Corintios 3:9. No se trata de que el hombre logre por sí mismo su redención, como pretenden los marxistas." Sin la obra de Cristo no hay redención para el individuo, y sin arrepentimiento del hombre tampoco.

Ya hemos señalado la dimensión moral del concepto de hombre-imagen de Dios y la correlación de este concepto con el de hombre nuevo. Podemos colaborar con nuestra redención horizontal si tomamos a Jesucristo como modelo de humanidad, ofreciéndole absoluta lealtad, confiando plenamente en él, obedeciendo sus mandatos y comprometiéndonos en la extensión de su Reino.

En el Nuevo Testamento la redención aparece como un proceso dialéctico que marcha hacia su consumación. Esta dialéctica se expresa a través de la tensión entre lo que *ya* se tiene y lo que *todavía* falta. En la Epístola a los Efesios se manifiesta con mucha claridad en la aparente contradicción entre 1:7 y 4:30. En el primer pasaje la redención es una realidad poseída, y en el segundo una meta que alcanzar. Efesios 1:7 se refiere a los aspectos verticales de la redención: reconciliación con Dios, perdón de los pecados, vida eterna. En este sentido el creyente puede alcanzar la absoluta certeza de su redención por la fe en Jesucristo y el arrepentimiento del pecado. Por el contrario, en la dimensión horizontal de la redención - que se "refiere a la liberación" histórica del hombre de situaciones esclavizantes en la vida cotidiana - ésta no se logra en forma instantánea. Mientras exista algo que impida o retarde la plena realización humana, la redención cristiana aún no se ha consumado.

La dimensión horizontal de la redención cristiana surge en la Biblia a través de los conceptos de Jesucristo como imagen de Dios, segundo Adán, hombre nuevo y hombre perfecto. La redención se concreta a medida que el hombre nuevo se hace real en la vida del creyente.

La redención, en su dimensión horizontal, tiene que ver con la totalidad de la vida del hombre. Un diagrama ha de servirnos para representar algunas de las áreas de la redención cristiana. Las cinco áreas unidas arriba son el producto del contacto con Dios. Es evidente que este esquema es válido sólo para la dimensión horizontal; la vertical no necesita representación gráfica para su clara comprensión.

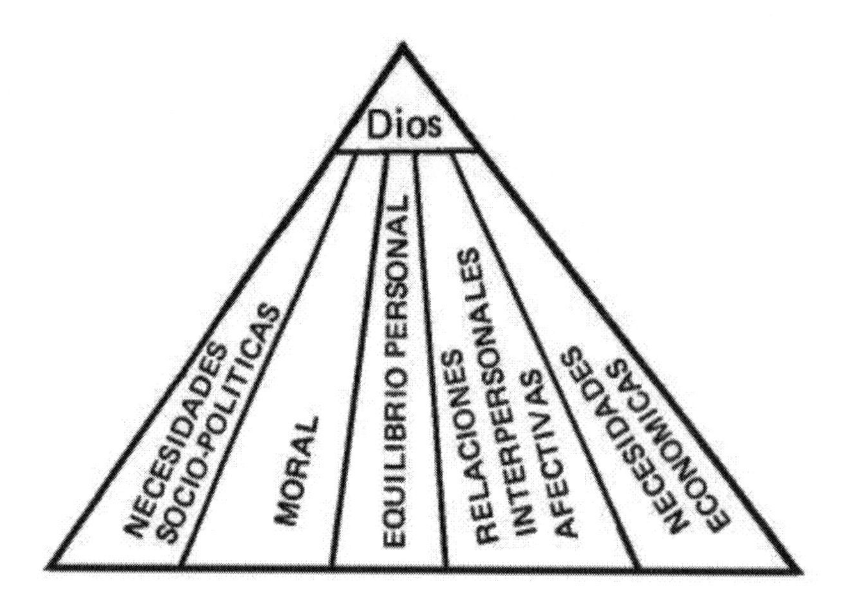

Analizamos enseguida cada una de las áreas del gráfico.

Área de las relaciones interpersonales afectivas. Este tipo de relaciones se expresa en dos maneras: con Dios y con el prójimo. La persona necesita para vivir del afecto tanto como del oxígeno. La cantidad de oxígeno del aire debe mantenerse equilibrada, ya que si falta o sobreabunda morimos. El amor también lo necesitamos en adecuado equilibrio; el amor no debe ser sobreprotector ni descuidado sino equilibrado. Es fundamental que la familia cristiana viva en la atmósfera de un auténtico amor para que sus miembros puedan desarrollarse mentalmente sanos y espiritualmente cultivados. Hay muchos cristianos que conciben la redención cristiana sólo a nivel vertical y en forma individualista, sin darse cuenta de que causan serios daños a su familia; ¡después se lamentan de tener familiares inconversos y alérgicos al Evangelio! Las buenas intenciones no son suficientes. La acción redentora de Dios en este campo se manifiesta de muchas maneras; el asesoramiento pastoral es una creciente necesidad en nuestro medio.

Área del equilibrio personal. Como en la anterior, la psicología pastoral puede hacer aquí un gran aporte; su contribución a la redención no está reñida con este aspecto de la plena realización de la vida humana en Jesucristo. El cristiano es un ser humano, no un ser sobrenatural, por lo tanto tiene que encarar situaciones conflictivas externas y tensiones internas debidas a su dificultad para equilibrar las fuerzas contradictorias que luchan dentro de sí. Conozco cristianos que disfrutan plenamente de la dimensión vertical de la redención; saben que Dios les ha perdonado sus pecados, pero no logran alcanzar el equilibrio personal porque son incapaces de perdonarse. La redención cristiana - en lo que se refiere al equilibrio personal - es inalcanzable hasta que el creyente haya logrado liberarse del sentimiento de culpa inconsciente."

Área de la moral. Está íntimamente relacionada con la segunda. Es muy difícil establecer una clara línea demarcatoria entre ambas. Ya hemos visto la importancia de la dimensión moral para la concreción del hombre nuevo. Mientras que el hombre sigue sujeto al pecado, la plena redención para ***el aquí y el ahora*** está muy lejos de realizarse;

tanto en el nivel vertical como en el horizontal, nuestras acciones pecaminosas nos afectan y dañan a los demás. En el Nuevo Testamento el concepto de hombre nuevo se presenta siempre dentro de un contexto ético-moral. La redención tiene que ver, necesariamente, con nuestra manera de encarar la vida: necesitamos entonces una ética cristiana que sirva de orientación a los creyentes para la convivencia edificante y el testimonio en un mundo que cambia y marcha hacia un mañana incierto.

Área de las necesidades socio-políticas y económicas. En algunos casos particulares la buena nueva para el individuo es el ofrecimiento de un buen empleo que le brinde seguridades que antes nunca tuvo o que ha perdido. Pero pecaríamos de simplistas y reduccionistas si creyéramos que la redención se agota en lo socio-económico y político.

Al leer estas páginas, más de uno podrá preguntarse, ¿qué tiene que ver la política con la redención? Cuando se habla de política suele haber un problema semántica ya que se barajan muchos significados diferentes para una sola palabra. Las relaciones interpersonales y el interés mutuo nos conducen necesariamente a la política. Cuando reflexionamos sobre la forma en que unas personas se relacionan con otras en un mundo que en menos de treinta años duplicará su población; cuando tomamos en serio el problema del hambre en toda su gravedad; cuando calculamos las viviendas que necesitarán las nuevas generaciones, sumadas a las que ya están haciendo falta, estamos pensando políticamente y nos urge actuar en ese sentido. No vale la pena dedicar espacio a discusiones bizantinas; millones de niños siguen naciendo y la longevidad se prolonga. Es evidente que las estructuras socio-económicas y políticas serán reventadas por el crecimiento de la población así como el agua, al parecer poco consistente, revienta las cañerías cuando llega el frío. Un nuevo orden, seguramente diferente al de las dos potencias que hoy se disputan el mundo, habrá de surgir necesariamente. Los cristianos debemos estar alertas para descubrir la acción de Dios y así hacer nuestro aporte.

La redención del individuo y de la sociedad ha de conducirnos al tipo de madurez humana que necesitamos. Sí, también el cristiano necesita madurez política para hacer su aporte a la obra redentora de Dios, a través de su ministerio.

Necesitamos madurar dentro de cada una de las cinco áreas de la redención que hemos bosquejado. Son igualmente importantes, y la redención cristiana no se consumará hasta que todo el hombre y todos los hombres hayamos logrado el completamiento de nuestra condición humana según el modelo de Jesucristo.

PARA REFLEXIONAR.

Es evidente que nuestro contexto cultural influye sobre nuestras decisiones y acciones; por ejemplo, nuestra sociedad competitiva favorece el individualismo que dificulta la integración de las parejas en el matrimonio.

La difícil situación económica, las tensiones psicológicas y los medios masivos de comunicación - que no siempre se utilizan adecuadamente - contribuyen a que la familia tipo se vea envuelta en situaciones difíciles. Puesto que la familia es el fundamento de la sociedad humana, debe ocupar un lugar central en la reflexión y la acción teológica pastoral.

1. ¿Hasta qué punto la Psicología puede ayudar en los aspectos horizontales de la redención? ¿Cuáles son los límites?
2. ¿Hasta qué punto el enfoque marxista de la realidad puede ayudarnos a comprender aspectos de la redención horizontal? ¿Cuáles son los peligros de tal ayuda?
3. ¿Por qué - para la mayoría de los cristianos - resulta más fácil aceptar el aporte de Freud que el de Marx a la reflexión teológico actual, si ambos han profesado el ateísmo?
4. ¿Qué elementos bíblicos servirían como materia prima para elaborar una teología del trabajo?
5. ¿Qué elementos podrían añadirse a los presentados en este capítulo sobre las cinco áreas de la redención horizontal? ¿Qué otras áreas deberían ser incluidas?
6. ¿Cómo debería ser un sistema socioeconómico y político que interprete la totalidad de la redención cristiana?

El hombre nuevo que necesitamos.

En el capítulo anterior hemos visto que la redención cristiana es inclusivo: no se opone a los logros parciales de la redención humana, sino que los asume como expresión de una realidad que es la misma. Es inevitable un capítulo que se refiera a la manera cómo lograr el hombre nuevo.

Al encarar esta parte del libro creo que es importante que el lector conozca el contexto de mi reflexión. Este capítulo lo bosquejé en Ymcápolis, Sierra de la Ventana, en la Provincia de Buenos Aires, durante noviembre de 1976, y lo redacté en ese mismo lugar en enero de 1977. Lo pensé y bosquejé con las primeras luces del alba, en espíritu de oración y contemplando la belleza de los cerros, el verdor del follaje, el canto de las aves al comenzar el nuevo día, el murmullo de las aguas del arroyo serrano al correr impacientes y el susurro del viento al agitar la nutrida arboleda. En una palabra, este capítulo nació al contacto con la naturaleza y en medio de una profunda intimidad. Es quizás por esa razón que centré mi atención en las epístolas paulinas de la cautividad, escritas en una situación en que el aislamiento favoreció la sistematización de muchas reflexiones sobre aspectos fundamentales de la fe cristiana, incluido el concepto de hombre nuevo.

La posterior redacción de este capítulo, si bien transcurre en el mismo lugar, ya no tiene aquella intimidad; estoy participando ahora en un campamento de familias junto con otras ciento cincuenta personas. La comunicación con hombres y mujeres de todas las edades, y al mismo tiempo representativo de un amplio espectro de dificultades humanas en el camino a la plena realización, me permiten ubicarme en la realidad de nuestro mundo. Aislamiento al bosquejar y comunicación al redactar, son las características de este capítulo. Ambos factores constituyen en mi opinión la sístole y la diástole de la vida espiritual y de la reflexión teológica. Confío en que estas reflexiones han de contribuir al enriquecimiento del lector.

El hombre nuevo no es un logro humano; no es la "modernización" de las personas mediante la psicología, la sociología, el esfuerzo personal o cualquier otro medio. El hombre nuevo se logra solamente por la acción divina y la colaboración humana. Analicemos los diferentes elementos fundamentales para el logro del hombre nuevo.

1. El hombre nuevo es alguien que se encuentra con Dios. La plena realización del hombre no puede lograrse sin el ejercicio y desarrollo de la plenitud del ser. El hombre ha sido creado con necesidades espirituales de comunicación y devoción con lo absoluto, Dios. Sin vida espiritual no hay hombre nuevo. Cuando San Pablo escribe sus cartas de la cautividad pone de manifiesto esta realidad. Tras las rejas de la injusticia y de la opresión no destila odio sino amor, y le pide a los hermanos de la iglesia de Filipo que tengan un pensamiento positivo.[1] Los carceleros son conquistados por la vida y la fe del encarcelado;[2] esto es posible porque además de estar preso San Pablo está en Cristo,[3] y de

[1] Filipenses 4:8.

[2] Filipenses 1:12–13; 4:22.

esa relación con Cristo surge su poder espiritual...[4] Su propia experiencia personal le muestra al apóstol que es imposible concretar la novedad de vida sin el previo encuentro con Dios. Su experiencia de conversión, que lo había transformado de perseguidor en proclamador del Evangelio,[5] así lo atestigua. Ese primer encuentro no es sino un peldaño en la escalera del crecimiento espiritual: "Estando persuadido de esto, que el que comenzó en vosotros la buena obra la perfeccionará hasta el día de Jesucristo".[6]

Es mi propia convicción que no hay otro camino para la renovación del hombre, del mundo y de la Iglesia. Es indispensable el encuentro con Dios para lograr la máxima meta humana. Sin caer en el fanatismo ni la mojigatería, el cristiano debe buscar una vida de permanente comunión y dependencia divina. No obstante, es necesario tener presente que el encuentro con Dios es semejante a las huellas digitales, ya que no hay dos que sean iguales. Muchos cristianos se sienten frustrados por no poder alcanzar el tipo de experiencia espiritual que desean. Han olvidado que para que haya encuentro se necesita por lo menos dos personas y que cada una tiene el derecho a decidir sobre la forma en que el encuentro debe producirse. Las bendiciones de Dios, como las nubes, nunca se presentan en la misma forma. El encuentro divino-humano no es un estado emocional que se puede prefabricar y predecir mediante técnicas psicológicas, ni se trata de reflejos condicionados, ni nada por el estilo; se trata del encuentro real entre el creyente y el Absoluto. Dios se nos ha revelado en la persona de Jesucristo, y a los que en él creemos se nos abren las puertas de una nueva vida.[7] Esa realidad puede ser aceptada o rechazada a nivel intelectual, pero a nivel vivencias es incuestionable. El encuentro con Dios no es una reacción química que podemos producir a voluntad en cualquier momento o lugar ni se puede estimular por medio de una inyección o un comprimido; para encontrar a Dios hay que buscarlo, lo cual resulta fácil porque él nos está buscando antes de que iniciemos nuestra búsqueda.

2. *El hombre nuevo es alguien que ora*. Jesucristo es el hombre nuevo, el modelo de humanidad, y en su vida terrenal fue un hombre de oración. No tomó decisiones importantes sin previamente entregarse a largos períodos de oración. Antes de comenzar su ministerio pasó cuarenta días en oración en el desierto;[8] no escogió a sus discípulos hasta después de largo tiempo en oración,[9] y como sabía que su ministerio habría de

---

3 Efesios 4:1.

4 Filipenses 4:1 3.

5 Hechos 9:1–19; 22:6–16; 26:12–18.

6 Filipenses 1:6.

7 Juan 1:12–13; 3:1–21.

8 Mateo 4:1–11;Marcos1:12–13; Lucas4:1–13.

9 Lucas 6:12–16.

culminar con la muerte de cruz y no ignoraba cuán dura habría de ser esa prueba, se preparó adecuadamente en oración.[10]

Si el segundo Adán, Hombre Nuevo, Imagen de Dios y Hombre Perfecto oró para recibir de Dios el poder necesario con que encarar su difícil ministerio, ¿cómo pretendemos nosotros alcanzar la meta del hombre nuevo sin una adecuada vida de oración? Si Jesús oró intensamente hasta descubrir la voluntad de Dios para ajustarse a ella, ¿cómo pretender concretar en nosotros el hombre nuevo sin antes buscar la voluntad de Dios para nuestras vidas sino insistiendo en nuestra propia voluntad? Si Jesús oró por amor al Padre para gozarse en comunión con él, ¿cómo pretender alcanzar la novedad de vida sin colocar a Dios en el pináculo de nuestra vida afectiva? Jesucristo es nuestro modelo: nos conduce necesariamente a una vida de oración.

La oración es la respiración de la vida espiritual del hombre nuevo. Por cuanto hemos sido creados a imagen y semejanza de Dios, la oración es inherente al hombre, quien intuye lo Trascendente y se siente impulsado a comunicarse con el Creador. Psicológicamente hablando, la oración es el hambre psíquica de una humanidad diferente, el hambre de hombre nuevo. La oración es el resultado de nuestra comprensión de lo que somos y del ansia por alcanzar lo que debemos ser mediante la gracia de Dios.

La oración es indispensable para la concreción del hombre nuevo porque éste es necesariamente un líder cristiano, y es la experiencia de la presencia de Dios lo que convierte a una persona común en un líder cristiano. La oración es la esencia de la religión, ya que si falta el sentido de la presencia de Dios en oración, no existe religión; puede haber ideologías, costumbres religiosas, pero no fe. Hoy, en nuestro mundo llamado occidental y cristiano, hay muchos que hablan *acerca de* Dios, algunos que *hablan a* Dios y muy pocos que *hablan con* Dios. Sólo cuando se tiene el sentido de *su* presencia puede hablarse con Dios. El hombre nuevo es aquél que transita por un camino de doble mano en la vida espiritual: es alguien que habla con Dios y lo escucha. La vida de oración debe darse en aislamiento y comunicación; en vida mística y en trabajo fecundo en bien de los demás. La vida de oración del hombre que ansía ser un hombre nuevo, debe pasar por tres etapas. La primera es una etapa de *recogimiento y contemplación; la* segunda de *meditación y comunión;* la tercera, *de éxtasis.* Personalmente he asumido muy en serio el esfuerzo para concretar el hombre nuevo en mi vida, por eso considero que la oración es uno de los factores fundamentales para alcanzar esa meta. Estas tres etapas son producto de mi propia experiencia personal antes que el resultado de la mera especulación teológica; por otra parte, de ningún modo excluyen otros aspectos de la vida de oración, como la alabanza, la confesión, la petición, la intercesión, etc.

El recogimiento es la fase previa a la oración, la preparación psíquica para poder entregarnos plenamente a la oración. Dicho de otra manera, es la invitación al inconsciente a entregarse a la oración. Este estado preparatorio no es la oración en sí misma; uno puede lograrlo mientras camina o conduce, y con los ojos bien abiertos. El contacto con la naturaleza es una gran ayuda. A veces ni nos damos cuenta de que en las plazas de las ciudades hay árboles y pajarillos que cantan, pero cuando nos encontramos

[10] Mateo 26:36–46; Marcos 14:32–42; Lucas 22:34–46.

en estado de recogimiento tenemos una mayor capacidad receptiva y caminamos más despacio.

Entre la *contemplación y el recogimiento* no hay una clara línea de demarcación, pero la contemplación contribuye a desarrollar la capacidad perceptiva y entonces uno se da cuenta de la grandeza de la Creación y de su propia pequeñez. Gracias a la contemplación el creyente se abre hacia afuera y se enriquece; toma conciencia de la grandeza de Dios que percibe con sus ojos; su vida interior se regocija y se emociona por el privilegio de comunicarse con el Creador.

La segunda etapa también consta de dos momentos muy similares entre sí: la *meditación* y la *comunión*. Durante la meditación el creyente vuelca su reflexión hacia adentro; reflexiona sobre lo que es y sobre lo que debería ser según el modelo que Dios nos ha dado en Jesucristo. Sin caer en la angustia ni en la frustración acepta su realidad existencias, agradece a Dios por los progresos logrados en el pasado y hasta ese momento y ruega que el poder del Espíritu Santo le permita seguir creciendo hacia la meta. La comunión viene tras la meditación: uno se queda frente a la presencia de Dios, sin pedir nada, ni perdón ni poder, simplemente gozándose con su compañía.

La etapa final, que he logrado muy pocas veces, es más fácil de experimentar que de explicar. Es un estado de éxtasis en que se pierde el sentido del espacio, del tiempo y de la ubicación. No es un estado de autohipnosis (conozco ambas experiencias y las diferencias son bien evidentes); es algo que no sé cómo definir pero que sé que *es*. Después de esta experiencia sobreviene por varias horas un estado de bienestar, una sensación de gozo inefable.

3. El hombre nuevo es una persona moral. Ya hemos comentado que en la Biblia el concepto de hombre nuevo aparece siempre dentro de un contexto ético-moral. El concepto de hombre como imagen de Dios - semejante al de hombre nuevo - presupone la moralidad inherente a la humanidad, según la intención original de Dios. Por cuanto es un ser perfecto, Dios es un ser moral, y su imagen en el hombre también debe ser moral para que éste sea plenamente hombre. Jesús, en el contexto ético del Sermón de la montaña, nos dice: "Sed hombres como Dios es Dios",[11] es decir, sed morales como Dios es moral. Ser moral (*perfecto*), es ser hombre. En la Epístola a los Efesios, después de tres capítulos sobre la unidad de la Iglesia aparecen otros tres capítulos referidos a la práctica de la vida cristiana. En Efesios 4:12–13, 22–24, hay una serie de reflexiones sobre el hombre nuevo enmarcadas por principios de la ética cristiana. (Los dos siguientes capítulos de Efesios se ocupan de la familia cristiana y de la lucha que el creyente tiene que librar contra las fuerzas del mal).

He dicho que moralismo no es lo mismo que moralidad. Los moralismos son relativos, pero la moralidad es absoluta porque tiene que ver con la esencia del ser humano. La moralidad no consiste solamente en someterse a las leyes humanas porque, a la luz de Jesucristo, éstas pueden ser injustas. La moralidad tampoco consiste en someterse a las costumbres de una denominación religiosa - algunas de las cuales tienen mucho legalismo y poco amor - sino en someterse al imperativo moral del Evangelio grabado en

[11] Mateo 5:48.

nuestra propia naturaleza como imagen de Dios. Recuerdo un matrimonio amigo, por cierto buenos creyentes, que conocí hace algunos años en Francia; habían viajado a su país de origen casi un año antes que nosotros. Recuerdo que la señora trajo a casa una cajita con aretes y collares y le dijo a mi esposa: "Te dejo todo esto que he usado y aprecio mucho porque no puedo llevarlos a mi país; en mi iglesia yo sería motivo de escándalo, si los usara; como no quiero ser piedra de tropiezo para mis hermanos, te los regalo". Es evidente que esta amiga no creía que fuera pecaminoso usar esos adornos, pues no contribuían ni a la moralidad ni a la inmoralidad; pero el moralismo de su congregación la estaba obligando a actuar en forma inauténtica, a presentarse en forma diferente de lo que desearía a la luz de su comprensión del Evangelio. Tengo mucho respeto por cualquier cristiano que deja de comer o de beber o de utilizar determinadas vestimentas por causa de una convicción religiosa, aun cuando no comparta su idea. Lo que resulta muy lamentable es que un cristiano renuncie a sí mismo, a su convicción cristiana, sin estar convencido de que el imperativo viene de Dios. Una comunidad religiosa puede convertirse en un grupo psíquicamente enfermo y enfermante. El hombre nuevo es alguien que toma en serio la moralidad y no se somete a los moralismos humanos. Mucho más grave es la simulación y la hipocresía. Por ese camino difícilmente se arribe a la concreción del hombre nuevo. La moralidad se basa en el amor y no en el temor. "Si me amáis, guardad mis mandamientos", dice el Señor.[12] El amor es la dinámica de la moralidad del hombre nuevo. El Evangelio no es un nuevo legalismo. Las listas de pecados que presenta San Pablo cuando anuncia que los que practican tales cosas no heredarán el Reino de Dios, no tienen nada de original; listas similares había en su tiempo redactadas por filósofos anticristianos. Uno es cristiano no porque se porte bien, pero se porta bien porque es cristiano. El Nuevo Testamento procura una vida moral, pero la vida moral no nos convierte en hombres nuevos. Es la lealtad a la persona de Jesucristo y nuestra fe en él lo que nos hace cristianos y nos permite imitarlo como modelo de humanidad. Cuando el hombre sea capaz de vivir en amor no necesitará caminar con muletas morales. "El amor", afirma San Pablo, "no hace mal al prójimo; así que el cumplimiento de la ley es el amor".[13]

Uno de los grandes problemas contemporáneos es la terrible crisis moral que embarga al mundo. La sociedad inmoral en que vivimos hace necesario que los cristianos luchemos con firmeza por un nuevo orden moral. La moralidad personal y social es indispensable. La moralidad es un ingrediente fundamental del hombre nuevo y de la nueva humanidad.

4. El hombre nuevo es alguien que se compromete con la dimensión social del evangelio. El hombre nuevo, si bien madura a través de una experiencia individual, no es individualista; se expresa en comunidad. La renovación del hombre es parte de la renovación de toda la humanidad; en mi renovación se renueva parte de la humanidad y debo procurar la plena realización humana para los demás.

---

[12] Juan 14:15.

[13] Romanos 13:10.

El cristianismo no es una ideología; es una manera de encarar la vida a partir del encuentro con Jesucristo y la comunión con él. Tampoco es un sistema, humanista; es una valoración realista del hombre a la luz del precio que Jesús pagó por cada ser humano en la cruz del Calvario.

Habiendo interpretado fielmente a Jesucristo, San Pablo no podía aceptar la inferioridad de algunos seres humanos y la superioridad de otros por razón de sexo, raza, status socio-económico o político. Analicemos brevemente la evolución de su reflexión teológico según el orden cronológico de sus epístolas. En Gálatas afirma que toda persona que ha sido bautizada en Cristo ha sido revestida de Cristo y, por lo tanto, "ya no hay judío ni griego; no hay esclavo ni libre; no hay varón ni mujer; porque todos vosotros sois uno en Cristo Jesús".[14] Esta afirmación, dirigida a las iglesias de la zona central de lo que hoy es Turquía, es muy semejante a la que hace posteriormente a la Iglesia de Corinto, en el centro de Grecia. La esclavitud era moneda corriente en la antigüedad greco-romana, y entre los convertidos al cristianismo había muchos esclavos que, al igual que cualquier otro esclavo en cualquier tiempo, ansiaban su libertad. El apóstol sabe que Jesucristo llama al esclavo y, al convertirlo, lo hace libre. Todo creyente es un esclavo de Cristo por lo tanto no debe hacerse esclavo de los hombres.[15] En el capítulo doce de 1 Corintios, San Pablo reflexiona sobre la Iglesia como cuerpo de Cristo: cada cristiano es un miembro del cuerpo, vivificado por el Espíritu Santo. Los que se integran al Cuerpo de Cristo se encuentran en una nueva situación que va más allá de raza y status: "Porque por el sólo Espíritu fuimos todos bautizados en un cuerpo, sean judíos o griegos, sean esclavos o libres; y a todos se nos dio a beber de un mismo Espíritu".[16] Su esquema de reflexión no cambia en las epístolas de la cautividad; lo que cambia es su estrategia. No debemos olvidar que Efesios, Colosenses, Filipenses y Filemón son cartas escritas por un hombre preso en una cárcel romana. Tampoco debemos olvidar que el imperio romano era el principal promotor de la horrible institución de la esclavitud - el fracaso de Espartaco había mostrado la dificultad para vencer el monolítico orden establecido que estaba deshumanizando a buena parte de la población.

Para comprender la estrategia de San Pablo en función de la humanización del hombre según el modelo de Jesucristo, es indispensable que nos ubiquemos en el contexto del siglo I. No sólo los esclavos eran deshumanizados, también lo eran las esposas y los hijos; al referirse a los deberes del padre de familia y a los derechos de la esposa y de los hijos, San Pablo estaba haciendo una revolución.[17] El esclavo es incluido, en ambas epístolas, como un miembro de la familia y entra en la misma relación de deberes y derechos que los demás familiares. La epístola a Filemón trata únicamente el problema de la esclavitud. Onésimo, el esclavo, se convierte en hijo espiritual de San

---

[14] Gálatas 3:28.

[15] 1 Corintios 7:21–23.

[16] 1 Corintios 12:13.

[17] Véase Efesios 5:25–29; 6:1–9 y Colosenses 3:18–4: 1.

Pablo y en hermano de Filemón, su antiguo amo. Un esclavo fugado podía ser legalmente torturado hasta la muerte para el escarmiento de los demás esclavos. Pero cuando las leyes humanas son injustas el cristiano tiene que ir más allá de ellas. San Pablo le pide a Filemón que reciba a Onésimo como a un hermano en Cristo y se compromete a pagar todo lo que aquél le haya robado, si es que Filemón insiste en cobrar la deuda.

Uno puede imaginar la profundidad de la fe del esclavo que vuelve a la casa de su antiguo opresor con la seguridad de que éste - que también ha sido ganado para Cristo bajo el ministerio del apóstol - ha de recibirlo no ya como esclavo sino como a un hermano en Jesucristo. El hecho de que la Carta se haya conservado hasta el día de hoy es prueba evidente de que Filemón aceptó a Onésimo como a un hermano en Cristo. Si le hubiera dado muerte se habría cuidado de destruir el documento. Este documento fue tan valioso que la iglesia primitiva no consideró a los esclavos como seres inferiores. Según la tradición eclesiástica, Onésimo se destacó como un gran líder cristiano y llegó a ser obispo.

San Pablo fue un cristiano que se esforzó por alcanzar la plena novedad de vida. Su preocupación por poner en práctica la dimensión humana y social del Evangelio, para la redención de todo el hombre y de todos los deberes, debe servirnos de ejemplo.

El cristiano que hoy vive una situación social muy diferente de la de San Pablo debe, al igual que el apóstol, interpretar a Jesucristo, el hombre nuevo, para aplicar sus enseñanzas a nuestra situación actual.

Cuando el cristiano procura el logro del completamiento de la condición humana de los demás se enriquece a sí mismo y crece espiritualmente. El cristiano, para ser fiel al Evangelio, no puede olvidarse de los demás seres humanos. Hay una dignidad inherente a la persona humana porque ésta es imagen de Dios y porque la muerte de Cristo en la Cruz ha eliminado objetivamente las consecuencias del pecado que la había deteriorado.

Ante Dios todo hombre es digno de alcanzar su plena realización, y también debe serlo ante cada ser humano, especialmente ante cada cristiano. La explotación de otro hombre no trae corno única consecuencia la deshumanizaci6n del explotado, también deshumaniza al explotador.

La redención cristiana, tal como la hemos presentado en el capítulo anterior, se refiere a la totalidad de la vida. El hombre nuevo se preocupa y se ocupa - colaborando con Dios - para que todo ser humano se beneficie con la redenci6n integral en Cristo. Al hacerlo ayuda a otros y se edifica a sí mismo para acercarse a su meta de realización humana en Jesucristo.

Las cuatro características del hombre nuevo que hemos presentado - encuentro con Dios, vida de oración, vida moral y preocupación social - no agotan los factores que intervienen en la concreción del hombre nuevo. Sin entrar a desarrollar otros factores, nos limitamos a mencionar algunas ideas fundamentales.

1. El hombre nuevo es alguien que espera la magnificación de Cristo en su cuerpo.[18] Acrecentar a Cristo en el cuerpo significa tener una jerarquía de valores en

---

[18] Véase Filipenses 1:20.

función de Jesucristo.[19] Acrecentar a Cristo significa contribuir al completamiento de nuestra salvación y la de otros en todos los aspectos de la vida.[20] Acrecentar a Cristo en nuestro cuerpo significa asumir la responsabilidad de ser luminares en el mundo que vive en tinieblas.[21] Sólo podemos iluminar cuando recibimos la luz de Cristo. El cristiano puede reflejar la luz de Cristo como la luna alumbra con una luz que no le es propia. El nuevo hombre refleja en su vida a Cristo como la luna refleja la luz del sol.

2. El hombre nuevo es alguien que encara valientemente la oposición.[22]

3. El hombre nuevo es alguien que está dispuesto a padecer por Jesucristo.[23]

Quiera el Señor que estas reflexiones sean útiles para que el lector pueda tomar sus propias decisiones.

---

[19] Véase Filipenses 3:8.

[20] Véase Filipenses 1:12

[21] Filipenses 2:15.

[22] Véase Filipenses 1:28; 3:18.

[23] Véase Filipenses 1:29.

El hombre nuevo: ¿Mito o realidad?

Por diversos caminos la humanidad procura hoy ser realmente humana. Hemos visto que el concepto cristiano de redención es inclusivo, es decir, el enfoque cristiano no contradice necesariamente los propósitos humanizantes de otras líneas de pensamiento, las que, por otra parte, han hecho su propia contribución a la reflexión teológico, como hemos visto en el capítulo 3. La diferencia puede apreciarse en la metodología empleada como en los resultados - la reducción de la redención a aspectos de la vida humana hemos visto un elemento constante: la dimensión moral. En el capítulo 2 hemos mostrado cómo según las enseñanzas del Nuevo Testamento el nuevo nacimiento conduce, necesariamente, al encuentro con el imperativo moral. En el capítulo III hemos reflexionado sobre el área moral de la redención. En el capítulo IV, al presentar los aspectos fundamentales para la concreción del hombre nuevo, hemos afirmado que el hombre nuevo es una persona moral.

La falta de moral - no de moralismos -, es uno de los más serios problemas de nuestro tiempo; el testimonio de los cristianos que marchamos en pos del completamiento de nuestra condición humana en Jesucristo, es fundamental para devolver la confianza en la posibilidad de un mundo mejor y para lograr el apoyo necesario en ese sentido a través del compromiso personal.

La imagen de Dios - que fue colocada en nosotros por el Creador - es esencialmente moral. El hombre nuevo, hombre perfecto, segundo Adán, imagen de Dios, debe concretarse básicamente por vía de la recuperación de la esencial moral del hombre, según la intención original de Dios. Por un hombre - Adán - entró el pecado en el mundo y deterioró la imagen de Dios que el hombre había heredado en su creación. Por otro hombre, Jesucristo, el ser humano tiene la posibilidad de acceder a su completamiento moral. De allí que Jesús nos esté haciendo un desafío válido y no frustrante cuando nos dice: "Sed, pues, vosotros perfectos, como vuestro padre que está en los cielos es perfecto".[1]

El hombre nuevo es fundamentalmente un ser moral, alguien que escasea hoy. Ahora bien: ¿es el hombre nuevo sólo una expresión de deseos, o algo que puede concretarse? En otras palabras... ¿es el hombre nuevo un mito o una realidad? Ya he hablado de mi interés personal por alcanzar esa meta de realización humana en Jesucristo, y también espero no transitar por caminos de frustración y angustia porque cuento con mucho más que mis propias fuerzas. Para mostrar la posibilidad real de alcanzar el completamiento, he de referirme a un caso concreto.

EL TRANSITO DE SAN PABLO HACIA EL HOMBRE NUEVO.

[1] Mateo 5:48.

Encararé este epígrafe desde dos puntos de vista: uno, el completamiento por San Pablo de todos los elementos indispensables para la concreción del hombre nuevo, y otro, la descripción testimonial del propio apóstol de su progreso hacia la meta.

San Pablo se encontró con Dios en el camino a Damasco, y de perseguidor se convirtió en predicador del Evangelio. Además de las tres narraciones de su conversión, que aparecen en el libro de los Hechos de los Apóstoles,[2] en Gálatas 1:11–24, encontramos el testimonio personal de este hombre de Dios.

San Pablo es también un hombre de oración - así lo atestiguan sus epístolas. En su correspondencia a la iglesia en Corinto da testimonio de sus profundas experiencias místicas. Hay dos citas bíblicas muy importantes. La primera, a raíz de conflictos surgidos en Corinto (por ejemplo, el mal uso de la glosolalia o don de lenguas), habla de un camino mucho más excelente, el amor.[3] Poco después hace una confesión sobre la cual no existe información adicional en todo el Nuevo Testamento: "Doy gracias a Dios que hablo en lenguas más que todos vosotros".[4] El otro pasaje bíblico, referido a experiencias espirituales no comunes, es el de 2 Corintios 12:2–4. Es probable que esta experiencia la haya vivido sólo una vez porque dice "hace catorce años"; si la hubiera repetido, la aclaración "hace catorce años" resultaría innecesaria. En este pasaje no se trata de *hablar* sino de *"escuchar* palabras inefables que el hombre no puede expresar". Es una pena que no tengamos mayor información sobre esta experiencia tan particular. También es significativo que en momentos en que acontece en la Iglesia (incluida la Iglesia Católica), un llamativo movimiento carismático que enfatiza la glosolalia, no se haga hincapié en la búsqueda de la *akuoteulalia*, "el deseo de escuchar la lengua de Dios". Ignoro que algún grupo de cristianos se esté moviendo en este sentido. En mi peregrinaje hacia la concreción del hombre nuevo me interesa lograr esta segunda experiencia carismática paulina.[5]

Como todo ser humano, San Pablo debió de tener sus conflictos y sus luchas personales para ajustar su vida a los principios éticos del Evangelio. El capítulo 7 de la epístola a los Romanos se refiere a un "aguijón" en su carne. La palabra griega que se traduce por "aguijón" significa una "porción de madera puntiaguda, estaca clavada, espina". El verbo *abofetear* bien podría traducirse por "dar golpes de puño". Basta analizar estas dos palabras del relato paulino para comprender la magnitud de su conflicto. A la luz de Gálatas 4:13–15, algunos estudiosos de la Biblia afirman que la espina en la carne de San Pablo era una enfermedad de la vista. De haber sido así, en los casi veinte años que

---

[2] 9:1–22; 22:6–16 y 26:9–18.

[3] 1 Corintios 13.

[4] 1 Corintios 14:18.

[5] En el capítulo anterior he hablado de mis propias experiencias espirituales, entre ellas el *éxtasis*.Creo que esta experiencia involucro tres momentos: primero sobreviene la pérdida de sentido de espacio y tiempo; luego uno se siente "como arrebatado al paraíso", con una nueva comprensión del espacio y del tiempo; finalmente, uno "escucha palabras inefables (*akuoteulalia*) que el hombre no puede expresar.

transcurrieron entre la redacción de Gálatas y 2 Timoteo el apóstol debió haberse referido de nuevo a su terrible enfermedad" que debió de agravarse con el tiempo. En el supuesto caso de que hubiera sido sanado por un milagro divino, difícilmente lo habría silenciado en sus epístolas. Es lógico que en nuestra cultura, donde se desarrollan imágenes idealizadas de los santos y se magnífica la gravedad de los pecados sexuales con relación a los del espíritu y a los sociales, se haya pensado en el "aguijón" de San Pablo como un problema físico. No obstante, Romanos 7:7–25 se refiere a las dificultades del apóstol para ajustar su conducta al ideal moral evangélico. Las especulaciones sobre la "enfermedad" de San Pablo son muy variadas: la de la vista es la más corriente. No he encontrado una sola teoría que sugiera un problema físico. Sin embargo, yo creo que -a la luz de Romanos 7- debemos pensar en un problema humano no físico. Sugiero la evidencia de un conflicto afectivo-sexual, el más común entre los seres humanos. San Pablo, por haber sido miembro del Sanedrín judío debió de estar casado;[6] reconoce su derecho a traer con él una mujer por esposa, como lo hacían los apóstoles, los hermanos del Señor y Cefas,[7] pero no procuró otra esposa. Sin embargo, todo parece indicar que conoció la excelencia de la vida sexual; por ejemplo, manifiesta que a través de la esposa el cónyuge inconverso puede participar del "estar en Cristo" de su pareja.[8] De la misma manera, el hombre que tiene relaciones sexuales con una ramera se hace solidario - por la intimidad de esa relación humana - con todo el pecado de la mujer prostituta.[9] Si San Pablo padeció un conflicto afectivo-sexual (viudez, adulterio de su esposa, dificultad para canalizar su libido insatisfecha, impotencia sexual, etc.), o no, lo cierto es que, a pesar de todo, se mantuvo en una línea de crecimiento integral. Cuando escribe su última epístola se siente victorioso: se considera como un soldado que ha ganado una guerra que no ha sido fácil, como un atleta que ha vencido en reñida competición, en fin, como un cristiano que ha logrado conservar su fe a pesar de los conflictos internos y externos que ha debido encarar.[10] No contamos con información suficiente sobre la vida moral del apóstol, pero, en líneas generales, podemos afirmar que se esforzó por vivir una vida acorde con la ética cristiana y que al final de su existencia lo había logrado plenamente.

San Pablo también presenta en su propia vida personal la cuarta característica para la concreción del hombre nuevo: tuvo una profunda preocupación social, y así lo manifestó siempre en sus reflexiones teológicas, por ejemplo, cuando se refería al hombre nuevo en sentido comunitario,[11] ya que no considera a la nueva humanidad como una experiencia exclusivamente individual. Como he señalado antes, el hombre puede ser hombre nuevo

---

[6] Hechos 26:10.

[7] 1 Corintios 9:5.

[8] 1 Corintios 7:12–14.

[9] 1 Corintios 6:15–16.

[10] 2 Timoteo 4:7–8.

[11] Efesios2:15.

sólo en la forma que el árbol puede ser bosque sin dejar de ser árbol, en comunidad. En el capítulo anterior he explicitado ampliamente el compromiso de San Pablo con la dimensión social del Evangelio. Por esa razón no he de detenerme en esa área de reflexión.

Utilizaré muy poco espacio más para referirme a las otras tres características del hombre nuevo que San Pablo asume plenamente. Me limitaré a mencionar dos características.[14] San Pablo logra el completamiento de su condición humana cuando crucifica su orgullo y hace posible el surgimiento de la humildad. Por otra parte, realiza su actividad misionera y evangelizadora sin esperar que se concrete el hombre nuevo que ansía: el apóstol comparte a Jesucristo desde el inicio mismo de su vida cristiana, ya que la vida espiritual se recibe cuando se da. Estas características que encontramos en la vida de San Pablo están al alcance del cristiano común que desee colocarse plenamente en las manos de Dios.

Pasemos ahora a describir el proceso de crecimiento hacia el hombre nuevo según el testimonio del propio apóstol. Nos ocuparemos de tres pasajes fundamentales que muestran con claridad su ascenso espiritual.

El primer pasaje a considerar es Romanos 7:7–25. Debemos tener en cuenta que esta epístola se escribe cuando el apóstol considera que su misión evangelizadora en la parte oriental de Europa había arraigado lo suficiente como para comenzar la misma tarea en la parte occidental. Anuncia a los cristianos de Roma que los visitará de paso para España.[15] Esta carta se escribe aproximadamente en el año 58.

En Romanos 7:7–25 el apóstol desnuda su alma frente a sus hermanos en Cristo. Confiesa sus luchas internas y su confianza en Jesucristo.[16] En Filipenses 3:13–14 afirma su disposición a seguir el camino de su completamiento en Cristo. Para la ubicación del lector en cuanto al crecimiento personal de San Pablo, es bueno tener en cuenta que esta epístola fue escrita entre los años 61 y 63. La última epístola paulina, escrita probablemente en el año 67, muestra que el autor ha llegado a la culminación de su peregrinaje hacia la plenitud de la condición humana: "He peleado la buena batalla, he acabado la carrera, he guardado la fe. Por lo demás me está guardada la corona de justicia, la cual me dará el Señor, juez justo, en aquel día..."[17]

El hombre nuevo no es utópico, es una experiencia en curso de realización. Jesucristo, nuestro Señor, no nos conduce por el camino de frustración cuando nos invita a alcanzar la perfección humana, así como Dios posee la perfección divina.[18] El hecho de que por lo

---

[14] Véase mi obra *La comunicación del Evangelio en el mundo actual,* pp. 47s.

[15] Romanos 15:24.

[16] Algunos interpretan que en este pasaje San Pablo se refiere a su vida previa a la conversión. Sin embargo, no hay nada que indique hacia el pasado del apóstol. Esta interpretación fuerza el texto bíblico y le hace decir lo que no quiere. Véase mi obra *Psicología pastoral* para *todos los cristianos* (5a. ed.), pp. 117s.

[17] 2 Timoteo 4:7–8.

[18] Mateo 5:48.

menos un hombre de la Biblia la haya alcanzado constituye en sí un desafío a cada ser humano. Es en ese sentido que San Pablo invita a los hermanos en Cristo (también nosotros): "Sed imitadores de mí, así como yo soy de Cristo".[19] El mundo necesita hoy una nueva humanidad... ¿Acepta el desafío a que comience por usted?[1]

---

[19] 1 Corintios 11: l. Véase también Filipenses 3:17; 1 Tesalonicenses 1:6; 2:14; 1 Corintios 4:16 y 2 Tesalonicenses 3:7

[1] León, J. A. (1979). *¿Es posible el hombre nuevo?* (pp. 6–51). Buenos Aires, Argentina: Ediciones Certeza.

El propósito de Dios con nuestras vidas.

"Y sabemos que a los que aman a Dios, todas las cosas les ayudan a bien, esto es, a los que conforme a su propósito son llamados" (Romanos 8:28).

"Porque a la verdad David, habiendo servido el propósito de Dios a su propia generación murió y se reunió con sus antepasados y vio corrupción" (Hechos 13:36. El Nuevo Testamento James Moffat).

¿HA OBSERVADO CÓMO MUCHOS cristianos que obviamente tienen talento y parecen tener una unción especial del Señor nunca pueden salir adelante? Permanecen con problemas económicos, relacionales o emocionales. Luchan con las circunstancias y las frustraciones, tratando de alcanzar oportunidades sin lograrlo. Yo mismo he pasado por eso, pero he llegado a entender que mi vida está en las manos del Señor y debo confiar en que sus planes y propósitos para mí son de paz y no de desgracia, de bendición y no de maldición. Tengo la esperanza de un mejor porvenir. Su Palabra lo promete:

"Porque yo sé los pensamientos que tengo acerca de vosotros, dice Jehová, pensamientos de paz y no de desgracia, para daros un porvenir y una esperanza" (Jeremías 29:11, Rev. 77).

Todo individuo se pregunta cuál es la razón de su vivir y para qué ha venido a este mundo. La Biblia nos indica que Dios tiene un plan y un propósito con toda persona. Hay una razón para que cada cristiano se motive a captar la visión de su vida.

Seis ejemplos de la Biblia.

La historia de varios personajes bíblicos nos revela la mano de Dios en sus vidas. El Antiguo y Nuevo Testamentos están saturados de ejemplos de individuos que pasaron por situaciones críticas y difíciles - angustias, quebrantos, etc. - que hicieron que percibieran la necesidad de ellas para lograr el propósito de Dios en sus vidas. El primero de estos personajes es José.

José.

Cuando José, hijo de Jacob, tenía diecisiete años, Dios le reveló, por medio de dos sueños, su propósito para él. El relato de su vida (Génesis 34–36) nos muestra cómo Dios lleva a cabo sus planes en nuestras vidas. La mano de Dios, su gracia y su favor estaban con su siervo José pese a las dificultades que enfrentó.

Al recibir los sueños de Dios, José se los relató a sus hermanos. Estos ya lo aborrecían porque su padre lo amaba más que a ellos, pero debido a esta nueva revelación lo odiaron aún más. Así que planearon cómo deshacerse de él y se propusieron matarlo. Sin embargo, José aún no cumplía el propósito final de Dios para su generación, de modo que Él intervino enviando a Rubén, su hermano mayor, para impedir que llevaran a cabo sus planes satánicos. Dios, que estaba con José, permitió que lo vendieran a mercaderes ismaelitas que a su vez lo vendieron en Egipto a Potifar, capitán de la guardia de Faraón. Allí lo prosperó Dios.

Cuando encarcelaron injustamente a José, las circunstancias parecieron empeorar, desde la perspectiva humana, pero la Biblia nos dice: «Pero Jehová estaba con José y le extendió su misericordia, y le dio gracia en los ojos del jefe de la cárcel» (Génesis 39:21).

Allí, en la cárcel, José conoció a dos funcionarios de Faraón e interpretó sus sueños. Años más tarde, Faraón tuvo un sueño de Dios revelándole los planes que tenía para su imperio. Fue entonces que el jefe de los coperos recordó que José le había interpretado su sueño en la cárcel. Así que le habló a Faraón del joven, el cual fue llamado a interpretar el sueño. Cuando José se lo reveló, Faraón le dio una posición de autoridad sobre toda la tierra de Egipto.

En los capítulos siguientes (Génesis 42–46), se revela que a pesar, y por medio, de todas las cosas por las que pasó, Dios cumplió su propósito con José. Aunque el enemigo hizo todo lo posible para impedir la realización de los planes de Dios, la vida de su siervo estaba en sus manos desde el principio.

Moisés.

Dios tenía un plan y un propósito con Moisés. En la época en que nació, Faraón ordenó que mataran a todo varón que naciera a los hijos de Israel. Sin embargo, Dios preservó la vida de Moisés usando a la hija del mismo Faraón. Ella permitió, sin saberlo, que la madre del niño lo criara, y hasta le pagó por hacerlo. Vemos en cada etapa de la vida de Moisés que Dios obró para guiarlo hasta el momento en que sacó a su pueblo de la esclavitud en Egipto.

Dios tenía un propósito con su vida: Moisés sería el libertador de su pueblo y así fue. Aunque cometió errores en el camino (mató a un egipcio y tuvo que huir de Egipto) y al parecer malgastó su vida (cuidando ovejas lejos de su pueblo), el Señor sabía lo que estaba haciendo, y Moisés cumplió el propósito de Dios para su generación. Al fin de su jornada, la Biblia nos dice: «Y murió allí Moisés siervo de Jehová, en la tierra de Moab, conforme al dicho de Jehová» (Deuteronomio 34:5).

David.

Dios tenía el propósito de convertir a David en rey de Israel. Jehová envió al profeta Samuel a Belén porque allí se había «provisto de rey» (1 Samuel 16:1). Samuel ungió a David como rey de Israel cuando Dios le dijo: «Levántate y úngelo, porque éste es» (v. 12), pero el relato de su vida nos revela que pasó por grandes dificultades y por circunstancias difíciles para llegar a ese puesto. El rey Saúl trató de matarlo varias veces. David fue héroe, pero también fugitivo. Tuvo que esperar muchos años y pasar momentos de temor y duda, mas Dios intervino una y otra vez, hasta cumplir su propósito con la vida de David para su generación. En cuanto a eso la Biblia afirma: «David, habiendo servido a su propia generación *según la voluntad* de Dios, durmió ...» (Hechos 13:36).

Jesucristo.

El propósito de Dios con la vida de Jesús fue pagar el precio de nuestro pecado en la cruz y reconciliarnos con Él, el Padre, mediante el derramamiento de su sangre preciosa. Y además, establecer el Reino de Dios y entronar a su hijo Jesucristo como Rey de reyes y

Señor de señores. Jesús es el ejemplo ideal del cumplimiento del propósito de Dios en una vida. No solo sabía cuál era el propósito de Dios, sino que además lo obedeció a la perfección.

Desde el principio, Satanás trató de matar a Jesús e impedir que Dios cumpliera el propósito con su vida. Mateo nos relata que el rey Herodes buscó al niño para matarlo, pero Dios envió un ángel para prevenir a José y anunciarle que llevara el niño a Egipto, donde estuvieron hasta la muerte de Herodes.

Años después, cuando Jesús comenzó su ministerio, los demonios trataron de desacreditarlo (Marcos 1:23–26). Como eso no resultó, los líderes religiosos comenzaron a acecharlo (Marcos 3:2). Satanás hasta trató de usar a Pedro para evitar que se cumpliera el propósito divino (Marcos 8:32–33). Pero a pesar de toda la oposición, Jesús pudo decir desde la cruz: «Consumado es» (Juan 19:30).

Pablo.

El libro de los Hechos igualmente nos revela el plan de Dios con la vida de Pablo. Después de su encuentro con Jesús en el camino a Damasco, Pablo quedó ciego y fue enviado a la ciudad a esperar. El Señor entonces escogió a un discípulo llamado Ananías para que le impusiera las manos y recobrara la vista. Dios le dijo a Ananías: «Ve, porque *instrumento escogido* me es este, para llevar mi nombre en la presencia de los gentiles, y de reyes, y de los hijos de Israel: porque yo le mostraré cuánto le es *necesario padecer* por mi nombre» (Hechos 9:15–16). Cuando Ananías oró por Pablo, también le profetizó:

> "El Dios de nuestros padres *te ha escogido* para que conozcas *su voluntad*, y veas al Justo, y oigas la voz de su boca. Porque serás testigo suyo a todos los hombres, de lo que has visto y oído" (Hechos 22:14–15).

Muchas fueron las formas en que el enemigo trató de matar a Pablo. Las Escrituras revelan que los judíos lo azotaron cinco veces con treinta y nueve azotes, tres veces azotado con varas, una apedreado y dejado por muerto; además, naufragó tres veces en alta mar, fue picado por una serpiente venenosa en la isla de Malta y sufrió peligros de toda clase. Más el Señor estaba con él protegiéndolo y cuidándolo porque tenía un plan y un propósito con su vida para su generación. Al final de su vida pudo decir:

> "He peleado la buena batalla, he acabado la carrera, he guardado la fe" (2 Timoteo 4:7).

El propósito de Dios con mi vida.

El primer domingo de febrero de 1976, mi esposa y yo conocimos al Señor Jesucristo como nuestro Salvador en la iglesia *Church on the Way* [Iglesia del Camino], en Van Nuys, California. Acababa de cumplir los treinta años de edad. Igual que en la experiencia de Pablo, sentí como si se me hubieran removido escamas de los ojos. Al salir de la iglesia, sentí que una pesada carga cayó de mis hombros. Veía los colores y la luz de una forma más brillante. Mi nuevo ser espiritual estaba hambriento y sediento de la palabra de Dios. Sin embargo, no me imaginaba que el Señor tenía un plan especial para mí.

Hoy, al examinar el curso de mi vida, veo cómo el Señor me ha preservado, y esto me hace creer que está protegiendo el propósito que tiene conmigo. Les daré varios ejemplos.

A la edad de siete años encontré un taco de dinamita que se usaba en los llanos orientales de Colombia para pescar el alimento de los obreros. Este pequeño objeto de aluminio con pólvora parecía un cigarrillo, y tenía un fósforo que encendía la mecha para explotar su contenido. Como niño, ignoraba lo que era o el daño que podía causar, así que lo tomé en mis manos y descuidadamente prendí el fósforo. Para imitar a los adultos que fumaban cigarrillos, lo lleve a mi boca y justo en ese instante, creo yo, Dios me envió a un primo mío, mayor que yo, que al ver el peligroso objeto en mis manos me gritó en voz alta: «¡Tíralo, tíralo!» Al tratar de lanzarlo al aire, y en fracciones de segundos, me explotó en la mano derecha, destrozándome las tres primeras falanges de los dedos. Llevo este recuerdo conmigo para no olvidar que Dios tiene un plan y un propósito para mi vida.

En junio de 1988, mientras viajaba a una remota región de las islas Filipinas para celebrar una cruzada evangelística, fuimos rodeados por guerrilleros comunistas del Ejército Nacional del Pueblo y amenazados con ametralladoras. Después de un diálogo prolongado en el dialecto de ellos con nuestro líder, el pastor filipino Marben Lagmay, los guerrilleros nos dejaron ir porque llevábamos un mensaje de paz.

Un par de años más tarde viajaba en un barco entre las ciudades de Leyte y Manila, en las Filipinas, cuando los motores de la embarcación se dañaron y estuvimos a la deriva por varios días.

En esas y otras ocasiones vi la mano de Dios obrar librándome y protegiéndome. Sé que no importa lo que suceda, Él está conmigo para cuidarme, porque tiene un plan y un propósito para mi vida en esta generación.

En la boca de dos o tres testigos.
Un mensaje profético, como el de Ananías a Pablo, me reveló el plan de Dios para mi vida. Algunos meses después, otro reconocido profeta de Dios, Leland Davis, confirmó mi llamado divino como profeta del Señor a las naciones, añadiendo un énfasis para el ministerio de la enseñanza y capacitación de líderes en el cuerpo de Cristo.

Llamados y apartados.

Quiero que examinemos juntos un pasaje bíblico muy conocido:

> "Y sabemos que a los que aman a Dios, todas las cosas les ayudan a bien, esto es, a los que conforme a su *propósito* son llamados" (Romanos 8:28).

La palabra propósito, del griego *prothesis*, según la Biblia Plenitud, sugiere «un plan deliberado, una proposición, un plan anticipado, una intención, un designio[...] La mayoría de los otros usos señalan los propósitos eternos de Dios en relación con la salvación»

En otras palabras, saber que Dios tiene un propósito con su vida es saber que hay un plan anticipado y que, pase lo que pase, Él hará todo para que se desarrolle bien. Aun en las dificultades y el sufrimiento, aun en la más amarga desilusión, aunque maltratados, los cristianos deben saber que Dios obra en medio de esas situaciones; para que se cumplan sus buenos *propósitos* en sus hijos.

Dios tiene un propósito con cada persona. No quiere que nadie se pierda más que todos lleguen al arrepentimiento. Pero a la misma vez es necesario que cada persona decida si le va a seguir o no. En la vida de todo individuo, Dios presenta una oportunidad para un encuentro con Él, para que podamos cumplir sus propósitos. Esta ocasión es conocida como el llamado, o el llamamiento.

El apóstol Pablo dice en Gálatas 1:15 que Dios lo *apartó* desde el vientre de su madre, pero lo *llamó* por su gracia cuando tuvo un encuentro con Jesús en el camino a Damasco.

En el caso de Jeremías también vemos que la Escritura dice: «Antes que te formase en el vientre te conocí, y antes que nacieses te santifiqué, *te di por profeta a las naciones*» (Jeremías 1:5). Sin embargo, su llamamiento vino cuando Jehová le dijo: «Mira que te he puesto *en este día* sobre naciones y sobre reinos» (Jeremías 1:10).

Recibí ese llamado el 31 de julio de 1983, un día que siempre me será inolvidable.

En el primer versículo de la epístola de Pablo a los Romanos, el apóstol declara dos momentos significativos en la vida de un ministro de Dios: su llamamiento y su separación. Si logramos comprender la diferencia, a través de la vida de Pablo, entenderemos nuestra situación. Romanos 1:1 dice así:

> "Pablo, siervo de Jesucristo, *llamado* a ser apóstol, *apartado* para el evangelio de Dios."

Estos versículos nos indican que tanto el llamado como la separación son por la gracia de Dios.

El Llamamiento de Dios.

"Yo pues, preso en el Señor, os ruego que andéis como es digno de la vocación con que fuisteis llamados" (Efesios 4:1).

"Fiel es Dios, por el cual fuisteis llamados a la comunión con su Hijo Jesucristo nuestro Señor" (1 Corintios 1:9).

«¿CUÁL ES SU LLAMADO?» pudiera alguien preguntarnos. Pero, ¿qué es un llamado? Veamos qué quiere decir esta palabra tan usual en el medio cristiano.

Llamado viene del término griego *kaleo*, que se puede usar para convocar o invitar. También se puede traducir como *destino* en algunos casos. En base a lo anterior, podemos decir que el llamado o llamamiento es una invitación a que vivamos según la voluntad de Dios durante nuestra permanencia en la tierra.

Todo creyente tiene un llamamiento de Dios, «quien nos salvó y llamó con llamamiento santo, no conforme a nuestras obras, sino según el propósito suyo y la gracia que nos fue dada en Cristo Jesús antes de los tiempos de los siglos» (2 Timoteo 1:9), pero esto requiere algunas condiciones. Primero, reconocer el llamamiento; segundo, aceptarlo internamente; tercero, prepararnos; cuarto, esperar hasta que el Señor nos aparte para cumplirlo. Trataremos estos puntos a través del libro.

El llamamiento de Dios para todo individuo es diferente e irrevocable. Dios nos escogió y determinó nuestra vocación. El apóstol Pablo dice que fuimos llamados en una esperanza de nuestra vocación (Efesios 4:4). *Vocación* significa una profesión, una carrera. Hay vocaciones como la de un maestro, un médico o un abogado. También Dios nos da una vocación en el campo espiritual. Para algunos puede ser el llamamiento a ser apóstoles, a otros profetas, a otros evangelistas, a otros pastores y maestros. Otros serán intercesores, misioneros, salmistas, administradores, exhortadores, ayudadores, dadores. Algunos son llamados a servir en una vocación espiritual, y otros a servir como negociantes, profesionales, políticos, periodistas, atletas, etc. En todas ellas somos embajadores del Reino de Dios y ministros de reconciliación. Hay una gran variedad de llamamientos, y todos son dados según la gracia de Dios.

Cualquiera que sea la vocación a la que somos llamados, ya sea natural o espiritualmente, solo tendremos paz en nuestros corazones cuando estemos en la buena, agradable y perfecta voluntad del Señor. Solo tendremos paz cuando nos sometamos a la dirección del Señor y no simplemente nos conformemos con las apariencias; cuando aceptemos el llamamiento de Dios y dejemos de tratar de ser o hacer algo contrario a ese llamamiento. Pablo nos dice: «No os conforméis a este siglo, sino transformaos por medio de la renovación de vuestro entendimiento, para que comprobéis cuál sea la buena voluntad de Dios, agradable y perfecta» (Romanos 12:2).

Nunca podremos sentirnos felices ni satisfechos, y mucho menos tener éxito, si tratamos de forzar un ministerio o una vocación a la cual no hemos sido llamados. Es muy importante aclarar que Dios tiene un llamamiento y un tiempo de separación para todo creyente, aunque no se someta a la voluntad de Él. Veo a muchos cristianos amargados y frustrados porque no se someten ni aceptan la voluntad de Dios para sus vidas. No esperan el tiempo de su preparación. Se lanzan al ministerio por sí mismos, tratando de forzar a Dios, y no ven el fruto de su labor. Dios no bendice lo que se hace fuera de su voluntad o de su tiempo.

El llamamiento al liderazgo.

A veces nos cuesta creer que el Señor tiene un llamamiento para nosotros. Es algo que algunos no comprendemos. Nos preguntamos: «¿Quién soy *yo* para que el Señor me llame? ¿Quién soy para que el Señor me use? ¿Cómo puede Dios usar un vaso imperfecto, ignorante y necio?

Pensamos, obramos, hacemos y decimos—según nuestra naturaleza carnal—lo necesario para prepararnos a fin de lograr lo que nos proponemos en la vida. Pero el Señor nos dice: «Porque mis planes no son como tus planes, ni mis caminos como tus caminos, declara el Eterno Dios» (Isaías 55:8, Moffat). Aunque ignoremos lo que nos tiene preparado, Dios interrumpe nuestros planes y nos dice como a Abraham: "Vete de tu tierra... de la casa de tu padre, a la tierra que [*Yo*] te mostraré" (véase Génesis 12:1–4). Él nos promete que si obedecemos su llamado, nos bendecirá; pero si desobedecemos, perderemos esa bendición.

El Señor nos llama y nos dice: «No digas: Soy joven; no digas: no sé hablar; no digas: no tengo educación teológica; no digas: estoy cansado; no preguntes: ¿Quién soy?» Él nos promete: «Porque a todo lo que te envíe irás tú, y dirás todo lo que te mande» (Jeremías 1:7).

Dios llama a hombres y mujeres creyentes para ser líderes. Los prepara y les encomienda la labor de capacitar a otros creyentes para el ministerio. Nuestro corazón debe ser puro y estar rendido al Señor para poder escuchar. Después, mientras lo escuchamos y le obedecemos, nuestra fe crecerá. Cuando desarrollemos nuestra fe, aprenderemos a escuchar su voz y nos dirá las grandes cosas que desea hacer a través de nosotros.

El tiempo de preparación.

Desde que nos llama, Dios comienza a prepararnos para el momento en que nos apartará para la obra a que nos llamó. El tiempo de preparación depende de nosotros, de nuestra obediencia, de nuestra fidelidad, de nuestro compromiso. Cuando Dios se satisface con nuestra madurez y desarrollo espiritual, cuando purga de nosotros lo que nos impide servirle y nos rendimos a Él, entonces es el momento de promovernos. Como el estudiante universitario que, después de pagar el precio para culminar su carrera, recibe su grado; para luego ejercer su profesión con el reconocimiento de sus maestros y autoridades.

El período de preparación puede ser breve o prolongado. Para José, pasaron trece años desde su llamado a su separación como segundo en autoridad en Egipto. Para Moisés, fueron cuarenta duros años de servicio a su suegro, en Madián, antes de su separación como enviado de Dios para sacar al pueblo de Israel de la tierra de Egipto. Para David, transcurrieron dieciocho años antes de acceder al trono de Israel. En la vida de Pablo, fueron unos diecisiete años desde que recibió su llamado hasta que fue separado para el ministerio en Antioquía.

Leamos el testimonio de Pablo:

> "Pero cuando agradó a Dios, que me apartó desde el vientre de mi madre, y me llamó por su gracia, revelar a su hijo en mí, para que yo le predicase entre los gentiles, no consulté en seguida con carne y sangre, ni subí a Jerusalén a los que eran apóstoles antes que yo; sino que fui a Arabia, y volví de nuevo a Damasco. Después, pasados tres años, subí a Jerusalén para ver a Pedro, y permanecí con él quince días; pero no vi a ningún otro de los apóstoles, sino a Jacobo el hermano del Señor. En esto que os escribo, he aquí delante de Dios que no miento. Después fui a las regiones de Siria y de Cilicia, y no era conocido de vista a las iglesias de Judea, que eran en Cristo; solamente oían decir: Aquel que en otro tiempo nos perseguía, ahora predica la fe que en otro tiempo asolaba. Y glorificaban a Dios en mí. Después, pasados catorce años, subí otra vez a Jerusalén con Bernabé, llevando también conmigo a Tito" (Gálatas 1:15–2:1).

Mi llamamiento fue el 31 de julio de 1983. Desde ese momento, comencé a prepararme para la hora en que Dios me separaría. El día 5 de febrero de 1989, el presbiterio de la iglesia, junto con varios profetas y maestros, después de orar y ayunar, mediante la imposición de manos, me apartó para la obra a la cual me llamó el Señor. Hicieron conmigo igual que los profetas y los maestros de Antioquía con Saulo y Bernabé.

Muchos cristianos reconocen el llamamiento de Dios, pero nunca llegan al momento de su separación. ¿Por qué? Entre otras cosas, porque no demuestran *fidelidad*, que es el principio más importante ante Dios para alcanzar la separación. Pablo dice que «se requiere de los administradores, que cada uno sea hallado fiel» (1 Corintios 4:2).

El requisito de Dios: La fidelidad.

"El que es fiel en lo muy poco, también en lo más es fiel; y el que en lo muy poco es injusto, también en lo más es injusto... Y si en lo ajeno no fuisteis fieles, ¿quién os dará lo que es vuestro?" (Lucas 16:10, 12).

"Doy gracias al que me fortaleció, a Cristo Jesús nuestro Señor, porque me tuvo por fiel, poniéndome en el ministerio" (1 Timoteo 1:12).

ACLARADO YA QUE TODO CRISTIANO tiene un llamado de Dios para su vida, debemos también saber que hay un tiempo entre este y la separación. La separación de Dios viene cuando el Espíritu Santo nos prepara para la obra. Es más, es el Espíritu Santo mismo quien interviene para que el liderazgo reconocido, el que Dios ha puesto en autoridad, *oiga* de Él y *confirme* la hora mediante la imposición de manos.

Dios usa este tiempo de preparación para que demostremos nuestra *fidelidad* en la obra de otros. Debemos servir fielmente mientras Dios nos prepara para el ministerio. Así como se tiene que pagar el precio de la cruz antes de poder ver la gloria de la resurrección, es la fidelidad en el presente lo que le introducirá al ministerio. Solo cuando Jesús le halle fiel le separará y le ungirá con su poder para el ministerio al que le llamó.

La base del ministerio es la *fidelidad*, y no los talentos ni la habilidad que usted tenga ante Dios. El carácter es mucho más importante que la capacidad. Esta, así como las habilidades, puede enseñarse, pero el carácter demostrado por la fidelidad es evidencia del fruto de Dios en la vida del creyente.

Cuando el poder del Espíritu Santo se *manifiesta*, evidencia ante el mundo lo que Él puede hacer a *través de* nosotros. Dios usó a una burra, por lo tanto puede usarme también a mí. El único requisito es estar dispuesto y obedecer a Dios. Además, cuando el *fruto* del Espíritu Santo se manifiesta, evidencia ante el mundo lo que Él hace *en* nosotros. Mi nivel de madurez espiritual no se mide por las *manifestaciones* del poder de Dios, sino por mis *reacciones* ante los momentos de crisis.

Un siervo fiel es aquel que hace lo que se le pide, pese el precio o al sacrificio. Hay muchas personas que poseen múltiples talentos, pero son muy pocas las verdaderamente fieles. Casi siempre los que son hábiles, y tienen talentos y capacidades, se aman a sí mismos. Pablo dice que el conocimiento envanece (1 Corintios 8:1). El que solo tiene talentos ama *su* ministerio, más el que es *fiel* ama a su maestro, a su pastor, a su líder y al ministerio al que se somete.

Al Señor le interesa más tu madurez que tu ministerio. Ministrar nunca produce madurez, pero la madurez *siempre* produce ministerio. Dios está comprometido con los que son maduros. La persona que se lance al ministerio antes de pagar el precio de la preparación y demostrar su fidelidad siempre causará mucho daño. La inmadurez destruye el ministerio; la madurez *edifica* al ministerio.

Las personas maduras están dispuestas a dejar el llamamiento, sus planes y su agenda, cuando esta, los planes o el tiempo de Dios son diferentes. Y lo hacen porque confían en Dios y en su fidelidad, sabiendo que fiel es el que ha prometido (Hebreos 11:11).

Sé fiel o Dios cancelará la bendición.

Moisés.

Cuando hacemos las cosas sin orden, o antes de tiempo, cancelamos la bendición de Dios respecto a nuestro llamamiento. Moisés tenía una carga por su pueblo, y viendo la aflicción y la necesidad de ellos, se lanzó a cumplir el llamamiento que llevaba en su corazón. Mató al egipcio que maltrataba a uno de los suyos. Pero, todavía no había llegado su hora de separación. La separación y la unción del Señor para liberar al pueblo de Israel del cautiverio no reposaba sobre él todavía. Ante el Señor, no había llegado su hora de separación, por lo cual, aun su propio pueblo no reconoció su esfuerzo y Moisés tuvo que huir y pasar cuarenta años de preparación bajo la autoridad de su suegro Jetro.

Moisés fue probado en cuanto a su madurez. Jetro fue el instrumento que Dios usó para probarlo en las áreas de la fidelidad y la madurez. Todo ministerio requiere responsabilidad ante una autoridad. Toda autoridad se somete ante el consenso autoritativo. El mismo Jesucristo se sometió a la autoridad del Padre celestial. Así pues, cuando Jehová lo llamó para separarlo diciendo: «Ven, por tanto ahora, y te enviaré a Faraón, para que *saques de Egipto a mi pueblo*» (Éxodo 3:10), lo primero que hizo Moisés fue ir a su suegro, contarle lo que Dios le llamó a hacer y pedirle su bendición:

> "Así se fue Moisés, y volviendo a su suegro Jetro, le dijo: Iré ahora, y volveré a mis hermanos que están en Egipto, para ver si aún viven. Y Jetro dijo a Moisés: Ve en paz" (Éxodo 4:18).

Una vez que hizo las cosas correctamente, el Señor le dio la orden de salir a cumplir su llamado: «Dijo entonces Jehová a Moisés: Ve y vuélvete a Egipto, porque han muerto todos los que procuraban tu muerte» (Éxodo 4:19).

Eliseo.

En 1 Reyes 19:19 vemos el *llamamiento* de Eliseo al ministerio. Cuando el profeta Elías pasó por donde Eliseo araba, echó sobre él su manto; es decir, lo llamó a seguirle y prepararse para recibir el manto profético de Dios. Por diez años, Eliseo le sirvió a Elías, lo amó como un padre y amó su ministerio.

En 2 Reyes 2:1–15 observamos que cuando llegó la hora de su *separación* al ministerio profético, Eliseo permaneció junto a Elías insistiéndole que no lo dejaría. Cuando Elías le dijo a su siervo: «Pide lo que quieras», notemos que Eliseo no le pidió, *su propio* ministerio sino sus derechos como hijo primogénito, una doble porción del ministerio de Elías: «Te ruego que una doble porción de tu espíritu sea sobre mí». Cuando Elías fue tomado por Dios el clamor de Eliseo fue: «¡Padre mío, padre mío...» Fue entonces que Eliseo recogió el manto de Elías y comenzó su ministerio profético. Viéndolo unos profetas que estaban en Jericó dijeron: «El espíritu de Elías reposó sobre Eliseo».

Lucifer.

La Biblia nos revela que Lucifer se rebeló contra Dios. Sus planes y ambiciones eran suplantar al Todopoderoso. Rehusó servir fielmente al Señor y se levantó contra Dios, llevándose consigo a un tercio de los ángeles.

> "¡Cómo caíste del cielo, oh Lucero, hijo de la mañana! Cortado fuiste por tierra, tú que debilitabas a las naciones. Tú que decías en tu corazón: Subiré al cielo; en lo alto, junto a las estrellas de Dios, levantaré *mi* trono, y en el monte del testimonio me sentaré, a los lados del norte; sobre las alturas de las nubes subiré, y *seré* semejante al Altísimo. Más tú derribado eres hasta el Seol, a los lados del abismo" (Isaías 14:12–15).

> "Después hubo una gran batalla en el cielo: Miguel y sus ángeles luchaban contra el dragón; y luchaban el dragón y sus ángeles; pero no prevalecieron, ni se halló ya lugar para ellos en el cielo. Y fue lanzado fuera el gran dragón, la serpiente antigua, que se llama diablo y Satanás, el cual engaña al mundo entero; fue arrojado a la tierra, y sus ángeles fueron arrojados con él" (Apocalipsis 12:7–9).

Lucifer se creía capaz de superar a Dios. No quiso someterse al plan de Dios para su vida. El resultado es que hoy es adversario de Dios y no su siervo.

Padres e hijos.

La relación entre Jetro y Moisés era de padre e hijo. La relación entre Elías y Eliseo era de padre e hijo. La recompensa les vino después de haber servido fielmente a los que estaban en autoridad sobre ellos. La relación entre un líder y su pastor o su apóstol o maestro también debe ser como la de padre e hijo, o como la del Padre y el Hijo.

Jesús les dijo a sus discípulos que el que no es fiel en lo ajeno *no podrá* tener lo suyo. La persona infiel trata de servir a otro y a la vez servirse a sí mismo. Esto no es posible. No podemos servir a dos señores.

> "Y si en lo ajeno no fuisteis fieles, ¿quién os dará lo que es vuestro? Ningún siervo puede servir a dos señores; porque o aborrecerá al uno y amará al otro, o estimará al uno y MENOSPRECIARÁ al otro" (Lucas 16:12–13).

Proverbios 20:6 afirma: «Muchos hombres proclaman cada uno su propia bondad, pero hombre de verdad [FIEL], ¿quién lo hallará?» Proverbios 28:20 dice: «El hombre de verdad [FIEL] tendrá muchas bendiciones».

Cuando llegue la hora de la recompensa el Señor no dirá: «Bien, siervo bueno y capaz», sino que dirá: «Bien, siervo bueno y *fiel*».

Cuando una persona hace lo que desea sin la bendición de Dios, cancela la bendición de su llamamiento. Si eres llamado por Dios, debes seguir el ejemplo de Moisés después de su llamamiento. Aunque tuvo un encuentro con Dios, en el que este lo llamó, fue antes a Jetro para pedirle su bendición y que le diera la libertad para cumplir el mandato divino. De esta forma Moisés demostraba su fidelidad a su suegro, para quien trabajaba.

La fidelidad se manifiesta en la lealtad para servir y cumplir nuestras obligaciones y deberes para con otros. La señal de madurez cuando una persona fiel comete una infidelidad, es que tiende a arrepentirse con prontitud.

Soy parte del grupo de unas cuarenta personas que fundó la iglesia a la que asistí por catorce años. Durante estos años el Señor me llamó a servir como maestro de Escuela Dominical, director de adoración y alabanza, pastor de jóvenes universitarios, pastor de jóvenes, miembro de la junta de misiones, anciano, predicador, pastor de los hispanos y otros cargos. Traté de ser fiel a Dios y a los líderes de la iglesia en todo lo que se me pidió hacer. Ahora puedo ver el fruto de mis labores y mi fidelidad. Para ser sincero, me pregunto cómo es que Dios puede usarme. No he tenido la educación teológica que muchos ministros tienen. La respuesta es clara: La fidelidad trae recompensa para el que espera en el Señor. Isaías 40:30–31 dice: «Los muchachos se fatigan y se cansan, los jóvenes flaquean y caen; pero los que *esperan* a Jehová tendrán nuevas fuerzas; levantarán alas como las águilas; correrán, y no se cansarán; caminarán, y no se fatigarán». El Señor nos exhorta a que «no nos cansemos, pues, de hacer bien; porque a *su* tiempo segaremos, si no desmayamos» (Gálatas 6:9).

Las recompensas de la fidelidad.

Dios escogió a Moisés por su fidelidad, no por sus cualidades. En el libro de Números, capítulo doce, hallamos una situación en la que María y Aarón tuvieron un conflicto con Moisés y hablaron contra él. Dios escuchó lo que ellos creían que estaban hablando en secreto y prontamente los llamó a cuentas. Los mandó al tabernáculo de reunión, donde se les apareció en la columna de nube a la puerta del tabernáculo y les dijo: «Oíd ahora mis palabras. Cuando haya entre vosotros profeta de Jehová, le apareceré en visión, en sueños hablaré con él». Tanto Aarón como María servían en el oficio de profetas, y el Señor les estaba confirmando que le podían escuchar. Sin embargo, Dios no los había llamado a gobernar la nación de Israel, de modo que procedió a resolver el problema de su líder, diciendo: «No es así a mi siervo Moisés, que es FIEL en toda mi casa. Cara a cara hablaré con él, y claramente, y no por figuras; y verá la apariencia de Jehová. ¿Por qué, pues, no tuvisteis temor de hablar contra mi siervo Moisés?»

Aarón y María cometieron una de las peores ofensas ante Él, como era enjuiciar al escogido de Dios. El resultado fue una severa reprensión y la ira del Señor se encendió contra ellos. María recibió lepra y fue públicamente echada del campamento por siete días. Aarón, viendo lo que le había sucedido a su hermana, clamó a Moisés de inmediato, reconociendo su pecado y pidiendo su misericordia.

Bob Yandian, en su libro *Calling and Separation* [Llamamiento y separación] dice:

> "Las personas altamente calificadas son casi siempre celosas de los que por su fidelidad tienen éxito. Es más, muchos de los salmos de David son escritos acerca de personas de esta índole que envidiaban la posición de David y el favor de Dios con él. Este batalló contra sus hermanos, el rey Saúl, miembros de su corte, y aun sus propios hijos. David, que no era más que un simple pastorcillo, fue promovido por Dios. Cometió muchos errores como rey, cayó en grandes pecados, pero siempre se arrepintió y subió a la cúspide nuevamente."

Tanto Moisés como David, tenían algo que los llevaba a triunfar: su fidelidad y su espíritu sencillo y dócil. Cuando eran enfrentados por sus errores, eran prontos en auto examinarse y reconocerlos. La Biblia dice:

> "El Señor se levanta en batalla contra los escarnecedores y arrogantes, dando gracia y defendiendo a los sencillos y humildes de corazón. En su trato con los

arrogantes, Él es fuerte, más a los humildes muestra su misericordia" (Proverbios 3:34, 35, New American Bible [Nueva Biblia Americana]).

Ninguna persona comienza su carrera profesional en la cúspide. Asimismo en la iglesia, la fidelidad se demuestra cuando servimos a otros. Proverbios 28:20 dice que: «El hombre de verdad [Fiel] tendrá muchas bendiciones; más el que se apresura a enriquecerse no será sin culpa».

Una lección personal.

Hace algunos años, en la iglesia que pastoreaba en Mesa, Arizona, pude aprender muchas cosas, algunas muy dolorosas, por no reconocer este concepto. Como muchos pastores, generalmente ponemos nuestra mirada en los talentos y las habilidades en vez del carácter y la fidelidad.

Cuando un pastor busca a una persona para servir en un área necesitada, ¿cuáles características son las que la Palabra de Dios nos instruye a buscar? Pablo le ordenó a Timoteo que buscara personas fieles, no a gente capacitada, sino fieles.

> "Lo que has oído de mí ante muchos testigos, esto *encarga a hombres fieles* que sean idóneos para enseñar también a otros" (2 Timoteo 2:2).

Timoteo probablemente pensó como yo. «Dios mío, las personas fieles casi siempre son aquellas que no tienen muchos talentos o habilidades perceptibles». Son los que siempre están sonrientes y llevan su Biblia. Son los primeros que llegan a la iglesia y los últimos que se van. Siempre están haciendo preguntas. Están dispuestos para todo lo que se les necesite.

El Señor me ordenó que dejara de dirigir la adoración y la alabanza en la iglesia que pastoreaba para concentrarme en el estudio de la Palabra de Dios y la oración. Por varios meses, busqué a la persona que pudiera hacerlo a mi gusto. No encontré a nadie en la iglesia con el talento necesario para dirigir este ministerio tan importante. Buscaba a alguien con una voz fuerte y angelical, un alto nivel de discernimiento espiritual, una unción profética y un administrador que pudiera encargarse de todos los aspectos de este ministerio.

Después de varios meses de búsqueda infructuosa pensé volver a hacerlo. Oraba al Señor en busca de su voluntad cuando Él me dijo: «¿Has considerado a mi sierva Tina para dirigir el ministerio de alabanza?» ¿Tina? Su nombre nunca había pasado por mi mente. Desafinaba, no hablaba muy bien el castellano y a veces profetizaba en inglés. El Señor estaba bromeando. Tina era la antítesis de la persona que estaba buscando.

El Señor me recordó que el administrador que yo buscaba requería algo en especial: fidelidad. Tina era la persona más fiel en toda la iglesia. Desde su fundación, nunca faltó al ensayo del grupo de alabanza. Era siempre la primera en llegar y la última en salir. La que recogía los instrumentos, los micrófonos, los cables; en resumen: hacía todo. En ese momento, el Señor me enseñó algo que no he olvidado. Yo buscaba talentos, pero Dios busca fidelidad. Me mostró mi propia fidelidad antes de recibir el cargo del pastorado. Basta decir que Tina se preparó, comenzó a tomar clases de canto, de computadora, y empezó a leer libros de liderazgo. Cumplió el requisito de Dios: siguió siendo fiel. Además, llegó a ser una tremenda directora del ministerio de alabanza.

Apartado al ministerio.

> *"Había entonces en la iglesia que estaba en Antioquía, profetas y maestros: Bernabé, Simón el que se llamaba Niger, Lucio de Cirene, Manaén el que se había criado junto con Herodes el tetrarca, y Saulo. Ministrando éstos al Señor, y ayunando, dijo el Espíritu Santo: APARTADME a Bernabé y a Saulo para la obra a que los he LLAMADO" (Hechos 13:1–2).*

> *"Pablo, siervo de Jesucristo, LLAMADO a ser apóstol, APARTADO para el evangelio de Dios" (Romanos 1:1).*

EL APARTAMIENTO O LA SEPARACIÓN al ministerio es el momento en que Dios reconoce públicamente el llamamiento de un individuo, derramando sobre este la unción para llevar a cabo su propósito con él. Es la oficialización del llamado ante el Cuerpo de Cristo. Además, establece la gran responsabilidad de hablar la Palabra de Dios y ejercer su autoridad.

El momento de la separación al ministerio es lo que conocemos como *ordenación*. Este término se deriva de dos cosas: mandato y orden. Es un mandato de Dios, y establece un orden de autoridad. La ordenación es parte del gobierno eclesiástico establecido por Dios. Solo Dios ordena, aunque usa instrumentos humanos para hacerlo. Hay muchos ejemplos bíblicos de este momento de ordenación.

Por ejemplo, en 1 Crónicas 9:22–33, David y Samuel escogieron a doscientas doce personas y las constituyeron (ordenaron) para servir en el oficio de levitas, cumpliendo diferentes cargos según el llamado de cada individuo.

Jesucristo también vio la necesidad de confirmar un grupo de hombres que mostraron fidelidad. Los ordenó para el ministerio de la predicación de la Palabra, para echar fuera demonios y sanar a los enfermos. Con esta ordenación, les delegó «la autoridad o el derecho de actuar, habilidad, privilegio, capacidad», de ministrar a las necesidades del pueblo.

> "Después subió al monte, y llamó a sí a los que Él quiso; y vinieron a Él. Y *estableció* [ordenó] a doce, para que estuviesen con Él, y para enviarlos a predicar, y que tuviesen autoridad para sanar enfermedades y para echar fuera demonios" (Marcos 3:13–15).

Es interesante notar que Jesús *llamó* a los que *Él* quiso, no a los que quisieron ser llamados.

Otro ejemplo se encuentra en Hechos 13:1–4. Ahí vemos cómo el Espíritu Santo reveló la ordenación de Pablo y Bernabé:

> "Dijo el Espíritu Santo: apartadme a Bernabé y a Saulo para la obra a que los he llamado" (Hechos 13:2).

Entonces, los otros líderes de la iglesia de Antioquía los apartaron al ministerio imponiéndoles las manos. Luego los enviaron a la obra misionera. «Algún tiempo después, Pablo y Bernabé siguieron el mismo plan y viajaron de ciudad en ciudad confirmando a los discípulos y *ordenando* ancianos en las iglesias (14:22–23)».

En su carta a Tito, Pablo le encomienda ordenar líderes en cada ciudad, dada la gran necesidad de ministrar a una iglesia en avivamiento. «Por esta causa te dejé en Creta, para que corrigieses lo deficiente, y establecieses [ordenases] ancianos en cada ciudad, así como yo te mandé» (Tito 1:5). (La palabra *ancianos* indica personas maduras en cuanto al entendimiento y la experiencia espiritual.)

La separación es algo que regula el curso de la vida de un cristiano. Cuando Timoteo empezó a dudar acerca de su ministerio, Pablo lo exhortó a no descuidar el don ministerial que le «fue dado mediante profecía con la imposición de las manos del presbiterio» (1 Timoteo 4:14). La *Biblia Plenitud* comenta que: «La referencia alude a la ocasión cuando los ancianos de Iconio y Listra pusieron sus manos sobre Timoteo y profetizaron acerca de los dones y propósitos de Dios en relación con él. La imposición de manos, acompañada de profecía, es uno de los medios que emplea el Espíritu Santo para revelar su voluntad y propósitos a sus siervos. Pablo insta a Timoteo a ejercitar su don». Esta era la *voluntad* y el *propósito* de Dios con la vida de Timoteo, las cuales se establecieron en su separación.

Mi separación al ministerio.

> "Y Jehová me respondió, y dijo: *Escribe la visión*, y declárala en tablas, para que corra el que leyere en ella. Aunque la visión tardará aún por un tiempo, más se apresura hacia el fin, y no mentirá; aunque tardare, espéralo, porque sin duda vendrá, no tardará" (Habacuc 2:2–3).

El día 5 de febrero de 1989, en la Iglesia Palabra de Gracia, en Mesa, Arizona, Estados Unidos, el liderazgo de la iglesia convocó un presbiterio de pastores, maestros y profetas de la ciudad y a nivel internacional. El mismo estuvo formado por las siguientes personas: Gary Kinnaman, Dick Mills, Hal Sacks, Mark Buckley, Ron Woodworth, Leonard Griffin, Al Ells y Robert Blayter.

Cada uno de estos ministros de Dios pronunció palabras proféticas del Señor, entre ellas las siguientes.

El doctor Gary Kinnaman:
«Has esperado este momento por muchos años. Veo un paralelo con la vida de Jesús, treinta años de preparación, servicio y crecimiento en favor ante Dios y los hombres. Luego la unción desciende sobre el Señor Jesús en las aguas del Jordán. Esto cambia su vida dramáticamente. Veo algo similar en tu vida. Has esperado, has sido paciente, aun contra tus sueños, tus deseos y tu energía personal. Has esperado y esperado, y de pronto el Señor ha dicho: "Ya es la hora". Creo que es la hora de Dios para tu vida. La multitud, la animación y la energía que se hizo presente en el culto de esta mañana es solo una prueba de lo que Dios va a hacer en tu ministerio.

Señor, te agradezco, por el espíritu, la unción, la hospitalidad, el amor, la gracia y el fervor que has puesto en Héctor y Myriam, su esposa. Esta noche los estás reconociendo. Eso lo haces tú, Señor, es tu obra. Impongo manos en mi amigo, mi colaborador en el evangelio. Lo reconozco públicamente, como un hombre dotado, maduro y líder en el Cuerpo de Cristo. Y ordenamos a Héctor y Myriam para ejercer el ministerio de servicio, enseñanza, profecía y sanidad. En el nombre del Padre, del Hijo y del Espíritu Santo».

El profeta y pastor Ron Woodworth:
«El Señor te dice esto: Mi pueblo es destruido por falta de conocimiento. Más te estoy equipando con un conocimiento profético y con perspicacia. Donde te enviaré, vas a necesitar mi poder. Sabes que mi Hijo Jesús anduvo haciendo bienes y sanando a todos los oprimidos por el diablo. Esta noche te unjo a ti y a tu esposa, la compañera de tu juventud, con una doble unción para batallar contra principados y poderes y toda clase de espíritus de tinieblas. Aunque ahora están muy nerviosos. Dice el Señor: "Porque irás a donde te envío en el poder del evangelio del Cristo resucitado. No irás a defender el evangelio. Mi evangelio no es una fábula para discutir, sino un hecho que difundir, y lo declararás. Voy a traer una celebración a sus espíritus que levantará los techos en muchos lugares a donde te enviaré. Te envío para que abras las ventanas a un derramamiento de mi Espíritu que consuma la religiosidad y sea un sacrificio agradable para mí. Te movilizaré y activaré para un evangelio agresivo. Porque te estoy enviando a alcanzar a los perdidos y liberar a los cautivos"».

El pastor Leonard Griffin:
«Al escuchar lo que dice el Señor, fui incitado a recordarte la necesidad de levantar un equipo de intercesores que oren por ti. Todos necesitamos la oración, pero por la naturaleza de tu ministerio, necesitarás un cuerpo de intercesores que los cubra con oración diariamente. Personas que intercedan y se levanten en la brecha por ustedes. Estos deben venir no solo del ministerio hispano de tu congregación, sino de todo el Cuerpo de Cristo. El Señor desea oración intensa por ustedes por el potencial que les tiene preparado. Junten, pues, hombres y mujeres fieles, que les amen, y que se comprometan a estar en la brecha cada día por ustedes. Sobre todo cuando viajen, lo que harán con mucha frecuencia. Escucho al Espíritu de Dios decir: "Orad más y orad con fervor"».

El maestro Robert Blayter:
«La Palabra del Señor dice que al que es fiel en lo poco, mucho le será dado. Nadie es llamado a ser fiel en lo mucho cuando comienza a hacer algo. La promesa es entonces: "Serás fiel en lo mucho". Ha llegado la hora de ser fiel en lo mucho. En Lucas 14, la parábola del gran banquete afirma que un hombre rico hizo una gran cena e invitó a muchos, más nadie vino. Todos sus invitados tenían excusas. Envió pues a sus siervos a traer a los mancos, los cojos, los pobres y los ciegos. Habiendo hecho esto, le dijeron que todavía había lugar. Creo que tendrás un gran ministerio aquí y en Latinoamérica. Pero el Señor va a edificar con aquello que muchos han desechado. No tienes que buscar lo grande y poderoso. Dios te usará con un ministerio de restauración no solamente aquí sino mundialmente».

El pastor de pastores, Hal Sacks:
«Te veo como a un Josué joven. No eres de la generación antigua sino de la nueva. Y el Señor te dice: "Nadie se levantará y prevalecerá contra ti. Como estuve con mi siervo Moisés, así estaré contigo. No te dejaré ni desampararé. Esfuérzate y sé valiente. Una pareja valiente". Te veo como un león valiente. Como Aslán, el león de las crónicas de Narnia. Esfuérzate, porque harás que el pueblo conquiste su tierra. Llevarás a mi pueblo a la conquista, hombre de valor. Pero no irás solo. Los intercesores irán delante de ti y prepararán el camino. E irás y tomarás la tierra».

Dick Mills, profeta del Señor:
«"Ensancha el sitio de tu tienda, y las cortinas de tus habitaciones sean extendidas: no seas escasa; alarga tus cuerdas, y refuerza tus estacas. Porque te extenderás a la mano derecha y a la mano izquierda; y tu descendencia heredará naciones, y habitará las ciudades asoladas" (Isaías 54:2–3). Te extenderás a la mano derecha y a la izquierda. "E invocó Jabes al Dios de Israel, diciendo: ¡Oh, sí me dieras bendición, y ensancharas mi territorio, y si tu mano estuviera conmigo, y me libraras de mal, para que no me dañe! Y le otorgó Dios lo que pidió" (1 Crónicas 4:10). Señor, otórgale su pedido. El Señor va a unirlos en ministerio. Uno plantará la semilla, el otro la regará con lágrimas y oración, y Dios dará el aumento.

»Job 8:7 dice: "Y aunque tu principio haya sido pequeño, tu postrer estado será muy grande".

»El Señor me dio una visión de una roca que cae al agua y causa una ondulación. Como en Hechos 1:8, tu ministerio te llevará por esta ciudad, esta nación, por Norte América, Centro América y Sur América y a los confines de la tierra. Dios te permitirá llevar un ministerio milagroso alrededor del mundo. El Señor me dio una visión. En la próxima década, Héctor y Miriam serán levantados y el resultado será UN MILLÓN de católicos nacidos de nuevo y llenos del Espíritu Santo. ¡Aleluya!»

El fruto de la ordenación.

> "Mantengamos la confesión de nuestra esperanza firme, porque aquél que nos ha dado sus promesas, no nos fallará" (Hebreos 10:23, The Twentieth Century New Testament [Nuevo Testamento del siglo veinte]).

Han pasado unos siete años desde que me ordenaron al ministerio. La verdad es que las palabras proféticas que me dieron aquel día fueron más de lo que mi mente o mi corazón pudieron recibir y asimilar. Algunas me parecieron tan increíbles que francamente no veía cómo Dios podría convertirlas en realidad. Sin embargo, se cumplen día tras día. Creo que se han cumplido muchas, pero todavía no ha pasado una década. Actualmente, me mantengo firme en sus promesas, pues sé que Él no fallará. Como dice Habacuc 2:3: «Aunque la visión tardará aún por un tiempo, más se apresura hacia el fin, y no mentirá; aunque tardare, espéralo, porque sin duda vendrá, no tardará».

Desde aquel día, indudablemente Dios ha obrado y cumplido sus promesas. Durante los últimos cuatro años el Señor me ha enviado a ministrar su Palabra como maestro, evangelista y profeta a cuatro continentes y más de veinticinco naciones. Solo en 1995, viajé a cuatro continentes, ministré en dieciséis naciones y fui a ministrar a Latinoamérica otras tantas.

Los libros *Derribemos fortalezas* y *Desenmascaremos las tinieblas de este siglo* se han vendido por todo el continente. El Señor me ha llevado a ciudades y naciones para predicar y enseñar el mensaje profético de Dios en la década de los noventas: la guerra espiritual y la reconquista de ciudades y naciones para Cristo. Conferencias de oración, misiones de guerra espiritual, talleres, seminarios para líderes y pastores, consultas, campañas, radio, televisión, prensa y los libros han sido instrumentos que Dios me ha proporcionado para ministrar su evangelio. Para esto fui apartado por el Señor. Para esto fui ordenado.

Recientemente me invitó el liderazgo pastoral de la ciudad de Cali, Colombia, para ministrar en una vigilia de oración. Más de cincuenta y cinco mil personas se hicieron presentes aquella noche para interceder y alabar a Dios, y para guerrear por esa ciudad y por la nación.

Dios tiene un propósito con cada vida. Tiene un llamamiento para cada uno de nosotros. Si nos preparamos y somos fieles, nos apartará para el ministerio. Como lo instruye el profeta Habacuc, estas cosas han sido escritas y declaradas en tablas de papel para que sean leídas y para que corra al Señor el que las lea.

> Porque Dios no es injusto para olvidar vuestra obra y el trabajo de amor que habéis mostrado hacia su nombre, habiendo servido a los santos y sirviéndoles aún. Pero deseamos que cada uno de vosotros muestre la misma solicitud hasta el fin, para plena certeza de la esperanza, a fin de que no os hagáis perezosos, sino imitadores de aquellos que por la fe y la paciencia *heredan las promesas* (Hebreos 6:10–12).

El precio del liderazgo.

> *"Y Cristo, en los días de su carne, ofreciendo ruegos y súplicas con gran clamor y lágrimas al que le podía librar de la muerte, fue oído a causa de su temor reverente. Y aunque era Hijo, por lo que padeció aprendió la obediencia" (Hebreos 5:7–8).*

> *"Y el que no lleva su cruz y viene en pos de mí, no puede ser mi discípulo. Porque ¿quién de vosotros, queriendo edificar una torre, no se sienta primero y calcula los gastos, a ver si tiene lo que necesita para acabarla?" (Lucas 14:27–28).*

NADIE DEBE ASPIRAR A UNA POSICIÓN de liderazgo en la obra de Dios sin prepararse para pagar el precio que ella exige. El verdadero liderazgo demanda el todo de un individuo, y mientras más grande sea el llamamiento, más grande será el precio que hay que pagar.

El poder y el precio.

Las palabras de Jesús a sus discípulos respecto a la necesidad de estar dispuestos a pagar el precio de la cruz eran parte indispensable de la capacitación para la hora de su separación al ministerio.

> "Pero recibiréis poder, cuando haya venido sobre vosotros el Espíritu Santo, y me seréis *testigos* en Jerusalén, en toda Judea, en Samaria, y hasta lo último de la tierra" (Hechos 1:8, énfasis del autor).

Generalmente hemos puesto el énfasis de esta promesa en el *poder*, más la Escritura nos revela dos cosas: el poder para llevar a cabo la Gran Comisión, y el *precio* que estamos llamados a pagar. Ese es el precio: ser testigos.

La palabra *testigos* es traducción del vocablo griego *martur*, de donde proviene la palabra castellana mártir, uno que testifica con su muerte.

Esto no sugiere que todos debamos morir por el testimonio de Cristo. Sin embargo, Pablo nos aclara la necesidad de morir diariamente a sí mismo (1 Corintios 15:31), a nuestros deseos, a nuestros planes, a todo, por la causa de Cristo. El que es llamado a una posición de liderazgo tiene que morir cada día a sus emociones, a sus sentimientos y a sus pasiones. Esto testifica que lo que se predica es real y poderoso.

El sacrificio personal.

El sacrificio es parte del precio que se debe pagar. Hay una cruz en el camino del liderazgo espiritual; el líder debe estar dispuesto ser crucificado en ella. Evadir la cruz es perder el derecho al liderazgo. Las demandas del cielo son absolutas. El grado en que debemos permitir que la cruz de Cristo opere en nosotros será medido por el fruto de la resurrección evidente en nuestras vidas. ¿Estamos dispuestos a pagar el precio? ¿Estamos dispuestos a ser esclavos de todos? ¿Estamos dispuestos a llevar en nosotros las marcas del Calvario?

Muchas personas ven el ministerio como algo atractivo. Piensan que el ministro es alguien que puede viajar libremente y ser usado por Dios. Se imaginan a las multitudes en sitios exóticos. Sin embargo, la verdad es que muchos ministros cambiarían su puesto con aquellos que tienen un trabajo de lunes a viernes, de 9 de la mañana a 5 de la tarde; aquellos que tienen tiempo para dedicarle a su familia, a sus seres queridos.

Esto es claramente lo que vemos en el corazón de los apóstoles Jacobo y Juan. La enseñanza de Jesús a sus discípulos nos define la grandeza del que sirve.

> "Más Jesús, llamándolos, les dijo: Sabéis que los que son tenidos por gobernantes de las naciones se enseñorean de ellas, y sus grandes ejercen sobre ellas potestad. Pero *no será así* entre vosotros, sino que el que quiera hacerse grande entre vosotros será vuestro servidor, y el que de vosotros quiera ser el primero, será siervo de todos. Porque el Hijo del Hombre no vino para ser servido, sino para servir, y para *dar su vida* en rescate por muchos" (Marcos 10:42–45, énfasis del autor).

El apóstol Juan, el discípulo amado, aprendió esta lección y más tarde escribe en la primera de sus epístolas: «Él puso su vida por nosotros; también nosotros debemos poner nuestras vidas por los hermanos» (1 Juan 3:16).

La guerra del líder.

Desde el momento en que uno se propone servir a Dios, puede contar con problemas de toda índole. Las fuerzas del mal comienzan su oposición al soldado de Cristo probando su compromiso, su resistencia y su paciencia. El apóstol Santiago (hermano del Señor Jesucristo, líder de la iglesia en Jerusalén y uno de sus mártires reconocidos) dice: «Someteos, pues, a Dios; *resistid al diablo*, y huirá de vosotros» (Santiago 4:7).

La preparación del líder incluye lágrimas y pruebas. Todo esto es parte del desarrollo espiritual que nos prepara para enfrentar las presiones, decepciones, frustraciones, traiciones y tentaciones. El liderazgo cristiano no es algo fascinante; es *guerra espiritual*. Usted es parte del comando de un ejército que está en batalla contra los ejércitos de las tinieblas para poseer lo que el enemigo se ha robado. Usted está en guerra contra Satanás y el mundo.

Watchman Nee, el muy conocido apóstol de China, dijo: «La primera señal de un guerrero de Dios es que se mantiene firme cuando todos los demás caen por las presiones, el desánimo y la desesperanza de una situación».

Por eso es tan importante obedecer el mandato de Pablo en cuanto a tomar la armadura de Dios.

> "Por tanto, tomad la armadura de Dios, para que podáis *resistir* en el día malo, y habiendo acabado todo, *estar firmes*" (Efesios 6:13, énfasis del autor).

La Biblia Plenitud comenta respecto a este versículo: «Resistir, anthistemi[...] antiestamina[...] resistencia. El verbo sugiere oposición vigorosa, resistencia valiente, colocarse frente a frente contra un adversario, mantenerse uno en su terreno. *Anthistemi* nos dice que con la autoridad y las armas espirituales que nos son concedidas, podemos resistir a las fuerzas del mal». Así es la batalla del líder cristiano.

El propósito de las pruebas.

Los apóstoles nos enseñan algunas lecciones respecto a las pruebas en la vida del líder que se entrega a servir a Cristo.

- Pablo dice: «La persecución es inevitable para todos aquellos que se comprometen a vivir la verdadera vida cristiana (2 Timoteo 3:12, Phillips).
- Pedro afirma: «Amados, no os sorprendáis del fuego de prueba que os ha sobrevenido, como si alguna cosa extraña os aconteciese, sino gozaos por cuanto sois participantes de los padecimientos de Cristo, para que también en la revelación de su gloria os gocéis con gran alegría» (1 Pedro 4:12–13).
- Santiago declara: «Hermanos míos, tened por sumo gozo cuando os halléis en diversas pruebas, sabiendo que la prueba de vuestra fe produce paciencia» (Santiago 1:2–3).

Recuerdo una vez que pasé por una prueba muy difícil. Me acusaron de algo injustamente. Frustrado por las acusaciones y emocionalmente herido, me quejé ante mi pastor, esperando recibir consuelo. Mi sorpresa fue mayúscula cuando me contestó: «Cuánto me alegro de que esto te suceda. Todo lo que has hecho siempre te ha salido bien. Es necesario pasar por pruebas como esta para identificarnos con Cristo y con otros que pasan por una situación similar. Lo que aprendas de esto podrás enseñarlo a otros que el Señor ponga en tu camino».

El autor del libro a los Hebreos dice que algunos siervos del Señor vieron cosas maravillosas, «más otros fueron atormentados, no aceptando el rescate, a fin de obtener mejor resurrección. Otros experimentaron vituperios y azotes, y a más de esto prisiones y cárceles. Fueron apedreados, aserrados, puestos a pruebas, muertos a filo de espada; anduvieron de acá para allá cubiertos de pieles de ovejas y de cabras, pobres, angustiados, maltratados; de los cuales el mundo no era digno» (Hebreos 11:35–38).

Las adversidades que vienen al líder son parte del precio del liderazgo. Dios observa nuestras reacciones en tiempos de pruebas y adversidad. De ninguna manera quiero insinuar que para ser buenos líderes tenemos que buscar el sufrimiento. La vida de un cristiano nos lleva diariamente a enfrentar nuevas situaciones, pero las promesas de Dios son que en todas estas cosas somos más que vencedores por medio de aquel que nos amó y se entregó por nosotros (Romanos 8:37).

Las cicatrices son auténticas marcas de fidelidad y de servicio en la obra del Señor. Pablo declara que tiene en su cuerpo las marcas del Señor Jesús. Las cicatrices de ofensas, heridas, rechazo, maltrato, adversidades, son un recuerdo permanente de que Dios obró en medio de todas las situaciones para liberarnos de las garras del cazador.

> "Pero tenemos este tesoro en vasos de barro, para que la excelencia del poder sea de Dios, y no de nosotros, que estamos atribulados en todo, mas no angustiados; en apuros, mas no desesperados; perseguidos, mas no desamparados; derribados, pero no destruidos; llevando en el cuerpo siempre por todas partes la muerte de Jesús, para que también la vida de Jesús se manifieste en nuestros cuerpos[...] De manera que la muerte actúa en nosotros y en vosotros la vida[...] Porque todas

> estas cosas padecemos por amor a vosotros, para que abundando la gracia por medio de muchos, la acción de gracias sobreabunde para gloria de Dios" (2 Corintios 4:7–10, 12, 15).

Pablo afirma que el líder debe morir para que el pueblo de Dios viva. Los padecimientos son parte del ministerio por amor al rebaño de Dios, así como Cristo padeció por nosotros, porque nos amó con un amor incondicional dispuesto a pagar el precio del sacrificio.

Las siguientes son algunas de las cosas que un líder enfrenta:

La soledad.

Nietzche dijo que mientras más se acerca uno a la cumbre, más dura se hace la vida. La soledad y la responsabilidad aumentan simultáneamente. El apóstol Pablo fue un hombre que experimentó soledad. Pudo sentir plenamente la amargura de ser malentendido por sus compañeros, las mentiras de sus enemigos y el abandono de sus discípulos y amigos. En su epístola a Timoteo, habla de sus experiencias al respecto:

> "Ya sabes esto, que me abandonaron todos los que están en Asia, de los cuales son Figelo y Hermógenes" (2 Timoteo 1:15).

> "Porque Demas me ha desamparado, amando este mundo, y se ha ido" (2 Timoteo 4:10).

> "Solo Lucas está conmigo" (2 Timoteo 4:11).

> "Alejandro el calderero me ha causado muchos males" (2 Timoteo 4:14).

> "En mi primera defensa *ninguno* estuvo a mi lado, sino que *todos* me desampararon" (2 Timoteo 4:16).

El que es llamado a ser líder debe esperar los momentos de soledad. Son parte de la experiencia como siervo fiel de Dios.

La fatiga.

Los que dirigen el mundo son hombres cansados. Las crecientes demandas de suplir los recursos necesarios para el mantenimiento de la familia, junto con los compromisos en la iglesia y los quehaceres de la vida cotidiana consumen la energía y el tiempo. Los recursos económicos, físicos y emocionales son puestos a prueba. El ministerio requiere un desgaste de fuerzas, tiempo, recursos económicos, y la inversión de nuestra energía. Pablo estaba familiarizado con el secreto de cómo mantener el nivel de fortaleza necesario para continuar:

> "Por tanto, no desmayamos; antes aunque este nuestro hombre exterior se va desgastando, el interior no obstante se renueva de día en día" (2 Corintios 4:16).

> "No nos cansemos, pues, de hacer bien; porque a su tiempo segaremos, si no desmayamos" (Gálatas 6:9).

La crítica.

Toda persona llamada a ser líder será criticada. No hay, ni ha habido, líder exento a la crítica. Jesús, el único ser perfecto y sin mancha ni pecado, fue criticado aún por sus propios discípulos. La madurez de un líder será claramente vista en la manera en que acepta y reacciona ante la crítica, merecida o no.

La verdad es que si no somos lo suficiente maduros para aceptar las críticas y el rechazo, no estamos listos para el liderazgo. Si estamos muertos a nuestras emociones y a nuestro ego no reaccionaremos negativamente. Un cadáver no reacciona. Para ser líder debemos tener una de estas dos cosas: piel de elefante o coraza de tortuga. Los dardos del enemigo, lanzados por las personas, en algunos casos por los seres amados, deben solamente motivarnos a la oración. Nunca entre en conflicto con los que murmuran.

> "Haced todo sin murmuraciones y contiendas, para que seáis irreprensibles y sencillos, hijos de Dios sin mancha en medio de una generación maligna y perversa, en medio de la cual resplandecéis como luminares en el mundo" (Filipenses 2:14–15).

El rechazo.

El líder que mantiene altas normas espirituales con frecuencia se encontrará siguiendo al Maestro por el sendero del rechazo. «A los suyo vino, y los suyos no le recibieron» (Juan 1:11).

> "Despreciado y desechado entre los hombres, varón de dolores, experimentado en quebranto" (Isaías 53:3a).

> "Pero primero es necesario que padezca mucho, y sea desechado por esta generación" (Lucas 17:25).

Antes de esperar ver la gloria de Dios, necesitamos pasar por situaciones difíciles de resistir. Si ponemos nuestros ojos en Jesús, el autor y consumador de nuestra fe, y no en los hombres (Hebreos 12:2), y anticipamos las promesas de Dios con fe y paciencia, lograremos vencer todos los ataques del enemigo.

La persecución.

> "Bienaventurados los que padecen persecución por causa de la justicia, porque de ellos es el reino de los cielos. Bienaventurados sois cuando por mi causa os vituperen y os persigan, y digan toda clase de mal contra vosotros, mintiendo. Gozaos y alegraos, porque vuestro galardón es grande en los cielos; porque así persiguieron a los profetas que fueron antes de vosotros" (Mateo 5:10–12).

> "Más también si alguna cosa padecéis por causa de la justicia, bienaventurados sois. Por tanto no os amedrentéis por temor de ellos, ni os conturbéis" (1 Pedro 3:14).

Una de las cosas que los líderes y pastores deben estar dispuestos a enfrentar es la persecución. El cristiano norteamericano, por lo general, no espera una persecución que ponga en peligro su vida. Su tipo de persecución opera en el campo del vituperio, la crítica, la mentira; sin embargo, la persecución en muchos lugares del mundo, y particularmente en algunas naciones de Latinoamérica, puede resultar en martirio. Jesucristo y los mártires de la iglesia de los Hechos nos dan el ejemplo de esa clase de persecución.

El mundo persigue al cristiano por una simple razón. El hombre ama las obras de las tinieblas más que la luz, porque sus obras son malas, y aborrece la luz (Juan 3:19, 20). Satanás, obra por medio de seres malos y perversos que tienen su conciencia cauterizada, para perseguir y, en algunos casos, matar al cristiano que sirve a Dios. Hoy, al igual que en los tiempos de Jesucristo, la religión oficial es en la gran mayoría de los casos usada por el enemigo para perseguir a los siervos del Altísimo.

En naciones como Colombia y México la guerrilla está vinculada con la filosofía religiosa y política de la Teología de la Liberación. Y en Perú y en Cuba, con la filosofía del comunismo. En todas estas, la iglesia cristiana evangélica es víctima del flagelo del terrorismo.

Los siguientes datos fueron suplidos por el noticiero Ágape de Puertas Abiertas a América Latina.

En Colombia.

El presidente de la sociedad juvenil de la Iglesia Pentecostal de Colombia, en Ungía (Departamento del Choco), desapareció durante el reciente mes de abril.

Un joven predicador de apellido Sánchez, miembro de la iglesia adventista, fue asesinado al salir de un estudio bíblico en Turbo.

El 16 de abril de 1996, Javier Gómez, miembro de la iglesia pentecostal de Turbo, estaba en su casa con su familia cuando asesinos entraron en su aposento y frente a sus seres amados lo acribillaron a balazos.

El 22 de abril de 1996, a las seis y media de la tarde, Horacio Sucerquía, miembro de la iglesia de la Luz Divina, de la Asociación de Iglesias Evangélicas del Caribe, regresaba de su trabajo cuando fue vilmente asesinado. Horacio era uno de los ancianos gobernantes de la iglesia.

Manuel Amador, un líder muy amado de la comunidad y pastor de la Iglesia Cuadrangular en Chigorodo, Urabá, fue asesinado al atardecer del 12 de julio de 1995. Un día antes de un encuentro planificado con otros pastores de la región, para enviar un «comunicado oficial pidiendo socorro» al cuerpo de Cristo alrededor del mundo.

«Las lágrimas vertidas y la sangre de los mártires derramada en Colombia deben ser seguidas por una cosecha de gozo. Habrá cosecha si nos unimos a la iglesia colombiana como un solo cuerpo y oramos, junto con ellos, por muchos nuevos "revolucionarios", hombres y mujeres que tengan vida en Jesucristo. Si oramos, Dios enviará obreros a su gran mies. Colombia necesita visión, perdón, lágrimas y reconciliación con Dios y los hombres».

En México.

Más de treinta y dos mil creyentes han sido desalojados, amenazados, maltratados y asesinados en Chiapas.

En septiembre de 1994, dos familias que volvieron a Icalumtic, Chamula, fueron atacadas, resultando muertos Miguel López y Miguel Mendez. La jovencita Octavia Mendez, de catorce años de edad, fue violada por los caciques.

A precio de sangre y lágrimas, en un caso en el que los agresores siguen en libertad, se sentó el precedente del éxodo, y los cristianos al fin tenían representación en San Juan Chamula, después de tres décadas de exilio.

Al ir aumentando la presión de parte de varias entidades internacionales concerniente a la situación de los creyentes evangélicos en Chiapas, en septiembre de 1995, el gobierno declaró un cese al fuego. Ese mismo mes, Agustín Pérez López, fue secuestrado. Hubo testigos que identificaron a los agresores; pero las autoridades no tomaron cartas en el asunto, aun después que fue dada una orden de captura.

El 18 de noviembre de 1995, Domingo López Mendez fue asesinado cuando, por instigación de las autoridades, trató de ejecutar la orden de arresto a «Chiquito» Carranza, uno de los asesinos.

En San Cristóbal de las Casas, el hermano Miguel «Cashlan» Gómez, el primer creyente y predicador de los chamula (indígenas de la región) también llegó a ser el primer mártir».

En toda la región de Chiapas, Lacondones, Choles, Aguacatenango, San Cristóbal de las Casas, San Juan Chamula y otras más, los cristianos evangélicos son continuamente perseguidos por las autoridades locales y religiosas. Sin dudas, el problema en Chiapas es más que político. Es un problema espiritual, con raíces en la iglesia de la conquista y en la teología de la liberación. El presidente Ernesto Zedillo declaró públicamente que la iglesia de la conquista y los líderes sacerdotales de la comunidad eran en gran parte responsables por la crisis política en esa área de la nación.

La persecución de los evangélicos, y particularmente de los pastores y líderes en Latinoamérica, es un hecho, no una fantasía. Con el continuo crecimiento de la Iglesia en el continente, la persecución se incrementará y se hará más difícil e intensa. Tanto la religión como la guerrilla y las filosofías comunistas incrementarán la violencia al ver su causa debilitada debido a las almas cambiadas por el evangelio de Cristo. Este es el costo de seguir a Jesús. Es necesario estar dispuestos a menospreciar la vida hasta la muerte. ¿Cuál será la recompensa? «Vuestro galardón es grande en los cielos» (Mateo 5:12).

Recordemos las palabras del Espíritu Santo dadas por el apóstol Pablo a la iglesia en Éfeso:

> "Porque no tenemos lucha contra sangre y carne, sino contra principados, contra potestades, contra los gobernadores de las tinieblas de este siglo, contra huestes espirituales de maldad en las regiones celestes" (Efesios 6:12).

Las batallas del líder.

"Pelea la buena batalla de la fe, echa mano de la vida eterna, a la cual asimismo fuiste llamado, habiendo hecho la buena profesión delante de muchos testigos" (1 Timoteo 6:12).

"Porque no tenemos lucha contra sangre y carne, sino contra principados, contra potestades, contra los gobernadores de las tinieblas de este siglo, contra huestes espirituales de maldad en las regiones celestes" (Efesios 6:12).

"He peleado la buena batalla, he acabado la carrera, he guardado la fe" (2 Timoteo 4:7).

EN LA VIDA DE TODO CRISTIANO se presentan batallas que debe pelear a diario. Sin embargo, cuando el cristiano es un siervo de Dios llamado al ministerio, las batallas son aún más intensas porque sus resultados afectan más al Reino de Dios. Todo líder está en posición sensible a los ataques del maligno por su prominencia y su visibilidad.

Cuando una persona tiene un llamamiento de Dios, el enemigo trata de impedir que este se realice. Podemos ver en las Sagradas Escrituras, de Génesis a Apocalipsis, que Satanás mete sus narices en todo para impedir la voluntad de Dios y hacer tropezar a los líderes que Él levanta.

Cuando Satanás nos acusa.

Todos pecamos, eso no sorprende a nadie. Y pecamos a diario en una forma u otra. Pablo dice: «Todo lo que no proviene de fe, es pecado» (Romanos 14:23). La lucha contra el pecado es constante, y Satanás la utiliza para acabar con muchos ministerios. Trató de hacerlo con un sumo sacerdote muy importante de Israel.

Josué fue sumo sacerdote después del cautiverio. Dios tenía un llamamiento y un propósito con él. Debido a la importancia de su vida y su ministerio para los propósitos de Dios, era un blanco obvio para el enemigo. El profeta Zacarías describe una visión en la que Satanás, habiendo hallado pecado en Josué, se presenta ante el Señor para acusarlo.

"Me mostró al sumo sacerdote Josué, el cual estaba delante del ángel de Jehová, y Satanás estaba a su mano derecha para acusarle" (Zacarías 3:1).

Ciertamente Dios no permite ni tolera el pecado. Cuando un siervo del Señor permanece en pecado y no se arrepiente, Dios lo expone en público.

Este es el caso de hombres grandemente usados por Dios que en los últimos años han sido descubiertos en pecado y rehúsan someterse al consejo y la disciplina del presbiterio. Hoy día sus ministerios han dejado de existir prácticamente.

Cuán agradable sería para el Señor que los cristianos, y particularmente el liderazgo cristiano, hicieran lo que enseña la Palabra:

"Si confesamos nuestros pecados, Él es fiel y justo para perdonar nuestros pecados, y limpiarnos de *toda maldad"* (1 Juan 1:9).

Es maravilloso saber que Dios puede restaurar los ministerios. La Escritura dice que los dones y el llamamiento de Dios son irrevocables (Romanos 11:29). Leamos la continuación del relato de Zacarías:

"Y dijo Jehová a Satanás: Jehová te reprenda, oh Satanás; Jehová que ha *escogido* a Jerusalén te reprenda. ¿No es este un tizón arrebatado del incendio? Y Josué estaba vestido de vestiduras viles, y estaba delante del ángel. Y habló el ángel, y mandó a los que estaban delante de él, diciendo: Quitadle esas vestiduras viles. Y a él le dijo: Mira que he quitado de ti tu pecado, y te he hecho vestir de ropas de gala. Después dijo: Pongan mitra limpia sobre su cabeza. Y pusieron una mitra limpia sobre su cabeza, y le vistieron las ropas" (Zacarías 3:2–5, énfasis del autor).

Hermanos, ¡Dios no acepta las acusaciones del diablo contra sus siervos fieles, aun cuando ellos hayan pecado! Podemos ver claramente la actitud de Dios contra las acusaciones a un pastor, a un siervo de Dios. «Jehová te reprenda, oh Satanás; Jehová que ha escogido a este siervo te reprenda».

Las batallas personales, emocionales, ministeriales, económicas, etc., de un líder, son parte de su preparación y de su llamamiento. La manera en que reaccionemos a estos ataques es de suma importancia. Somos llamados a pelear. Satanás nos declaró la guerra y querrámoslo o no, seremos *víctimas* o *vencedores*.

Las herramientas del enemigo.

Aunque nuestra batalla no es contra seres humanos, es importante reconocer que a menudo los instrumentos que el enemigo usa para causar contiendas y divisiones son personas, y muchas de ellas cristianas. Como líderes somos llamados a pelear *por* nuestros hermanos y nuestras familias. Desafortunadamente, un gran número de nuestras batallas son causadas por nuestros propios hermanos en Cristo. Con frecuencia, son ellos los que nos traen los mayores conflictos y pruebas.

Alguien clamó al Señor con frustración diciendo: «Señor, el vivir con los santos en el cielo, eso sí será la gloria. Pero el vivir con los santos en *la tierra*, ¡eso sí es otra historia!»

Moisés se encontró en un momento de frustración como líder del pueblo de Israel. Las quejas y las murmuraciones del pueblo eran una carga demasiado pesada para él. Así que clamó al Señor, diciendo:

"No puedo yo solo soportar a todo este pueblo, que me es pesado en demasía. Y si así lo haces tú conmigo, yo te ruego que me des muerte, si he hallado gracia en tus ojos; y que yo no vea mi mal" (Números 11:14–15).

Todo pastor experimentará lo mismo durante su ministerio. El enemigo tiene éxito cuando hace que un miembro de la congregación tropiece, pero sus más grandes trofeos son los pastores y los ministerios, sobre todo cuando los ataques no son morales o éticos, sino relacionales y de celos o envidia ministerial.

El enemigo ha causado grandes estragos dentro del liderazgo ministerial en la actualidad. Y han venido del mismo Cuerpo de Cristo. Algunos cristianos se consideran la fuerza policial de la iglesia. Con tácticas no menos reprochables que las de la Gestapo, la KGB o la CIA, atacan sin misericordia a los que consideran sus enemigos porque no concuerdan con sus doctrinas.

La destrucción de líderes deja un rastro en el camino de seguidores confusos y quebrantados. Si el enemigo puede eliminar a un pastor, desparrama a las ovejas y devora a los corderitos.

Las artimañas del enemigo pueden ir de algo tan simple como hacer que un ministro pierda el enfoque de sus prioridades hasta llevarlo a valorar lo incorrecto en el momento inapropiado.

Observemos los estragos que aquellos más cerca de nosotros pueden causar cuando se levantan a batallar en nuestra contra.

Jesucristo y Judas Iscariote.

Jesucristo, el Buen Pastor, fue víctima de traición en el círculo íntimo de sus discípulos. En el momento más crítico de su ministerio, todos sus discípulos lo abandonaron (Mateo 26:56). Uno de sus líderes lo negó tres veces (Lucas 22:56–61). Judas Iscariote, su tesorero, lo vendió por treinta piezas de plata y lo entregó a sus enemigos con un beso (Lucas 22:47). La Biblia dice que Satanás entró en Judas (Lucas 22:30). El apóstol Juan nos hace ver la manera en que Satanás logró influenciar a Judas Iscariote. Le habló directo a su corazón. "Como el diablo ya había puesto en el corazón de Judas Iscariote, hijo de Simón, que le entregase" (Juan 13:2).

Pablo y Alejandro el calderero.

En la vida del apóstol Pablo hallamos numerosos ejemplos del tipo de batalla personal que tuvo que soportar. Uno de ellos tuvo que ver con Alejandro el calderero.

La primera mención de Alejandro se encuentra en una exhortación de Pablo a Timoteo:

> "Este mandamiento, hijo Timoteo, te encargo, para que conforme a las profecías que se hicieron antes en cuanto a ti, *milites* por ellas la buena milicia, manteniendo la fe y buena conciencia, desechando la cual naufragaron en cuanto a la fe algunos, de los cuales son Himeneo y Alejandro, a quienes *entregué* a Satanás para que aprendan a no blasfemar" (1 Timoteo 1:18–20).

En su segunda epístola a Timoteo, Pablo nuevamente se refiere a Alejandro. Esta vez nos da más detalles acerca de los resultados que tuvo al desechar la fe y la buena conciencia. Amonesta a Timoteo a tener mucho cuidado con él pues era usado por Satanás para hacerle daño.

> "Alejandro el calderero me ha causado muchos males; el Señor le pague conforme a sus hechos. Guárdate tú también de él, pues en gran manera se ha opuesto a nuestras palabras. En mi primera defensa ninguno estuvo a mi lado, sino que todos me desampararon; no les sea tomado en cuenta" (2 Timoteo 4:14–16).

Otra versión dice: «Me ha causado mucho daño, más la retribución del Señor caiga sobre él[...] Debes tener cuidado con él, porque violentamente se ha opuesto a lo que digo» (Weymouth). Aparentemente, Alejandro había levantado algún tipo de calumnia o blasfemia contra Pablo para causarle daño. Lo triste es que algunos de sus discípulos *creyeron* estas falsas injurias y desampararon al apóstol. Pablo declara que Dios lo libró de la boca del león (2 Timoteo 4:17), Satanás, el cual está siempre buscando a quien devorar.

Un hombre y su Alejandro.

Conozco personalmente la historia de alguien al cual llamaré Alejandro. Este se levantó contra el líder de su congregación y comenzó a calumniar al pastor. Visitaba la casa de todos los líderes de la congregación, acusando al pastor de inmoralidad. Lo interesante de este caso es que este joven no hacía mucho que había llegado a la iglesia, mientras que el pastor llevaba más de diez años en la obra y gozaba de un matrimonio estable por más de veinte años.

Lamentablemente, algunos de los líderes creyeron las calumnias del joven y confrontaron al pastor. Aceptar esas acusaciones expuso a esos líderes a una retribución del Señor. Pablo dice: «No les sea tomado en cuenta».

No creyendo que era suficiente el daño a la congregación, Alejandro empezó a llamar y a visitar a los pastores de la ciudad. Comenzó a levantar las calumnias ante el liderazgo de la comunidad cristiana. Ahora bien, este mismo joven se fue de la antigua iglesia a la que asistía porque había sido instrumento de una gran división, calumniando al pastor de homosexual. Como consecuencia de eso, su esposa lo abandonó y más tarde se divorció de él. El rastro de iglesias divididas por este joven incluía otras en diferentes ciudades.

Es triste pensar que algunos de los pastores de la ciudad, habiendo conocido y colaborado con este pastor por muchos años, creyeron en parte las blasfemias del joven. Gracias sean dadas al Señor por la amistad y fidelidad de otros pastores, los cuales prontamente lo llamaron para prevenirlo del Alejandro. Como Pablo a Timoteo, le pidieron guardarse de él. La sabiduría del presidente del concilio evangélico de la ciudad es envidiable. Cuando recibió la llamada acusadora del joven, le respondió: «Conozco al pastor, y sé quién es; pero, ¿quién es usted?»

En otro caso muy similar, un pastor en una ciudad de California, después de laborar fielmente por algunos años, fue acusado por la familia de una jovencita de abusar sexualmente de ella. La calumnia dividió a la iglesia y le causó un trauma emocional al pastor, que decepcionado abandonó el ministerio. Gracias al Señor, este pastor, después de trabajar secularmente por un tiempo, regresó al pastorado y tiene una linda y creciente congregación.

Son numerosas las batallas que libra un líder, particularmente, en el pastorado. Si muchos de aquellos que ven el ministerio como un escape al trabajo secular, o como algo fascinante, supieran el verdadero sacrificio que requiere el ministerio, cambiarían de opinión rápidamente.

En medio de todos los ataques del maligno, en medio de las batallas diarias que un líder enfrenta, podemos descansar solo en esto: el Señor es fiel. En medio de las circunstancias que le rodean y acechan, Pablo le da un consejo a Timoteo, el cual extiendo a todo pastor y a toda persona llamada a una posición de liderazgo espiritual.

"Pero el Señor estuvo a mi lado, y me dio fuerzas, para que por mí fuese cumplida la predicación, y que todos los gentiles oyesen. Así fui librado de la boca del león. *Y el Señor me librará de toda obra mala, y me preservará* para su reino celestial. A Él sea la gloria por los siglos de los siglos. Amén" (2 Timoteo 4:17–18, énfasis del autor).

Jezabel y Absalón.

"Pero tengo unas pocas cosas contra ti: que toleras que esa mujer Jezabel, que se dice profetisa, enseñe y seduzca a mis siervos a fornicar y a comer cosas sacrificadas a los ídolos" (Apocalipsis 2:20–21).

"Y se levantaba Absalón de mañana, y se ponía a un lado del camino junto a la puerta; y[...] robaba Absalón el corazón de los de Israel" (2 Samuel 15:2–6).

"Pero el Espíritu dice claramente que en los postreros tiempos algunos apostatarán de la fe escuchando a espíritus engañadores y a doctrinas de demonios, por la hipocresía de mentirosos que, teniendo cauterizada la conciencia" (1 Timoteo 4:1–2).

En uno de mis libros digo: «Satanás es el maestro del engaño. Parte de su estrategia es infiltrarse en la Iglesia para causar división, descontento, inmoralidad y promover falsas ideologías. En gran medida logra su objetivo asignando espíritus engañadores y acusadores que impiden el crecimiento numérico y espiritual de las iglesias locales».

En mis viajes por toda Latinoamérica he encontrado numerosos pastores y líderes que han batallado contra los espíritus de Jezabel y Absalón en sus congregaciones. En muchas naciones a las cuales he ido a ministrar, se me han acercado pastores y líderes para agradecerme por escribir el libro *Derribemos fortalezas*. En el mismo, descubrimos los espíritus desencadenados para atacar la Iglesia. Indudablemente, dos de los más viles son los de Jezabel y Absalón.

Desde un sitio al que llamaría los confines de la tierra—Pedro Juan Caballero, en las fronteras entre Paraguay y Brasil—hasta Seúl, Corea, esos pastores me comentan que sus iglesias estaban bajo un severo ataque del enemigo. No sabían cómo identificar lo que sucedía, y mucho menos cómo batallar contra eso, hasta que el Señor puso en sus manos mi libro. Gracias a este, pudieron batallar y salir victoriosos de esos ataques.

Es mejor aprender por los errores de otros que por los nuestros. Es menos doloroso. Escribo este capítulo para que mis experiencias puedan ayudarle a aprender cómo batallar contra estos devastadores espíritus que Satanás usa para tratar de destruir hombres y mujeres de Dios, congregaciones enteras e indirectamente al Cuerpo de Cristo.

Es necesario aprender cómo operan estos espíritus y cómo identificarlos. Los pasajes citados para iniciar este capítulo son valiosos para mostrarnos el *modus operandi* de ellos. Para información más detallada en cuanto a estos y otros espíritus desencadenados contra la iglesia, véanse los capítulos 8 al 11 del libro *Derribemos fortalezas*.

El espíritu de Absalón.

El espíritu de Absalón, como el hijo de David, es independiente, no quiere someterse a las autoridades que Dios ungió. Intenta usurpar la autoridad, e incita a los demás a rebelarse y reemplazar al pastor que Dios llamó para guiar el rebaño.

Este modo de operar procede del corazón de Satanás. Como cuando Lucifer se llenó de soberbia y se rebeló contra Jehová, que logró persuadir a un tercio de los ángeles a que se levantaran contra la autoridad divina. Si Satanás usó esa estrategia en el mismo cielo, cuánto más lo continuará haciendo hoy en la casa de Dios.

La Biblia declara que Absalón era alabado por su hermosura. Dice que desde la coronilla hasta la planta de los pies, no tenía ningún defecto. Qué coincidencia que Lucifer, también enamorado de su propia belleza, cayó en la misma soberbia y se sobreestimó por encima de Dios (Ezequiel 28:15). Absalón «era un hombre manipulador, vengativo y orgulloso[...] y deseaba ser reconocido».

El espíritu de Jezabel.

«El nombre Jezabel significa sin cohabitar, es decir, rehúsa habitar con otros. El espíritu de Jezabel es muy independiente, intensamente ambicioso y no se somete ni desea traer unidad sino división. Es un espíritu que quiere controlar y dominar las relaciones. Solamente se somete o se hace siervo cuando le conviene para ganar alguna ventaja estratégica.

Este espíritu no es exclusivo en las mujeres, aunque predomina y es atraído a la siquis femenina. Tiene la habilidad de *manipular* sofisticadamente sin el uso de fuerza alguna. Ataca en especial a las mujeres que están amargadas con los hombres porque han sido desechadas, abandonadas o maltratadas por ellos. Opera a través de aquellos que por su inseguridad, celos y vanidad desean controlar a otros».

Hace algunos años el hermano Dick Bernal, pastor de una iglesia de más de 4000 miembros en San José, California, escribió un libro con el título de este capítulo.

Dick, que es miembro de la Red de Guerra Espiritual, ha escrito varios libros sobre este tema, incluyendo *Come Down Dark Prince* [Bájate príncipe de tinieblas] y *Storming Hell's Brazen Gates* [Asalto a las desvergonzadas puertas del infierno].

En una ocasión me comentó el furioso ataque del que fue víctima cuando estos dos espíritus se manifestaron en su congregación para destruir su ministerio y dividir la iglesia. Las calumnias que le levantaron fueron tantas que me dijo: «De lo único que no me acusaron fue de ser el hijo de Hitler; tal vez por mi apellido hispano». Creo que la gran mayoría de pastores, no importa su teología o denominación, han sido o serán víctimas de estos espíritus. Gracias al Señor que en estas situaciones, Él siempre interviene a favor del justo.

Absalón y Jezabel, alianza infernal.

Hace algunos años, cuando pastoreaba la Iglesia Palabra de Gracia, me encontré en una situación que tal vez ha sido la más difícil de mi ministerio. El día de mi ordenación, el Espíritu de Dios dijo que los ojos del enemigo se habían abierto a nuestro llamado pero que Él nos había dado la unción para batallar contra principados y potestades y toda clase de espíritus de tinieblas. Estas promesas me dieron la fe para perseverar y finalmente triunfar en este severo ataque. Es importante enfatizar, que a través de toda esta situación, los intercesores y muchos de nosotros mantuvimos un espíritu de intercesión continua en guerra espiritual.

Un día recibí una llamada de una persona que necesitaba ayuda económica y matrimonial. El individuo que llamaba, era un ex pastor de una pequeña congregación que conocí en una reunión de pastores. Daba la impresión de que acababa de llegar a la ciudad y no era conocido. Prontamente le asesoré por teléfono y le prometí enviarle a uno de nuestros líderes que trabajaba con los matrimonios en la iglesia, el cual le daría más tiempo de asesoramiento y le llevaría dinero para ayudarle en su necesidad.

Según este joven, no sabía por qué su esposa lo abandonó, y pidió nuestra ayuda para resolver la crisis. Después de varias semanas de asesoramiento y consejería, el joven comenzó a congregarse en nuestra iglesia. Por cierto, tenía una excelente apariencia física. Su personalidad carismática y sus muchos talentos lo hacían una persona muy atractiva, agradaba no solo a muchas hermanitas solteras sino también a algunas de las casadas.

Ignorante de lo que ahora sé, quise aprovechar sus talentos musicales y también ponerlo a predicar. Con la experiencia pastoral que tenía, y como hijo de pastor que era, fue el candidato ideal para capacitar como mi asistente. Veía sus talentos y no su carácter. El hecho de que acababa de divorciarse debió ser una alarma a mi espíritu. No puse atención a las palabras de Pablo:

> "Ahora bien, *se requiere de los administradores*, que cada uno sea hallado fiel" (1 Corintios 4:2)

Cuántos dolores de cabeza y padecimientos pude evitar si solo hubiera puesto en práctica esa escritura. El *requisito* para cualquier persona en posición de liderazgo es que sea hallado fiel, y la fidelidad se demuestra a través de los años.

En poco tiempo, el joven, con su carisma, se ganó el favor del liderazgo y un domingo, en una reunión de líderes, votaron para encargarlo del departamento de evangelización. Se encontró de pronto en una posición que le abrió las puertas a los hogares del resto del liderazgo.

Durante ese tiempo, una pareja de la congregación tenía serios problemas matrimoniales. Sin querer someterse al asesoramiento de la iglesia, la joven esposa le pidió ayuda a este individuo que, como debemos recordar, acababa de divorciarse. Sin autorización ni consulta alguna, el joven empezó a visitarla en su casa o la veía fuera de la iglesia para aconsejarla. La hermana se lo contó a otra mujer que estaba pasando por una situación similar y pronto eran dos mujeres casadas las que se encontraban con él para recibir consejo.

Al enterarme de la situación, lo confronté y lo llamé a cuentas. Cuando le pregunté si estaba asesorando a esas mujeres, me respondió afirmativamente. Después de reiterarle que en nuestra congregación ningún hombre estaba autorizado a aconsejar a una mujer, y que esa era la responsabilidad de las ancianas y de las viudas del ministerio matrimonial, me contestó que toda su vida lo había hecho como su padre lo hacía en su iglesia. Entonces le dije: «Ni yo, que soy el pastor principal, aconsejo a una mujer a no ser que su esposo esté presente. Si eso no es posible, mi esposa o un anciano de la iglesia están presentes. La Biblia nos exhorta a no dar oportunidad al enemigo, a no abrirle puertas y a abstenernos de toda *apariencia* de mal». Le prohibí continuar haciéndolo y contacté a las dos mujeres para reprenderlas e instruirlas que desde ese momento en adelante, todo asesoramiento tenía que ser conforme a las normas de la iglesia.

Al poco tiempo, la primera joven despidió a su esposo y lo sacó de su casa. Sin yo saberlo, las dos mujeres continuaron reuniéndose con el joven y atendiéndole en sus necesidades.

Esto continuó por un tiempo. El joven marido insistió en reconciliarse con su esposa, pero ella no quería nada con él. Hasta la encontró en el apartamento del joven varias veces. Ella le decía que allí recibía consejo. Un triste día, mi esposa, mis hijas, la congregación y yo, supimos que el joven marido se había suicidado.

Su muerte fue traumática para toda la congregación. Había sido la primera alma que ganamos para Cristo al comenzar la iglesia. Todos lo amaban. Era servicial, bromista, juguetón, amable y muy humilde. Fue una gran pérdida. Las lágrimas y el dolor afectaron mucho a toda la congregación.

Las acusaciones, la murmuración y el chisme explotaron. Por casualidad o por designio, el joven responsable de todo se fue de la ciudad por varias semanas. Al regresar, como Absalón contra su padre David, empezó a visitar los hogares de los líderes. Levantó calumnias contra mí y contra mi esposa. Durante este tiempo varios pastores nos notificaron de cosas alarmantes de las que nos acusaba tanto a mí como a varias parejas de la iglesia. Al mismo tiempo, algunos de los líderes, persuadidos por ese espíritu infernal, pidieron una cita para reunirse conmigo. La cita era para confrontarnos con las acusaciones. Durante la reunión, dos amados y fieles siervos y líderes se levantaron en nuestra defensa. Uno de ellos es el padre de la joven influenciada por Jezabel.

Después de ver las pruebas que teníamos de parte de varios de los pastores locales y de reconocer la falta de madurez y sabiduría de estos tres líderes que habían venido con preguntas, oramos y encomendamos al Señor la situación. A los pocos días, todo el liderazgo de la iglesia se reunió. Después de orar y ayunar, excomulgamos a este individuo y lo quitamos oficialmente del liderazgo. Como iglesia, teníamos una norma disciplinaria para situaciones como esta. Seguido todos los pasos necesarios, nos hallamos en el punto de entregarlos a la justicia del Señor.

Cuando se le notificó a la congregación de la situación, se presentó una crisis en la iglesia. Algunas familias optaron por irse, incluyendo parte del liderazgo. Satanás había logrado infiltrarse para hurtar, matar y destruir. Absalón y Jezabel lograron una muy limitada victoria.

Al poco tiempo, los dos individuos usados por Absalón y Jezabel contrajeron matrimonio.

Han pasado algunos años desde que eso sucedió. Las cicatrices de la tragedia todavía no han sido totalmente sanadas. Un padre y su hija han permanecido separados desde entonces, pues no ha habido un reconocimiento del error ni un arrepentimiento. El trauma emocional por la pérdida de aquel amado joven permanece en muchos. Hace poco, mi nietecita de siete años me dijo: «Abuelito, fulano (no mencionaré su nombre) me hace falta». A mí también me hace falta.

"Más gracias sean dadas a Dios, que nos da la victoria por medio de nuestro Señor Jesucristo. Así que, hermanos míos amados, *estad firmes y constantes*, creciendo en la obra del Señor siempre, sabiendo que vuestro trabajo en el Señor no es en vano" (1 Corintios 15:57–58).

La justicia de Dios.

"Mía es la venganza y la retribución; a su tiempo su pie resbalará, porque el día de su aflicción está cercano, y lo que les está preparado se apresura. Porque Jehová juzgará a su pueblo" (Deuteronomio 32:35–36a).

"No os venguéis vosotros mismos, amados míos, sino dejad lugar a la ira de Dios; porque escrito está: Mía es la venganza, yo pagaré, dice el Señor" (Romanos 12:19).

"Pues conocemos al que dijo: Mía es la venganza, yo daré el pago, dice el Señor. Y otra vez: El Señor juzgará a su pueblo" (Hebreos 10:30).

TODO LÍDER DEBE SABER que el enemigo va a tratar de destruir su vida, ministerio, familia y congregación. Como dijimos en los últimos capítulos, muchas veces el ataque viene del interior de la misma iglesia. Satanás usa cristianos que no tienen ni la madurez, ni la sabiduría, ni el conocimiento de las Escrituras para poder discernir que son usados como instrumentos del maligno para hurtar, matar y destruir.

Nuestras reacciones a estos ataques determinan el nivel de nuestra *madurez*. Ya mencioné que la madurez del cristiano no se revela por lo que Dios hace a través de esa persona, sino en la forma en que reacciona en tiempos de crisis. Es decir: Nuestra madurez espiritual se mide, no por nuestras acciones, sino por nuestras reacciones.

Tres veces nos dice el Señor: «Mía es la venganza, y la retribución, yo pagaré».

Cuando seamos víctimas de ataques por parte de hermanos en Cristo, seres en los cuales hemos invertido amor, tiempo y recursos, recordemos que nuestro conflicto *no es* contra sangre y carne. No debemos lanzarnos a la defensa y combatir a los que nos atacan, sino descubrir y luchar contra las fuerzas que yacen *tras* el ataque, recordando siempre lo que dice la Palabra:

"No devolviendo mal por mal, ni maldición por maldición, sino por el contrario, bendiciendo, sabiendo que fuisteis llamados para que heredaseis bendición" (1 Pedro 3:9).

Dios es nuestro abogado.

El profeta Jeremías, como muchos de los siervos de Dios, fue víctima del sufrimiento causado por el pecado. El libro de Lamentaciones es un tesoro literario del sufrimiento como castigo del pecado. En medio del sufrimiento, el profeta descarga su quebranto y su aflicción en el Altísimo. Su confianza en medio de la crisis está puesta en su *abogado*, aquel que lo defiende de toda acusación.

Lo maravilloso de este abogado es que no solamente defiende, sino, que también juzga y declara sentencia.

> "Abogaste, Señor, la causa de mi alma; redimiste mi vida. Tú has visto, oh Jehová, mi agravio; defiende mi causa. Has visto toda su venganza, todos sus pensamientos contra mí. Has oído el oprobio de ellos, oh Jehová, todas sus maquinaciones contra mí. Los dichos de los que contra mí se levantaron, y su designio contra mí todo el día[..] Dales el pago, oh Jehová, según la obra de sus manos" (Lamentaciones 3:58–62, 64).

Abogado tenemos para con el Padre.

> "Hijitos míos, estas cosas os escribo para que no pequéis; y si alguno hubiere pecado, abogado tenemos para con el Padre, a Jesucristo el justo" (1 Juan 2:1)

Algunos creen que este versículo afirma que aunque estemos en pecado, Jesucristo es nuestro abogado. Jesús no defiende el pecado; Él vino a pagar el precio del pecado y a clavarlo en la cruz. Los versículos previos dicen que todos pecamos, mas, si nos arrepentimos del pecado y lo confesamos a Él y a aquellos contra los que pecamos, Él es justo para perdonar cualquier clase de pecado. Por lo tanto, su defensa depende de la confesión de nuestros pecados. La confesión es parte del proceso de arrepentimiento en el que vamos ante Dios y ante otros para reconocer nuestras faltas y pedir perdón. Santiago dice: «Confesaos vuestras ofensas unos a otros, y orad unos por otros» (Santiago 5:16).

Cuando la ofensa y el pecado vengan, y tarde o temprano vendrán, debemos arrepentirnos con rapidez para evitar el juicio de Dios. Cuando confesamos nuestro pecado, «la sangre de Jesucristo su Hijo nos limpia de todo pecado» (1 Juan 1:7). Dios nos declara justos. Jesús entonces toma su posición como nuestro abogado para defendernos contra toda acusación que llegue a los oídos del Padre celestial. Jesucristo el justo aboga por justicia para el justo y castigo para el injusto.

Tarde o temprano, el enemigo atacará a todo líder en el Cuerpo de Cristo. Es parte del precio del liderazgo. Qué maravilloso es poder descansar en la promesa de que Dios hará justicia y Jesucristo, nuestro abogado, está a nuestra mano derecha.

La justicia de Dios.

> "¿Y acaso Dios no hará justicia a sus escogidos, que claman a Él día y noche? ¿Se tardará en responderles? Os digo que pronto les hará justicia" (Lucas 18:7–8a).

Las consecuencias del pecado contra otros, sobre todo contra aquellos que Dios ha llamado y puesto en una posición de autoridad, son severas y rápidas. Proverbios 12:21 dice: «Ninguna adversidad acontecerá al justo; más los impíos serán colmados de males». El Señor Jehová es el Dios de la justicia, y se muestra prontamente para hacerla (Salmo 94:1–2).

El libro de Proverbios nos revela la rapidez con la que Dios defiende a sus siervos de los labios de los que procuren causarnos el mal (Proverbios 6:12–13).

> "Perversidades hay en su corazón; anda pensando el mal en todo tiempo; siembra las discordias. Por tanto, *su calamidad vendrá de repente; súbitamente* será quebrantado, y no habrá remedio" (Proverbios 6:14–15).

Un testimonio personal.

Hace algunos años, contraté a un cristiano para construir una casa para mi familia. Este hombre era un contratista general y lo conocía porque era su banquero. Después de pagarle la cantidad total del contrato, abandonó la construcción cuando aún le faltaba terminar una cuarta parte de la obra. Tuvo muchos gastos adicionales por no supervisar a los obreros. No solo abandonó la obra, sino que hipotecó la propiedad por un valor excedente a la cantidad de $40.000. Seguidamente entabló una demanda por la cantidad de la hipoteca, levantando toda clase de falsas acusaciones por medio de sus abogados.

Basándome en las Escrituras (1 Corintios 6:1–8), contraté a otro abogado solo para defenderme. En ningún momento permití que acusara a este individuo por las violaciones de su contrato. Ni tampoco para tratar de recuperar la cantidad de dinero que me costó terminar la obra. Mi verdadera defensa era el Señor, al cual elevaba mis súplicas continuamente. Sabía que Él era mi justicia y Él pagaría. El Señor me guió al Salmo 35, y mi esposa y yo nos unimos en oración todas las noches y cada amanecer. Nuestro clamor al Señor era el mismo del salmista: «Disputa, oh Jehová, con los que contra mí contienden; pelea contra los que me combaten» (Salmos 35:1). Este salmo llegó a ser nuestra oración diaria hasta que vimos la victoria.

En menos de seis meses, mi acusador fue a la bancarrota. Perdió su negocio. No tenía con qué pagar al abogado que contrató para enjuiciarme, y finalmente reconociendo la mano de justicia divina, vino a pedirnos perdón a mi esposa y a mí. Luego le extendí varios préstamos para que pudiera levantar su negocio de nuevo.

Los justos y los injustos.

> "Sabe el Señor librar de tribulación a los justos" [Moffat]
>
> "Y mantener a los injustos bajo castigo hasta el día del juicio (American Standard)
>
> "Pero especialmente a aquellos que acceden a su naturaleza carnal y se entregan a pasiones que los contaminan y desprecian la autoridad," (Godspeed)
>
> "estos son arrogantes y presuntuosos," (Phillips)
>
> "no temiendo el hablar mal de los que están en autoridad." (Norlie)

Según Pablo, los injustos son aquellos que no son creyentes y no han sido justificados por el lavamiento de la sangre de Cristo. Pero en la segunda parte del texto se refiere a cristianos carnales que se levantan en rebelión dentro de la iglesia. El Señor mantiene bajo juicio a los injustos hasta que les llegue la hora del juicio, pero mucho más a los cristianos que se levantan en contra de los que están en autoridad. Pablo denota que es aún peor cuando son creyentes.

He descubierto, en el ministerio, que los que más han tratado de perjudicarme son los cristianos carnales que no están en comunión con Dios. Estas personas se sienten miserables y quieren que los demás sientan lo mismo. A menudo son los que más se les ha ayudado y en quienes se ha invertido mayor tiempo.

La Biblia habla de personas «arrogantes y presuntuosas, no temiendo hablar mal de los que están en autoridad». Esto le puede suceder a los que no están en comunión con

Dios ni con sus líderes. Piensan que saben más que los que están en autoridad y no temen criticar y murmurar. Con frecuencia se enorgullecen como Lucifer y se llaman a sí mismos al ministerio, o tratan de crearse una posición de liderazgo. El enemigo entonces los usa para traer confusión y dividir la iglesia a la que asisten.

Testimonio de una iglesia.

> "Seis cosas aborrece Jehová, y aun siete abomina su alma: Los ojos altivos, la lengua mentirosa, las manos que derraman sangre inocente, el corazón que maquina pensamientos inicuos, los pies presurosos para correr al mal, el testigo falso que habla mentiras, y *el que siembra discordia* entre hermanos" (Proverbios 6:16–19).

Conozco a un pastor que fue atacado por los espíritus de Absalón y Jezabel en su congregación. Sus atacantes le acusaron con lenguas mentirosas y corazones que maquinaban pensamientos inicuos. Fueron prontos y presurosos a causar mal, levantaron falsos testimonios y sembraron discordia entre los hermanos. Fueron culpables de cinco de las siete abominaciones ante el Señor.

La pronta justicia del Señor comenzó a manifestarse para aquellos que no se arrepintieron.

Una pareja matrimonial que participó en esos pecados, sufrió rápidamente severas consecuencias. A los pocos meses de abandonar la iglesia en disensión, pecado y división, la mujer quedó embarazada en adulterio con uno de sus empleadores; ambos perdieron sus trabajos; les quitaron su auto por falta de pago y finalmente perdieron su casa. Hasta la fecha, según me han informado, no se han arrepentido y continúan con muchas dificultades.

Otra mujer que participó en lo mismo, sufrió un accidente automovilístico al poco tiempo. Después que se le dijo que se arrepintiera, rehusó hacerlo. Más tarde, tuvo otro accidente automovilístico. Esta vez sufrió severas heridas que le causaron un daño permanente en una de sus piernas. La compañía de seguro no le pagó por los daños y, como consecuencia, perdió su automóvil y único medio de transporte. Luego perdió su trabajo y fue despedida del sitio donde vivía. Hoy, vive en la casa de su familia. No tiene un sitio al cual llamar su hogar.

Dos familias que se fueron de la iglesia en esa división sufrieron las consecuencias de su pecado con sus hijos. Las iniquidades de los padres visitan a los hijos hasta la tercera y cuarta generación (véase Deuteronomio 5:9). Una de las hijas de cada una de estas familias quedó embarazada por fornicación.

Comenzaron su propia obra en el espíritu de Absalón. Dios no la ha bendecido ni la bendecirá. Toda labor que nace de división y fuera de la voluntad de Dios, es en vano. Es primeramente necesario que venga un verdadero arrepentimiento de corazón.

Lo más triste de todo esto es que creen que no han hecho mal, que no tienen por qué arrepentirse. Leamos un Proverbio que explica esto:

> "Todo camino del hombre es recto *en su propia opinión*; pero Jehová pesa los corazones" (Proverbios 21:2, énfasis del autor).

La palabra *pesa* en el texto hebreo viene del peso de una balanza. Es decir, el Señor mide la balanza con los motivos del corazón y determina justicia.

Recordemos el consejo de Jesucristo a sus discípulos:

> "Guardaos de los falsos profetas, que vienen a vosotros con vestidos de ovejas, pero por dentro son lobos rapaces. Por sus frutos los conoceréis. ¿Acaso se recogen uvas de los espinos, o higos de los abrojos?" (Mateo 7:15–16)

El temor a Dios nos debe impedir juzgar o enjuiciar a otros, *aun* cuando haya pecado en la vida de un individuo. Nuestro deber hacia los que están en pecado es restaurarlos con espíritu de mansedumbre. Muchos cristianos cometen un grave error al considerarse por encima del pecado. Estos son los primeros en criticar y enjuiciar al hermano que cae en pecado. El apóstol Pablo escribe por revelación del Espíritu Santo a la iglesia en Roma:

> "Pero tú, ¿por qué juzgas a tu hermano? O tú también, ¿por qué menosprecias a tu hermano? Porque todos compareceremos ante el tribunal de Cristo ... De manera que cada uno de nosotros dará a Dios cuenta de sí. Así que, ya no nos juzguemos más los unos a los otros, sino más bien decidid no poner tropiezo u ocasión de caer al hermano" (Romanos 14:10, 12–13).

Hace algunos años un famoso televangelista acusó públicamente a un hermano de cometer pecados de inmoralidad. Exigió que el acusado se sometiera a las autoridades de su denominación y que fuera despojado del ministerio. Tristemente, este hermano acusador al poco tiempo fue detenido por la policía con una prostituta y con revistas pornográficas en su auto. Luego rehusó someterse a la disciplina de su denominación, se ausentó de su posición ministerial por solo un breve período y regresó a su ministerio, *sin* arrepentirse públicamente de las acusaciones que le hizo al otro hermano en Cristo.

Poco tiempo después, este famoso televangelista fue detenido una vez más, en la misma ciudad y por el mismo delito. Hoy, su ministerio ha perdido toda credibilidad.

> "No juzguéis, para que no seáis juzgados. Porque con el juicio que juzgáis, seréis juzgados, y con la medida que medís, os será medido" (Mateo 7:1–2).

Un obstáculo al Evangelio.

"Entonces respondiendo Jesús les dijo: ¿no erráis por esto, porque ignoráis las Escrituras, y el poder de Dios?" (Marcos 12:24).

"Y cuando llegó cerca de la ciudad, al verla, lloró sobre ella, diciendo; ¡Oh, si también tú conocieses, a lo menos en este tu día, lo que es para tu paz! Mas ahora esta encubierto de tus ojos ... por cuanto no conociste el tiempo de tu visitación" (Lucas 19:41–42, 44b).

SE LE PREGUNTÓ A UN LÍDER de la Iglesia «¿Por qué la Iglesia de hoy no tiene el poder de la del libro de los Hechos? ¿Será ignorancia o apatía?» Este respondió: «No sé, ni me importa».

La predisposición mental es una fortaleza espiritual de género ideológico y es el mayor obstáculo para el desarrollo espiritual, emocional, y material. Cuando tenemos predisposiciones mentales, impedimos que Dios obre en cuanto a nuestro crecimiento y madurez espiritual. La mente predispuesta pone freno al mover de Dios. En vez de ayudar a edificar y construir la obra del Señor, destruye lo que Dios está haciendo.

Pero ¿qué es una *fortaleza espiritual de género ideológico? Gary Kinnaman en su libro Venciendo el Dominio de las Tinieblas* dice: «Las fortalezas ideológicas tienen que ver con el dominio que Satanás ejerce sobre el mundo a través de filosofías que influyen en la cultura y la sociedad». Esta clase de fortaleza influye también en la Iglesia. Conduce al creyente a una forma de pensar que le impide ver o recibir algo que no concuerde con sus ideas preconcebidas.

La palabra *predisposición* significa predeliverar o predeterminar. Según el *Diccionario ilustrado de la lengua española*, significa: «El acto de disponer anticipadamente, preparar para un fin, ya una cosa, ya el ánimo de una persona». Por lo tanto, una predisposición mental es una idea predeterminada de cómo algo es o debe ser. Con frecuencia, debido a diferentes causas, nos formamos una opinión o idea que nos impide oír lo que Dios trata de decirnos. Esto causa un bloqueo mental que nos impide escuchar al pastor, al hermano, al maestro, al evangelista, al profeta. Estas fortalezas cierran nuestro entendimiento. A menudo son la causa de divisiones en la iglesia, de ofensas entre hermanos y de contiendas.

En 2 Corintios 10:3–5, Pablo indica que parte de las fortalezas que tenemos que destruir en nuestras vidas son argumentos (filosofías), y todo lo que se levanta contra el *conocimiento* (revelación) de Dios, llevando cautivo o atando *todo pensamiento* (predisposición mental) a la *obediencia* a Cristo. La palabra obediencia del griego *hupakoe* significa escuchar atentamente, oír con sumisión condescendiente, asentimiento y acuerdo. En otras palabras, si nos descuidamos, nuestras filosofías pueden ir en contra de la revelación y nuestra predisposición mental cortará la posibilidad de escuchar a Dios atentamente.

La predisposición mental de los fariseos.

> "Y cuando llegó cerca de la ciudad, al verla lloró sobre ella, diciendo: ¡Oh, si también tú conocieses, a lo menos en este tu día, lo que es para tu paz! Mas ahora está encubierto de tus ojos. Porque vendrán días sobre ti, cuando tus enemigos te rodearán con vallado, y te sitiarán, y por todas partes te estrecharán, y te derribarán a tierra, y a tus hijos dentro de ti, y no dejarán en ti piedra sobre piedra, *por cuanto no conociste* el tiempo de tu visitación" (Lucas 19:41–44).

Tal vez el ejemplo más evidente de una predisposición mental es la del pueblo judío. Los profetas habían anunciado la venida del Mesías para establecer su reino, un reino de la descendencia de David y Salomón que traería, paz, libertad y liberación. Los líderes religiosos, los fariseos y los saduceos, malinterpretaron las promesas a Abraham, Isaac y Jacob y el anuncio de la venida del Mesías que vendría a establecer un reino. Basados en sus circunstancias, se formaron una opinión distinta. Esperaban a un Mesías que vendría a derrotar a los ejércitos opresores del Imperio Romano. Después sería establecido un reino nacional para el pueblo de Israel.

El apóstol Pablo, tratando de dar a entender a los judíos en Antioquía de Pisidia que Dios tenía otro plan, los exhorta diciendo:

> "Varones israelitas, y los que teméis a Dios oíd: ...Varones hermanos (judíos), hijos del linaje de Abraham, y los que entre vosotros teméis a Dios, a vosotros es enviada la palabra de esta salvación. Porque los habitantes de Jerusalén y sus gobernantes, no conociendo a Jesús, ni las palabras de los profetas que se leen todos los días de reposo, las cumplieron al condenarle. Y sin hallar en Él causa digna de muerte, pidieron a Pilato que se le matase. Y habiendo cumplido todas las cosas que de Él estaban escritas, quitándolo del madero, lo pusieron en el sepulcro... Mirad pues que no venga sobre vosotros lo que está dicho en los profetas: *Mirad, Oh menospreciadores, y asombraos, y desapareced; Porque yo hago una obra en vuestros días, Obra que no creeréis, si alguno os la contare*... Entonces Pablo y Bernabé, hablando con denuedo, dijeron: A vosotros a la verdad era necesario que se os hablase primero la palabra de Dios; más puesto que la desecháis, y no os juzgáis dignos de la vida eterna, he aquí, nos volvemos a los gentiles" (Hechos 13:16, 26–29, 40–41, 46).

Pablo predica a los judíos en Antioquía que en Jesucristo se cumplían las profecías del Mesías y como los habitantes de Jerusalén y sus líderes religiosos, aunque todos los sábados leían las escrituras, no tuvieron la revelación ni de Jesús, ni de las palabras de los profetas. A pesar de esto, la predisposición mental del pueblo judío en Antioquía les impedía recibir un evangelio diferente al que se les había enseñado. La Biblia nos revela que en aquella región, los judíos rehusaron la Palabra de Dios, mientras que los gentiles se regocijaron, glorificaron a Dios y creyeron el mensaje de las Buenas Nuevas.

> "Pero viendo los judíos la muchedumbre, se llenaron de celos, y rebatían lo que Pablo decía, contradiciendo y blasfemando" (Hechos 13:45).

Cuán similar es la actitud de muchos cristianos hoy día, los cuales se oponen, rebaten, contradicen y hasta blasfeman contra otros cristianos. Los celos y la envidia al ver el crecimiento, el entusiasmo, el gozo y la prosperidad de aquellos que obviamente están ungidos por Dios los llevan a un punto de declarar que el mover de Dios es *herejía*.

La predisposición mental en Latinoamérica.

En Latinoamérica, la religión tradicional ha formado un concepto y una opinión del cristianismo en el pueblo. Su enseñanza de cuna le impide abrir las puertas de su corazón a las buenas nuevas del Evangelio. Como el pueblo judío, rechazan al cristiano bíblico (evangélico), y lo identifican con las sectas religiosas como los Mormones y los Testigos de Jehová, como otra secta más. De esta manera, al igual que los judíos en Jerusalén, cumplen la palabra profética del Señor que dice:

> "Pero si nuestro evangelio está aún encubierto, entre los que se pierden está encubierto; en los cuales el dios de este siglo *cegó el entendimiento de los incrédulos* para que no les resplandezca la luz del evangelio de la gloria de Cristo, el cual es la imagen de Dios" (2 Corintios 4:3, 4).

En la iglesia evangélica.

Tristemente, Satanás ha causado que, dentro del Cuerpo de Cristo, nuestras diferencias teológicas se constituyan en fortalezas ideológicas que a veces nos impiden amarnos, convivir y colaborar en la obra de Dios para llevar a cabo la Gran Comisión. Como ejército dividido, no hemos logrado tener el impacto que revolucione nuestro continente y a nuestro pueblo hispano.

Satanás ha cegado nuestros ojos como lo hizo con los discípulos: «Tomando Jesús a los doce, les dijo: He aquí subimos a Jerusalén, y se cumplirán todas las cosas escritas por los profetas acerca del hijo del hombre. Pues será entregado a los gentiles, y será escarnecido, y afrentado, y escupido. Y después que le hayan azotado, le matarán; más al tercer día resucitará. Pero ellos «*nada comprendieron de estas cosas, y esta palabra les era encubierta, y no entendían lo que se les decía*» (Lucas 18:31–34, énfasis del autor).

Nuestros conceptos teológicos y predisposiciones mentales nos impiden comprender el mover de Dios y lo que el Espíritu Santo está diciendo a la Iglesia. Si nuestro Señor Jesucristo se vio enfrentado por esta situación, cuánto más hoy se ven aquellos que Dios usa para despertar a la Iglesia al conocimiento y revelación de la guerra espiritual, de la intercesión, la restauración de la adoración y alabanza, la danza, el espectáculo, las artes, las misiones a los pueblos no alcanzados, la maravillosa gracia de Dios, el evangelismo de poder y la reconquista de ciudades y naciones para Cristo.

Las ideas u opiniones que hemos aprendido causan un bloqueo mental, un impedimento ideológico a las cosas nuevas que Dios hace. Cuántas veces Dios le ha hablado a su pueblo y este, debido a sus ideas preconcebidas, no ha podido ver el mover de Dios, ni oír su mensaje.

Muchos creen que Dios ya no le habla a su pueblo. Otros prefieren que Dios les hable a otros. Y otros buscan una palabra para hoy, pero Dios se reserva el derecho de hablarnos del mañana. El pueblo de Dios, al igual que Israel, será responsable ante Dios por todas las cosas que oyeron por la boca de los profetas, líderes, pastores. A los que endurecen su corazón para no oír, debido a sus predisposiciones mentales, Dios cesa de hablarles.

Cuando hablo de oír la voz de Dios, debo aclarar que hay muchos que no oyen lo que Dios dice, otros oyen lo que quieren y otros aún no creen ni que Dios habla.

Cuando Moisés escuchó lo que quiso y no lo que Dios dijo

Moisés fue uno de aquellos que debido a su opinión de cómo Dios liberaría al pueblo de Israel, escuchó lo que él quiso y no lo que Dios dijo, no solamente una vez o dos sino tres veces. Así, pues, lo envía a los ancianos de Israel y luego junto con los ancianos lo envía a hablarle al rey de Egipto.

> "Y oirán tu voz; e irás tú, y los ancianos de Israel, al rey de Egipto, y le diréis: Jehová el Dios de los hebreos nos ha encontrado; por tanto, nosotros iremos ahora camino de tres días por el desierto, para que ofrezcamos sacrificios a Jehová nuestro Dios, *Mas yo sé que el rey de Egipto NO OS DEJARÁ ir* sino por mano fuerte" (Éxodo 3:18–19, énfasis del autor).

Dios claramente le dice a Moisés que el rey de Egipto *no* los dejaría ir. Moisés no oyó esto porque no era lo que quería oír. Nuevamente, Dios le habla a Moisés, diciéndole que el Faraón no los dejaría ir. De nuevo, Moisés no oye lo que Dios le ha dicho.

> "Y dijo Jehová a Moisés: Cuando hayas vuelto a Egipto, mira que hagas delante del Faraón todas las maravillas que he puesto en tu mano; *pero yo endureceré su corazón*, de modo que *NO DEJARA ir al pueblo"* (Éxodo 4:21).

Moisés hizo como el Señor le había dicho. Como resultado se agraviaron las cosas para el pueblo de Israel y Moisés enojado con Dios le reclamó a Jehová diciendo: «Señor, ¿Por qué afliges a este pueblo? ¿Para qué me enviaste? Porque desde que yo vine a Faraón para hablarle en tu nombre, ha afligido a este pueblo; y *tú no has librado* a tu pueblo (Éxodo 5:22–23)

Muchos cristianos no oyen lo que el Espíritu Santo está diciendo a la Iglesia de hoy. Muchos *rehusan* ver lo que Dios está haciendo. Se han hecho una idea de lo que es y no es de Dios que les impide ver la presencia y bendiciones del Señor.

Dios no siempre habla de bendición, de prosperidad, de felicidad. Muchas veces Dios habla de sabiduría, de disciplina, de consagración, de compromiso, de sacrificio, de fidelidad, de corrección, de diezmos, de ofrendas, de oración, de intercesión, de ayuno. Dios habla de lo que sea necesario para su pueblo.

Tenemos que derribar las fortalezas ideológicas que nos hemos formado y escuchar el mensaje de Dios para su ejército. Tengo la plena certidumbre de que el mensaje profético de Dios para la década de los noventa es «Iglesia, prepárate para la gran batalla final».

Hoy en día cada cristiano se forma opiniones acerca de lo que Dios quiere hacer en el ministerio. Impiden el derramamiento y movimiento de Dios. Nos mantenemos divididos porque no estamos de acuerdo en cuanto a cosas como, la adoración y alabanza, el hablar en otras lenguas, la danza y las artes, la guerra espiritual, la risa y el gozo, la profecía, la forma de vestir, el largo del pelo, etc., etc., etc. Hermanos, debemos despertar. Lo que nos une es mucho más fuerte que lo que nos divide. La sangre de Cristo, la cruz de Cristo y el amor incondicional de Dios nos hacen *uno*.

El evangelio de las cuatro P.

En algunos lugares, el pentecostalismo no es más que un legalismo de obras. Cuando el avivamiento de Asuza comenzó, las características que lo definieron eran la libertad de expresión en la oración, en la alabanza, en el gozo, en la profecía, en las lenguas, en la gracia de Dios.

Hoy día, de muchos púlpitos no se escucha nada acerca de la guerra espiritual, la intercesión, la gran comisión, las misiones, la oración, el ayuno, la fidelidad, el sacrificio. Nada de lo que es necesario para estos últimos días.

En muchas naciones de Latinoamérica el evangelio que predomina es el que he llamado el evangelio de las cuatro P: *pelo, prendas, pintura y pantalón*.

¿Es esto lo que Dios quiere enseñarle a su pueblo para batallar contra el furioso ataque del enemigo? La verdad sea dicha, muchos predicadores solo hablan acerca de sus propias debilidades y preocupaciones. Sin embargo, Dios nos llama a proclamar un evangelio de poder.

El consejo de Dios al profeta Samuel fue: «No pongas atención a su vestir ni a su estatura, porque yo lo he desecho; porque Jehová no mira como mira el hombre; pues el hombre mira la apariencia externa, pero Jehová mira el corazón» (1 Samuel 16:7, Berkley).

El Espíritu Santo nos exhorta a través de Pablo a no enfocar nuestra vista en las cosas terrenales sino las celestiales. Es decir, en las cosas espirituales (véase Colosenses 3:2).

El apóstol Pablo nos dice que dejemos de vivir conforme a las costumbres y opiniones carnales de este mundo, sino que renovemos, cambiemos de actitud y opiniones que nos permitan discernir y comprender la buena, aceptable y perfecta voluntad de Dios (véase Romanos 12:2).

Las fortalezas ideológicas que han dividido y fragmentado al Cuerpo de Cristo contemporáneo no son nada diferentes de las que Pablo declara que eran evidencia de carnalidad y falta de madurez en la Iglesia de Corinto. Pablo reprende a la iglesia en Corinto y los exhorta a la unidad. Divisiones, sectarismos, celos, envidias y contiendas manifestaban la inmadurez, carnalidad e ignorancia en Corinto y reflejan su horrible rostro en nuestros medios.

> "De manera que yo, hermanos, no pude hablaros como a espirituales, sino como a carnales, como a niños en Cristo... porque aún sois carnales; pues habiendo entre vosotros celos, contiendas y disensiones, ¿no sois carnales, y andáis como hombres? Porque diciendo el uno: Yo ciertamente soy de Pablo; y el otro: Yo soy de Apolos, ¿no sois carnales?" (1 Corintios 3:1, 3–4)

Dios nos ordena hoy mismo a derribar toda fortaleza, todo obstáculo, toda opinión, toda predisposición mental, que nos impide crecer espiritualmente, madurar en las cosas de Dios, impactar en nuestras comunidades. Dejemos de estorbar lo que Dios quiere hacer en nuestra vida personal, en nuestro hogar, en nuestras congregaciones y en nuestras ciudades y naciones.

Visión: Requisito del liderazgo.

"Por lo cual, oh rey Agripa, no fui rebelde a la visión celestial." (Reina-Valera, 1960)

"No dejé de obedecer la visión celestial." (20th Century)

"No me opuse a la visión celestial." (Basic English)

"No hice resistencia al llamado de Dios" (paráfrasis) (Hechos 26:19)

La visión de Dios.

PABLO, AL DEFENDER SU LLAMADO ante el rey Agripa, declara públicamente que Dios lo llamó a entregarse por completo a la visión que Él le había dado. La visión que Dios le dio a Pablo produjo varios cambios en su vida. La visión de Dios para nuestras vidas cambia el curso de todos nuestros planes.

Por medio de esta declaración, Pablo expuso su entrega total al llamado de Dios y demostró los rasgos de un líder. «Pablo estaba totalmente dedicado a la tarea de esparcir el evangelio y establecer iglesias en todo el mundo conocido. Vivió lo que escribió... Su vida encarnó tres conceptos básicos del liderazgo: 1) Estaba dedicado a las metas y al espíritu de su llamamiento (Flp 3:7–8); 2) comunicó a otros sus convicciones (2 Ti 2:1–2) y soportó todas las dificultades necesarias para alcanzar ese fin (2 Co 4:8–11; 11:23–33). 3) Se mantuvo alerta a los cambios. El apóstol se adaptó a los cambios culturales, sociales y políticos y, de esta manera, nunca perdió su relevante posición (1 Co 9:19–22)».

Proverbios 29:18 dice: «Sin profecía el pueblo se desenfrena». Aquí la palabra profecía en hebreo es *chazon*, que también se puede traducir visión, porque se refiere a «una visión profética, sueño, oráculo o revelación. Particularmente el tipo de revelación que viene a través de la vista, o sea, una visión de Dios... Se usa particularmente para la revelación que reciben los profetas. (Véase Isaías 1:1; Ezequiel 12:27–28; Daniel 8:1–2; Abdías 1; Habacuc 2:2–3) Proverbios 29:18 muestra que cuando una sociedad languidece la revelación divina (percepción de Dios), esa sociedad marcha a la anarquía». El mismo pasaje en la Biblia de Jerusalén dice: «Cuando no hay visiones, el pueblo se relaja...».

La palabra visión en griego es *horasis*. No significa una aparición ni un espectáculo sino que tiene que ver con la habilidad de percibir o discernir con los ojos de la fe el sueño que Dios pone en nuestro corazón.

Si no tenemos la visión de Dios para nuestras vidas, corremos el riesgo de vivir una vida desenfrenada y relajada, sin rumbo o dirección. Sin embargo, como ha dicho Alberto Mottesi: «Una visión correcta desembocará en pasión, que inevitablemente nos llevará a la acción»

La visión de Dios contiene su plan para la vida de cada uno de sus hijos, su Iglesia y la humanidad. Su visión es la revelación de los planes que Dios dio al hombre por medio de sus profetas, preservada para todas las generaciones en su Santa Palabra.

La visión del líder.

"No hice resistencia al llamado de Dios" (Hechos 26:19)

La visión de un líder es al llamamiento que Dios le da para llevar a cabo sus planes o sus propósitos. Es el sueño inspirado por Dios que arde en su corazón y que lo motiva a cumplir el propósito de Dios con su vida. Sin embargo, la visión que da Dios al líder no es solo para el líder. Es para el pueblo, y requiere sumisión y colaboración.

Visión o división.

Dios le dio a Moisés una visión: liberar al pueblo de Israel de la esclavitud y servidumbre en Egipto. Esta no era solamente la visión de Moisés, sino la visión de Dios para su pueblo.

En Números 11:10–15, vemos que Moisés, frustrado por las continuas quejas de las familias que se paraban a la puerta de su tienda todos los días, llegó al punto que muchos pastores y líderes llegan. «Señor, si las cosas van a continuar así, es mejor que me quites esta carga del ministerio. No puedo lidiar con este pueblo... Es tu pueblo. ¿Por qué debo tenerlos junto a mí todo el tiempo? Este ministerio es demasiada carga para yo poder aguantarlo». Y en un momento de total frustración le dice al Señor: «Yo te ruego que me des muerte, si he hallado gracia en tus ojos; y que ya no vea mi mal» (v. 15).

Veamos la respuesta que el Señor le da:

> "Reúneme setenta varones de los ancianos de Israel, que tú sabes que son ancianos del pueblo y sus principales; y tráelos a la puerta del tabernáculo de reunión, y esperen allí contigo. Y yo descenderé y hablaré allí contigo, y tomaré del *espíritu que está en ti*, y pondré en ellos; y llevarán *contigo* la carga del pueblo, y no la llevarás tú solo" (Números 11:16–17).

La respuesta a sus problemas: *delegar autoridad*. Dios ordena a Moisés buscar personas que se hayan mostrado fieles a través de los años, que hayan pagado el precio de servicio en el pueblo para demostrarles que Moisés es la autoridad que Dios reconoce y al que se le ha dado la visión. Luego le dice que tomará del espíritu que está en él, de la humildad y la visión de Moisés, y lo pondrá en ellos.

Debemos comprender algo muy importante. Es absolutamente necesario que el liderazgo que rodea al líder tenga la misma visión, el mismo propósito, el mismo objetivo, que su líder. *Donde hay más de una visión, hay división*. Si no se tiene el mismo objetivo, no se puede trabajar en la misma obra. Una persona puede tener una poderosa unción del Espíritu Santo, pero si no tiene el mismo espíritu del líder, no sirve. Para que una obra crezca y se multiplique, todos los líderes deben tener un mismo sentir. La Biblia dice que deben estar «unánimes» (Hechos 1:14), de un corazón y mente.

Cuando Dios se propone hacer algo, siempre escoge a un líder para llevarlo a cabo. Tal vez ante nuestros ojos no sea el más propicio, el más educado, ni el mejor; sin embargo, es el que Él desea. Muchas veces Dios no elige a la persona esperada sino a la menos esperada. Dios no busca talento sino carácter. Los discípulos que Jesucristo escogió como sus discípulos y futuros líderes de la Iglesia, incluyendo a Judas Iscariote, no hubieran sido los que muchos líderes hubieran escogido.

En la obra de Dios, una sola persona no puede ni debe hacerlo todo. Debe ser la obra de *un equipo*. Un equipo comprometido con su líder y su visión.

Con frecuencia, llegan personas a la iglesia con muchos talentos, dádivas y unción por el Espíritu Santo, pero con *su propia agenda*, su propia visión. No quieren someterse a la visión del líder, y pronto llega la división. Jesús dijo: «Una casa dividida contra sí misma, cae» (Lucas 11:17). Es decir; no puede mantenerse en pie. Solamente puede haber *una visión* en cada ministerio o congregación y tiene que ser la del hombre que Dios ha puesto por cabeza.

Por dos años trabajé como director ejecutivo de la Asociación Evangelística de Alberto Mottesi. Durante este tiempo, trabajé fielmente para ayudar a ese ministerio con los dones que Dios me ha dado. Tanto Alberto como yo sabíamos que Dios me llamó al ministerio. Una vez que hice todo lo necesario para la asociación, Alberto y yo oramos juntos y fui obediente a la visión que Dios me ha dado. Hoy día continuamos trabajando como equipo, pero al nivel de asociado. Nuestra amistad es la de un padre y un hijo. Le amo y le aprecio y admiro su ministerio.

Moisés eligió a los setenta. Dios le dio la opción de escoger los hombres que él quería en su equipo. No fueron elegidos por votación del pueblo, no fueron seleccionados por Dios; fueron escogidos por el líder, Moisés.

Cuando un presidente es elegido y toma su oficio, es él quien escoge a su gabinete. Cuando un entrenador llega a un equipo, escoge a su equipo de entrenadores y líderes. Todos los que estaban trabajando para el líder anterior presentan su renuncia. La razón para esto es que con frecuencia, cuando llega un nuevo líder, las personas tienden a comparar la visión del hombre anterior con la del presente, y es inevitable que las comparaciones causen problemas y dificultades al nuevo líder.

El nuevo líder también necesita comprender la visión de su antecesor. El carácter y la dirección de un ministerio no se cambia de la noche a la mañana. La personalidad de una congregación debe de ser estimada por el nuevo liderazgo. Josué fue escogido por Dios para continuar la obra que había comenzado con Moisés. El llamado de Josué fue a levantarse y concluir lo que Moisés había comenzado. Dios le entregó a Josué la obra como lo había dicho a Moisés. La promesa fue: «Como estuve con Moisés, estaré contigo; no te dejaré ni te desampararé» (Josué 1:2–6).

Servicio y obediencia.

¿A quién somos llamados a servir como líderes en el ministerio? El noventa y nueve por ciento de la gente respondería: Al pueblo de Dios. Pero los líderes son llamados a servir primeramente a *su líder*. Esto no parece espiritual, ¿verdad? Escuchemos este diálogo entre Samuel y el rey Saúl:

> "¿Por qué, pues, no has oído la voz de Jehová, sino que vuelto el botín has hecho lo malo ante los ojos de Jehová? Entonces Saúl dijo a Samuel: Yo he pecado; pues he quebrantado el mandamiento de Jehová y *tus palabras*, porque temí *al pueblo* y consentí a la *voz de ellos*. Perdona, pues, ahora mi pecado" (1 Samuel 15:19, 24).

Saúl desobedeció a Samuel, el líder espiritual del pueblo. Escuchó la voz del pueblo y les temió. Por esta desobediencia, perdió su posición de autoridad y su reino. La desobediencia al liderazgo es motivo suficiente para quitar aun al rey. Todo líder debe obrar de acuerdo a la visión y dirección de *su* líder y *no* la del pueblo. Aarón desobedeció a Moisés, escuchó al pueblo y por poco pierde su vida (Éxodo 32).

Sin embargo, el liderazgo de Dios no es dictatorial, sino servidor. No tiene derecho a manipular y controlar. Jesús como Señor de señores, dejó el ejemplo, siendo siervo de todos. «El que quiera hacerse grande entre vosotros, será vuestro servidor» (Mateo 20:26). En este sentido sí servimos al pueblo, pero nuestra *obediencia* y lealtad son al líder.

Cuando hablamos de obediencia a los pastores y líderes es desde un punto de vista de servidumbre. La lealtad de los líderes es primeramente con el siervo de Dios que está sobre ellos. Jesucristo ejerció su ministerio bajo la dirección del Padre y no la del pueblo, aun hasta la cruz.

Es importante decir que esta sumisión debe ser sabia y no ciega. Muchas tragedias han pasado cuando los líderes y el pueblo se han sometido ciegamente a la dirección de un líder carismático y no han discernido sabiamente las cosas de Dios.

Antes de recibir el manto o espíritu del líder, tenemos que tener la actitud de siervos, como de un hijo a un padre, y no está basado en la edad. Una vez que tenemos que partir debemos impartir.

Antes de que Dios le dé autoridad a una persona, esta tiene que probar su fidelidad en la casa de Dios y al líder que Dios ha puesto sobre él. Hay personas que tienen un llamamiento de Dios, han sido separados por Dios y llevan la unción del Espíritu Santo pero rehusan someterse a las autoridades de Dios. Llevan en sí un espíritu de Absalón y contaminan a los que les siguen, porque transfieren sus espíritus independientes y rebeldes a sus seguidores. El resultado es confusión y desorden, porque no conocen la sumisión, ni el respeto al concepto de autoridad dado y establecido por Dios.

Antes de ser líderes, tenemos que ser siervos. El ministerio no se aprende en una escuela o seminario, sino en el servicio y bajo la autoridad de un líder. Así es que Eliseo sirvió a Elías, como un hijo a un padre, y recibió el manto de su maestro cuando este partió.

No todo líder es un padre como lo fueron Elías a Eliseo y Pablo a Timoteo. David fue un gran líder, pero un terrible padre. Un padre desea engendrar y criar hijos que son mejores que él mismo. No los envidia sino que se gloría ante Dios de producir buen fruto. Leamos lo que dijo Pablo de Timoteo:

> "Espero en el Señor Jesús enviaros pronto a Timoteo, para que yo también esté de buen ánimo al saber de vuestro estado; pues a ninguno tengo del mismo ánimo, y que tan sinceramente se interese por vosotros. Porque *todos buscan lo suyo propio*, no lo que es de Cristo Jesús. Pero ya conocéis los méritos de él, que como hijo a padre ha servido conmigo en el evangelio" (Filipenses 2:19–22).

Otra versión dice: «A nadie tengo del mismo sentir y que esté sinceramente enterado en vuestro bienestar». Este servicio no es uno de obligación sino de un amor respetuoso y fraternal que se identifica con un mismo sentir y no busca su propio interés. Es decir es un amor sumiso y fiel.

La visión personal.

Se le preguntó a Helen Keller: «¿Qué sería peor que nacer ciego?» Y contestó: «Tener vista y carecer de visión».

La persona más pobre no es aquella que no tiene bienes materiales, sino la que no tiene visión. Sin un sueño o una visión en su vida, nunca podrá convertirse en lo que Dios quiere y ha planeado para usted. La diferencia entre el éxito y la derrota está en la visión y el sueño del individuo. La persona exitosa es motivada por algo más grande que ella, un sueño que aparenta estar fuera de su alcance. Sin embargo está convencida de que si trabaja lo suficientemente duro y está dispuesta a pagar el precio del sacrificio, algún día lo realizará.

Durante los juegos olímpicos de Atlanta, un joven nadador norteamericano obtuvo la medalla de oro, el galardón del cual había soñado desde su juventud. A la edad de siete años, comenzó a firmar su nombre añadiendo a su lado el título: USA #1. Es decir, el mejor en los Estados Unidos.

Los sueños o visiones son la sustancia de toda grande obra. Se dice que Miguel Ángel, el famoso artista italiano, viendo una enorme pieza de mármol, exclamó: ¡Tengo que dar libertad a este ángel! El artista estaba delante de una pieza imperfecta, mas no veía la piedra imperfecta sino la obra terminada. Estaba viéndola con los ojos de la fe, aquella fe que nos dice la escritura que es: «la sustancia de las cosas que se esperan, la demostración de las cosas que no se ven» (Hebreos 11:1, Reina-Valera 1909).

Una persona sin visión se mueve solamente por lo que ve, lo que está a su alcance. No piensa en el mañana y no ve más allá de sí misma. Alguien hizo un comentario que ha llegado a ser muy conocido: «Algunas personas ven las cosas como son y preguntan: ¿Por qué? Otras ven las cosas como podrían ser y dicen: ¿Por qué no?»

Si tenemos una visión realmente dada por Dios, nos permitirá soñar en su realización por medio de la fe. El Señor nos anima a alcanzar nuestro potencial y ser lo que él desea para nosotros. La visión de Dios a Abram, a José, a Moisés, a Josué, a Samuel, a Isaías, a Jeremías, a Pablo y a todos los líderes escogidos por Dios, les permitió aferrarse a la promesa y verla hecha una realidad en sus vidas.

Tenemos que mantenernos firmes en la profesión (confesión) de nuestra esperanza a la promesa de Dios. La Palabra nos dice:

> "Acerquémonos con corazón sincero, en plena certidumbre de fe, purificados los corazones de mala conciencia, y lavados los cuerpos con agua pura. Mantengámonos firme, sin fluctuar, la profesión de nuestra esperanza, porque fiel es el que prometió" (Hebreos 10:22–23).

En 1986, un joven llamado Bob Wieland de Pasadena California compitió en el maratón de la ciudad de Nueva York. Entró de último en el 19.413 lugar. Cuatro días, dos horas y diecisiete minutos después de haber comenzado la competencia. A pesar de haber llegado de último, este joven se ganó el corazón de la ciudad de Nueva York. Wieland había competido *sin piernas*. Corrió con sus manos y su torso, yarda por yarda, metro por metro, a la velocidad de dos kilómetros por hora.

«Sabía que podría terminar el maratón» dijo. Lo sabía porque acababa de terminar una caminata de 2.784 millas (4.654 Kilómetros) a través de este país (EE.UU.). «Me encuentro en buenas condiciones ... Soy un cristiano nacido de nuevo, y con esto demuestro que la fe en Cristo Jesús y sus promesas permiten vencer lo que aparenta ser imposible». Wieland, un médico del ejército perdió sus dos piernas al pisar una mina durante la guerra de Vietnam.

Si somos hijos de Dios y hechos justos, la Biblia nos revela que el justo por su fe vivirá. Debemos estar plenamente convencidos de que Dios no solamente puede hacer lo que promete, sino que desea cumplir sus promesas para nuestra vida. Recordemos lo que la Biblia dice acerca de Abraham:

> "Él creyó en esperanza contra esperanza, para llegar a ser padre de muchas gentes, conforme a lo que se le había dicho: *Así será su descendencia*. Y no se debilitó en la fe al considerar su cuerpo, que estaba *ya como muerto* (siendo de casi cien años), o la esterilidad de la matriz de Sara. Tampoco dudó, por incredulidad, de la promesa de Dios, sino que fortaleció en fe, dando gloria a Dios, plenamente convencido de que era también poderoso para hacer todo lo que había prometido" (Romanos 4:18–21).

La verdad y la realidad son palabras sinónimas. *Los sueños y las visiones nos revelan una imagen* que a través de la perseverancia, el trabajo duro, la fe, la esperanza y la cooperación se hacen realidad.

Lo que vemos en un espejo es una imagen. Dios quiere que comencemos a visualizar como la reflexión de un espejo *la visión* que nos ha dado; para ir de fe en fe y de gloria en gloria hasta verla hecha una realidad.

El consejo de Dios.

> *"Porque no he rehuido anunciaros todo el consejo de Dios. Por tanto, mirad por vosotros y por todo el rebaño en que el Espíritu Santo os ha puesto por obispos, para apacentar la iglesia del Señor, la cual El ganó por su propia sangre" (Hechos 20:27–28).*

> *"Ruego a los ancianos que están entre vosotros, yo anciano también con ellos, y testigo de los padecimientos de Cristo, que soy también participante de la gloria que será revelada: Apacentad la grey de Dios que está entre vosotros, cuidando de ella, no por fuerza, sino voluntariamente; no por ganancia deshonesta, sino con ánimo pronto; no como teniendo señorío sobre los que están a vuestro cuidado, sino siendo ejemplos de la grey. Y cuando aparezca el Príncipe de los pastores, vosotros recibiréis la corona incorruptible de gloria" (1 Pedro 5:1–4).*

LA BIBLIA AFIRMA QUE DIOS nos ha dado *todo* lo que pertenece a la vida y a la piedad por su poder, por medio del conocimiento de Él (véase 2 Pedro 1:3). Bob Yandian, en un mensaje dirigido a pastores y líderes, dice: «Muchos cristianos ven el ministerio como algo solamente espiritual, pero este también consiste de aspectos prácticos. Con frecuencia, buscamos en la Biblia los aspectos espirituales del ministerio, y luego buscamos en otros libros los aspectos prácticos. La Biblia es el mejor recurso de información para las cosas naturales como para las espirituales. Si un pastor tuviera acceso solamente a la Biblia y ningún otro recurso, su iglesia podría ser un éxito de todas maneras, y su vida podría tener un balance entre lo natural y lo espiritual».

Los dos pasajes al comienzo de este capítulo son un tesoro de instrucción de parte del Espíritu Santo para el pastorado y el liderazgo de la iglesia del Señor. Un cuidadoso y analítico estudio de ellos nos revelan las instrucciones de Dios para todo líder en la obra del Señor.

Hechos 20:17–38 contiene las instrucciones de Pablo a los pastores y líderes que asistieron a lo que fue el primer retiro pastoral, con él como conferencista especial. El apóstol Pablo, conocido por el liderazgo local como el pastor pionero en Éfeso por más de tres años, regresaba a Jerusalén y convocó a los ancianos (líderes) de Éfeso a Mileto, un centro turístico a pocas horas al sur de Éfeso.

Las enseñanzas del apóstol Pedro son muy similares a las de Pablo en su énfasis. Bob Yandian dice: «Creo que una de las razones por las cuales el Espíritu Santo incluyó estos pasajes bíblicos es que todos los ministros, pero particularmente los pastores, son el blanco favorito de Satanás y su ejército de demonios. La destrucción del liderazgo deja a su paso a muchos seguidores confundidos y en desorden. Es por esto que el oficio de pastor está siempre bajo un ataque sobrenatural. Si el enemigo puede eliminar al pastor, destruye la grey.

»El desánimo, el agotamiento y la frustración pueden fácilmente plagar a un pastor si este no reconoce y sigue los principios que enseña la palabra de Dios. No se necesita de gran revelación espiritual para librarnos de las trampas del diablo»

Pablo y Pedro aprendieron, a través de muchos años de laborar con la grey de Dios y basado en experiencias positivas y negativas, aquellos principios que son necesarios para ejercer el ministerio.

Todo el consejo de Dios.

Durante su pastorado en Éfeso, Pablo enseñó *todo el consejo de Dios*. Hoy día muchos pastores se encierran en algunas doctrinas y no salen de ellas. Conocí a un pastor hace muchos años que por un período de más de un año enseñó a su congregación sobre el compromiso y como consecuencia perdió a más de la mitad de su congregación. A través de Latinoamérica y los Estados Unidos, hay pastores que alimentan al rebaño de Dios con el mismo mensaje de domingo a domingo. Muchos solo enseñan una santidad basada en obras externas que no cambian el corazón del pueblo ni le alimentan espiritualmente.

Pablo dice que no se había apartado de enseñar «todo el consejo de Dios» para que la sangre de ninguno cayera sobre él. Cuando los cristianos sufren o cuando aquellos que se congregan en la iglesia mueren sin conocer al Señor como Salvador, Dios llamará a cuentas a aquel líder que no enseñó *todo* su consejo.

Muchos pastores se abstienen de enseñar sobre ciertas partes de la Biblia simplemente porque estas no concuerdan con sus enseñanzas teológicas. Evitan los temas «controversiales» o que «ofendan» a algunos. Y otros no tocan ciertos temas que han sido llevados a extremos por otros. Han visto a personas lastimadas porque siguieron doctrinas fuera de balance y prefieren mantenerse lejos de ellas. Pablo dice: «*No he rehuido* de anunciaros todo el consejo de Dios». El consejo total de la Palabra de Dios nos es dado con el propósito de perfeccionar al hombre para toda buena obra.

> "Toda la escritura es inspirada por Dios, y es útil para enseñar, para redargüir, para corregir, para instruir en justicia, a fin de que el hombre de Dios sea perfecto, enteramente preparado para toda buena obra" (2 Timoteo 3:16–17).

Hace poco recibí una invitación para participar en una vigilia de oración en la ciudad de Medellín, Colombia. Antes del evento, algunos de los pastores locales expresaron algunas reservaciones por su ignorancia en cuanto a la guerra espiritual. Ciertamente Satanás quiere hacer de este tema un tema de aprensión y división. La razón es evidente: Satanás quiere mantener al pueblo de Dios ignorante de estas cosas espirituales que amenazan su control sobre ciudades y naciones. Debido a esas inquietudes, opté por cancelar mi visita.

Mirad por vosotros.

Pablo dice: «Mirad por vosotros y por todo el rebaño» (Hechos 21:28). Notemos que en el orden de prioridades, la primera en importancia es cuidar de sí. Dios está más interesado en el ministro que en el ministerio. Para Dios, el individuo y su familia vienen antes que el ministerio. Es relativamente fácil reemplazar a un ministro o pastor, pero no es tan fácil reemplazar a un esposo o padre. Mi primera responsabilidad ante Dios es mi relación con

Él y con mi familia. He conocido y observado numerosos ministros cuyos hogares han sido destruidos porque pusieron al ministerio por encima de su hogar.

El apóstol nos exhorta a cuidarnos en cosas prácticas y no solamente espirituales. Un siervo de Dios debe proteger su salud. Debe defender el tiempo que dedica para su esposa y sus hijos. El ministro debe cuidarse en su alimentación, en su agenda ministerial, en su forma de vestir, y en otras cosa prácticas que afectan su salud. Mientras más saludable, más productivo, y mientras más productivo, más efectivo en el ministerio.

Los quehaceres ministeriales casi mataron a Epafrodito. Por servir a Pablo, no se cuidó de sí mismo y se enfermó. Me parece que Pablo vio que era necesario que Epafrodito tomara tiempo de descanso. El siguiente pasaje es una alabanza a un trabajador incansable, pero también vemos una advertencia:

> "Más tuve por necesario enviaros a Epafrodito, mi hermano y colaborador y compañero de milicia (Batalla), vuestro mensajero, y ministrador de mis necesidades; porque Él tenía gran deseo de veros a todos vosotros, y gravemente se angustió porque habíais oído que había enfermado. Pues en verdad estuvo enfermo, a punto de morir; pero Dios tuvo misericordia de él, y no solamente de él, sino también de mí, para que yo no tuviese tristeza sobre tristeza. Así que le envío con mayor solicitud, para que al verle de nuevo, os gocéis, y yo esté con menos tristeza. Recibidle pues, en el Señor, con todo gozo, y tened en estima a los que son como él; porque por la obra de Cristo estuvo próximo a la muerte, exponiendo su vida para suplir lo que faltaba en vuestro servir por mí" (Filipenses 2:25–30).

Pablo parece decir que Epafrodito era un *trabajólico* que solamente por la misericordia de Dios no había muerto. Dice que debemos tener en estima los que son como Epafrodito, pero a la vez no deja de enfatizar la tristeza que siente por su condición.

El ministerio que Dios nos da no es para llevarnos a la tumba. Cristo ya fue a la tumba por nosotros para que a través de su muerte tuviéramos vida, no muerte. Hay quienes trabajan en exceso y quieren poner en condenación a todos los que no trabajen como ellos. Viven cansados, fatigados y enfermos. Algunos mueren antes de tiempo a causa de su falta de cuidado para sí mismos.

En mi trabajo para el Señor tengo que viajar con mucha frecuencia. En 1995, volé más de 160.000 kilómetros, visité cuatro continentes y ministré en dieciséis naciones. Ministré en trece naciones de Latinoamérica en dieciséis ocasiones. En la mayoría de mis viajes procuro tomar algunos días de descanso para visitar y conocer los lugares atractivos de cada nación. Mi esposa me acompaña en todo viaje que excede a los quince días. Cuando llego a casa tomo varios días de descanso antes de comenzar a trabajar con los quehaceres del ministerio.

Trabajé para un individuo que me dijo: «Nunca mezcles el trabajo con las vacaciones». Yo procuro siempre mezclar el trabajo y las vacaciones, porque creo que es la única manera de cuidar mi salud. Esto beneficia a mí, a mi familia y al ministerio.

Cuídate y te salvará...

Pablo le dice a Timoteo que tenga cuidado de él mismo y de la doctrina para salvarse a sí mismo y los que lo oyeren (véase 1 Timoteo 4:16). La palabra salvarás, del griego *sozo*, se puede usar en el sentido espiritual o el físico. *Sozo* significa salud, o preservarse de daño. Creo que en este caso, se refiere a la salud física que preserva la vida.

Todo pastor debe tomar vacaciones para descansar su mente, su cuerpo y asimismo proveer un tiempo de calidad a su familia. Salomón dice que hay tiempo para todo bajo el sol; tiempo de descansar y tiempo de trabajar. Cuando vaya de vacaciones, disfrute de ellas y no se preocupe por la obra. Es de Dios y Él no permitirá que caiga.

Muchos cristianos van a una reunión social y se sienten culpables si no la convierten en un estudio bíblico. Con frecuencia, esta es una experiencia negativa para el inconverso. Hace algunos años estaba con mi familia en Disneylandia. Durante el desfile de luces algunos jóvenes cristianos, celosos por el evangelio pero escasos en sabiduría, se levantaron a dar gritos de Cristo y del evangelio, interrumpiendo y estorbando a los que atentamente gozaban del desfile. Esto dejó un sabor amargo del evangelio entre muchos allí presentes.

Algunos piensan que el ministerio no puede continuar si ellos no están presentes. Les tengo una sorpresa: Dios ha hecho un buen trabajo por dos milenios sin nuestra ayuda, y con o sin nosotros, cumplirá lo que ha declarado. Es más, la Biblia nos exhorta a no pensar de nosotros más de lo que debemos.

Dios desea que sus líderes y pastores cuiden de sí mismos, tomen vacaciones, atiendan conferencias y retiros espirituales. Mientras más saludables estemos, más eficientes seremos. Dios quiere que cuidemos de nuestra familia. Como dije anteriormente, Dios puede reemplazar a un ministro a un pastor, pero no hay reemplazo para un esposo o un padre.

¿Cuáles son las cosas más importantes?

Pablo en la epístola a la iglesia en Colosas nos da el orden de prioridades para la vida de un cristiano.

> "Y todo lo que hacéis, sea de palabra o de hecho, hacedlo todo en el nombre del Señor Jesús, dando gracias a Dios Padre por medio de Él. Casadas estad sujetas a vuestros maridos, como conviene en el Señor, Maridos, amad a vuestras mujeres, y no seáis ásperos con ellas, Hijos obedeced a vuestros padres en todo, porque esto agrada al Señor. Padres, no exasperéis a vuestros hijos, para que no se desalienten. Siervos obedeced en todo a vuestros amos terrenales, no sirviendo al ojo, como los que quieren agradar a los hombres, sino con corazón sincero, temiendo a Dios" (Colosenses 3:17–22).

Según este pasaje, el orden de prioridades es: Dios primero, nuestro cónyuge segundo, nuestros hijos terceros y luego nuestro oficio. Si nuestro oficio es el ministerio este viene después de Dios y familia. Si nuestro empleo es secular, nuestras obligaciones a este, tienen prioridad al servicio temporal del ministerio.

Hace algunos años, durante el funeral de un pastor muy amado por su congregación, muchos se levantaron para dar testimonio de todo lo que el pastor había hecho por ellos y por sus familias. Los tiempos de visitación al hospital, de aconsejarles, de visitarles, de ministrarles, etc. Al concluir el largo período de testimonios se levantó un joven que estaba en la última fila del salón. Caminando lentamente hasta el podio, tomó el micrófono en sus manos y llorando dijo a los presentes: «Ahora entiendo por qué mi padre nunca tuvo tiempo para mí. Lo dedicó a todos ustedes».

No dejo de declarar a ministros y pastores la promesa que le he dado a mi esposa: «El día que el ministerio sea perjudicial para mi familia, dejaré el ministerio». El ministerio que Dios me ha dado para mi familia tiene prioridad a toda otra cosa en la tierra.

Por todo el rebaño.

Hoy día, hay alrededor del mundo numerosas iglesias que sobrepasan los miles de congregantes. En Corea del Sur se encuentran nueve de las iglesias más grandes del mundo. Una de ellas se estima que sobrepasa 750.000 congregantes. No es posible imaginarnos como pastorear un rebaño de Dios de esa magnitud. Según algunos estudios de Iglecrecimiento, no es posible para un individuo pastorear a más de setenta personas. Según estos estudios, el concepto de lo que es un pastor requiere el cuidado pastoral. Esto incluye no solamente alimentar a la grey de Dios con la Palabra de Dios, sino también todo lo que va con el discipulado, la disciplina, el asesoramiento, la visitación y otras cosas más.

La Biblia nos enseña como el pastor de la iglesia más grande en la historia, una congregación que según los estimados más conservadores sobrepasaba los dos millones, se había convertido en un trabajólico y estaba tan ocupado lidiando con la consejería y el asesoramiento que no le quedaba tiempo para nada más. Dios interviene y le envía a este pastor una persona que había sido su jefe y supervisor por cuarenta años para que le instruya y asesore en el arte de la *administración*.

Este pastor había sido grandemente bendecido por Dios y las noticias de los milagros, señales y prodigios habían llegado a los oídos de su exjefe, que por cierto era también su suegro y además no era un creyente. Me refiero a Jetro y a Moisés. En el capítulo 18 del libro de Éxodo, leemos que Jetro el suegro de Moisés, junto con Séfora la esposa de Moisés y con los hijos de este, Gerzón y Eliezer, llegaron al campamento que estaba junto al Monte Sinaí.

Al llegar estos, en su tiempo de convivio, Moisés le contó a su familia todos los detalles de lo que Dios había hecho por el pueblo de Israel. Al escuchar de las maravillas y milagros, Jetro, convencido, se convierte al Dios de Israel. Debemos recordar que Jetro era un sacerdote de los Madianitas, el pueblo de donde había salido Abram, y el mismo pueblo idólatra que derrotó Gedeón. Jetro dijo: «Ahora conozco que Jehová es más grande que todos los dioses; porque en lo que se ensorbecieron prevaleció contra ellos» (Éxodo 18:11).

En estos últimos días estamos viendo en Latinoamérica, como Dios está llamando a muchos profesionales y hombres de negocios al ministerio. Estos traen a la iglesia una muy necesitada experiencia administrativa. En mi caso, el Señor me llamó al ministerio después de más de veinte años en el mundo bancario, con experiencia y estudios administrativos, los cuales Dios me ha permitido usar para la obra del ministerio. Fue esta experiencia que Jetro pudo brindar a Moisés. Al observar el *modus operandi* de Moisés, Jetro inmediatamente procedió a darle consejos sobre la administración y supervisión de un líder a sus congregantes.

"Aconteció que al día siguiente se sentó Moisés a juzgar al pueblo; y el pueblo estuvo delante de Moisés desde la mañana hasta la tarde" (Éxodo 18:13).

La agenda de Moisés estaba saturada con citas de consejería y asesoramiento que le ocupaban *todo* el tiempo. Esto es algo parecido a lo que estaba sucediendo en la iglesia de Jerusalén. Esta iglesia estaba en avivamiento y creciendo grandemente. La Biblia dice que el número de discípulos crecía (Hechos 6:1). Este crecimiento demandaba más tiempo del liderazgo para servir al pueblo de Dios. Los doce líderes convocaron a la congregación para aclararles sus prioridades. «No es justo que nosotros dejemos la palabra de Dios, para servir a las mesas... Y nosotros (los pastores) persistiremos en la oración y en el ministerio de la palabra» (Hechos 6:2, 4). ¿Cómo solventaron el problema? ¡La delegación de autoridad! «Buscad pues hermanos, de entre vosotros a siete varones de buen testimonio (fieles y probados), llenos del Espíritu Santo y de sabiduría (conducta prudente en la vida y en los negocios), a quienes encargaremos de *este trabajo*» (Hechos 6:3). ¿Cuál era la prioridad de los apóstoles-líderes? ¡La oración y el ministerio de la palabra!

Jetro tenía el mismo consejo para Moisés. Procede a darle a una dosis de consejo administrativo sobre el concepto de prioridades y delegación de autoridad:

"¿Qué es esto que haces con el pueblo? ¿Por qué te sientas *tú solo*, y todo el pueblo está delante de ti desde la mañana hasta la tarde? Y Moisés respondió a su suegro: Porque el pueblo viene a mí para consultar a Dios. Cuando tienen asuntos, vienen a mí; y yo juzgo entre el uno y el otro, y declaro las ordenanzas de Dios y sus leyes" (Éxodo 18:14–16).

Parece que Moisés, por su corazón pastoral, no percibía el orden de sus prioridades y esto lo estaba llevando hacia el agotamiento físico y emocional.

El apóstol Pablo nos dice en la epístola a los Efesios que los dones ministeriales de apóstol, profeta, evangelista y pastor y maestro son dados a la iglesia para *capacitar* los *santos* para la *obra* del ministerio. Es decir, los ministros capacitan, y los santos obran.

"Y Él mismo (Cristo) constituyó a unos, apóstoles; a otros profetas; a otros, evangelistas; a otros, pastores y maestros, a fin de *perfeccionar* a los santos para la obra del ministerio, para la edificación del cuerpo de Cristo" (Efesios 4:11–12).

Según la Concordancia Exhaustiva Strong's la palabra *perfeccionar* del griego *katartismos* significa: Adecuar, preparar, entrenar, perfeccionar, calificar plenamente para el servicio.

Observemos lo que Jetro dice a Moisés serían los resultados de continuar ministrándole al pueblo como lo estaba haciendo:

"No está bien lo que haces. *Desfallecerás* del todo, tú, y también este pueblo que está contigo; porque *el trabajo es demasiado pesado para ti;* no podrás hacerlo tú solo. Oye ahora mi voz; yo te aconsejaré, y *Dios estará contigo*. Está tú por el pueblo delante de Dios, y somete tú los asuntos a Dios. Y enseña a ellos las ordenanzas y las leyes, y muéstrales el camino por donde deben andar, y lo que han de hacer" (Éxodo 18:17–20).

Moisés tenía sus prioridades totalmente fuera de orden. Las demandas del ministerio, los quehaceres diarios, le habían hecho perder el concepto de sus obligaciones y responsabilidades como líder de una congregación de millones.

El consejo de Jetro a Moisés ha sido preservado por el Espíritu Santo, para que podamos aprender de este. Su consejo permanece firme y sólido para los líderes y pastores contemporáneos. Desde el punto de vista práctico, no era bueno para la salud de Moisés, ni la del pueblo. La carga era demasiada para que Moisés tratará de hacerlo todo.

El oficio de Moisés como pastor del rebaño de Dios era el siguiente:

- **Primero**. Como INTERCESOR. Clamando a Dios en representación del pueblo de Dios y orando a Dios por los asuntos del pueblo. «Está tú por el pueblo delante de Dios [Intercesión] y somete tú los asuntos a Dios [Oración].
- **Segundo**. Como MAESTRO. Al enseñar a la congregación todo el consejo de Dios, le enseñamos como ellos no tienen necesidad de tener a alguien de intermediario, sino que ellos con el conocimiento de la palabra pueden tener acceso al trono de Dios y librar batalla contra los ataques del enemigo. «Y enseña a ellos las ordenanzas y las leyes» (Éxodo 18:20)
- **Tercero**. Como un EJEMPLO. El líder debe demostrar a su congregación el modelo de un esposo, de un padre, de un sacerdote de Dios. Su ejemplo en la intercesión, en el manejo de sus finanzas, en el manejo de su hogar, en su carácter, en su compromiso con el evangelismo y misiones, en su adoración y alabanza, y en todo otro campo de influencia. «Muéstrales el camino por donde deben andar» (Éxodo 18:20).
- **Cuarto**. Como un DISCIPULADOR. El evangelismo produce crecimiento numérico, pero el discipulado produce crecimiento espiritual. El llamado de Jesús a sus apóstoles fue el de discipular. «Por tanto, id y haced *discípulos* a todas las naciones» (Mateo 28:19, énfasis del autor). «Muéstrales ... lo que han de hacer» (Éxodo 18:20).
- **Quinto**. Como un ADMINISTRADOR. El buen administrador capacita a individuos para ayudarle en la obra y luego les delega la autoridad para ejercer. Este debe mantener una buena supervisión de los discípulos en entrenamiento como buen sobreveedor para ayudarles, dirigirles y enseñarles cómo liderar. Cuando estos líderes no pueden resolver un problema entonces el administrador está a su alcance para resolverlo.

Analicemos las siguientes palabras de Jetro:

"Además *escoge tú* de entre todo el pueblo varones de virtud, temerosos de Dios, varones de verdad, que aborrezcan la avaricia; y *ponlos sobre el pueblo por jefes* de millares, de centenas, de cincuenta y de diez. *Ellos* juzgarán al pueblo en todo tiempo; y todo asunto grave lo traerán a ti, y ellos juzgarán todo asunto pequeño. Así aliviarás la carga de *sobre ti, y la llevarán ellos contigo*. Si esto hicieres, y Dios te lo mandare, tu podrás sostenerte y también todo este pueblo irá en paz a su lugar" (Éxodo 18:21–23).

Notemos que los individuos no deben ser seleccionados o escogidos por sus *talentos* sino por su *carácter*, de virtud. Temerosos de Dios (creyentes), varones de verdad (varoniles), y que sepan manejar sus asuntos financieros y no sean amadores del dinero, es decir *buenos mayordomos*, que aborrezcan la avaricia.

Jetro también le recomienda una jerarquía de autoridad. En el mundo de los negocios se conoce como la jerarquía administrativa. El chairman, los presidentes, los vice presidentes, los directores, los supervisores y los empleados. Es decir, un orden de autoridad que permite a los que están en posiciones más altas a separarse de las decisiones pequeñas en el ejercicio de sus funciones. En la Iglesia se podría dividir así: El pastor principal, los pastores, los asistentes pastorales, los directores de ministerio o supervisores, sus asistentes y la congregación. «Por jefes de millares, de centenas, de cincuenta, y de diez».

Estos acarrean el oficio de las decisiones diarias, y las cosas de más importancia son llevadas al pastor a través del orden establecido autoritativamente. «Juzgarán al pueblo en todo tiempo ... y juzgarán todo asunto pequeño». Todas las decisiones de gravedad son llevadas al pastor mayor.

Este concepto se llama el «pastorado administrativo», el cual es muy diferente al «pastorado parroquial». En los próximos capítulos estudiaremos en detalle la diferencia entre estos dos.

Finalmente, el consejo de Jetro es: antes de hacer esto, consulta con Dios. Dios tiene la primera y la última palabra. «Si esto hicieres y Dios te lo mandare».

Gracias a Dios que la actitud de Moisés era la de un discípulo que no lo sabe todo y que está abierto al consejo de alguien que tal vez no era tan espiritual ni ungido como él, pero que hablaba con conocimiento y sabiduría y con muchos años de experiencia en áreas prácticas de administración en las cuales Moisés era deficiente. Es evidente que Moisés buscó la aprobación del Señor y la recibió.

¿Cuál fue el resultado del consejo de Jetro a Moisés?

"Y oyó Moisés la voz de su suegro, e hizo *todo lo que dijo*" (Éxodo 18:24).

¿Qué es un pastor?

"Y Él mismo constituyó a unos, apóstoles; a otros, profetas; a otros evangelistas; a otros, pastores y maestros, a fin de perfeccionar a los santos para la obra del ministerio, para la edificación del cuerpo de Cristo" (Efesios 4:11–12).

«¡ESE HOMBRE NO ES UN PASTOR! Parece más bien el presidente de una grande empresa», dirán algunos acerca de los pastores de megaiglesias. «Seguro que no conoce a la mayoría de la congregación». Otros miran a los pastores de iglesias pequeñas y piensan: «Parece que no tiene mucha unción, porque su iglesia no pasa de los cien miembros».

Estas preguntas surgen porque hay confusión acerca de lo que es un pastor. En la mente de algunos, un pastor debe conocer, visitar, llamar, aconsejar y atender a todos los miembros de su congregación, así que el líder de una megaiglesia no es un verdadero pastor. Para otros, un pastor bueno es el que puede producir mucho crecimiento, levantar y administrar una iglesia de miles. La realidad es que ambos tipos de pastores existen, porque hay más de un tipo de pastor.

Dos tipos de pastores.

La Reforma trajo a la Iglesia cambios no solamente en doctrina, sino también en la forma de funcionar. Una de las cosas que no cambió, sin embargo, fue la estructura pastoral. La función pastoral en la Edad Media se limitaba a lo que llamaremos el *pastorado parroquial*. Es decir, la comunidad operaba alrededor del sacerdote de la parroquia. En las poblaciones más pequeñas, la comunidad giraba alrededor de las actividades eclesiásticas. Por esta razón, el edificio donde se congregaba la gente, llamado la iglesia, generalmente se encontraba en el centro del pueblo. Frente a la iglesia había una plaza o un parque en el cual se llevaban a cabo todos los eventos importantes de la comunidad.

La religión de los conquistadores, que era la de la Pre reforma, trajo el mismo concepto parroquial a las tierras conquistadas. Vemos con claridad el sello de su influencia en el 99.9% de todas las ciudades, pueblos y aldeas en Latinoamérica. Después de la Reforma, el protestantismo continuó con el mismo sistema. Lo observamos también en Europa en las naciones que participaron en la Reforma, como Alemania, Suiza, Holanda, Dinamarca, Austria, que fueron cuna de reformistas como Calvino, Knox, Lutero, Zuinglio y Wesley.

Estudios de iglecrecimiento del *Seminario Teológico Fuller*, en Pasadena, California, indican que solo el 20% de las iglesias en todo el mundo tienen más de 100 personas y de ese grupo, el 90% tienen menos de 200 personas. Esto es debido a que casi todas tienen un pastorado parroquial.

Hoy día, la mayoría de las más grandes iglesias del mundo ha adoptado otro tipo de pastorado. Este lo llamaremos el pastorado administrativo. Estudiemos bien estos dos tipos de pastorados.

El pastorado parroquial.

La palabra «pastor» significa uno que *cuida* rebaños (no solo uno que los alimenta), y es un *servicio* encomendado a los ancianos (supervisores u obispos). Esto involucra un cuidado tierno y una supervisión llena de atención. El pastor parroquial dedica este cuidado a su congregación entera. Requiere visitas personales, atención constante y mucho amor. Por este motivo, para un solo hombre es casi imposible pastorear a más de setenta personas.

Cuando Jesús describió el corazón de un pastor, habló de uno de cien ovejas:

> "¿Qué os parece? Si un hombre tiene cien ovejas, y se descarría una de ellas, ¿no deja las noventa y nueve y va por los montes a buscar la que se había descarriado? Y si acontece que la encuentra, de cierto os digo que se regocijará más por aquella, que por las noventa y nueve que no se descarriaron" (Mateo 18:12–13).

El pastor parroquial casi nunca tendrá una iglesia muy grande porque si la tuviera, no podría darle la misma atención. Algunos pastores, por su carisma y gran dedicación, han logrado levantar congregaciones enormes, especialmente aquellos que tienen unción de evangelista. Sin embargo, como no tienen la posibilidad de discipular y cuidar a tantos miembros, las iglesias se ven forzadas o a cambiar su tipo de pastorado, o dividirse y levantar otras obras, o en el peor de los casos, sufrir por la falta de atención pastoral. Si no cambian, tales iglesias llegan a ser muy impersonales y carecen de miembros fuertes y maduros.

El pastorado administrativo.

El pastor administrador también es pastor según el concepto bíblico antes mencionado. Sin embargo, muchas iglesias sobrepasan el número de personas que un individuo puede pastorear, como sucede con el avivamiento sin precedente en Latinoamérica. Así como lo hizo Moisés, muchas de estas congregaciones han visto la necesidad de delegar la autoridad a varios líderes para ministrar en su especialidad o llamado. Hoy día, las iglesias tienen pastores de oración, de matrimonios, de jóvenes, de cuidado pastoral, de asesoramiento, de misiones, de varones, de damas y otros más.

En estos casos el pastor principal es un administrador que supervisa la obra de Dios e imparte visión. Su función como pastor es dedicarse a la oración, la Palabra de Dios, atender los asuntos graves de la iglesia y presidir. Este tipo de pastor es *líder* de toda la congregación, pero es probable que solo pastoree a los líderes.

En estos casos, el título de pastor principal se le ha dado al que preside. El apóstol Pablo escribe en Romanos 12:8 «el que preside, con solicitud». Hay un don de presidir. La palabra preside significa: «Aquel que está dotado para orientar en todas las esferas de la vida; o a aquellos que tienen a su cargo funciones administrativas». En estas iglesias, otros con el llamado a ser pastores ejercen este ministerio bajo el liderazgo y la autoridad del pastor administrador.

Efesio 4:12 dice que Dios constituyó a los diferentes ministerios para la edificación del Cuerpo de Cristo. El pastor que se dedica a edificar a sus miembros verá un gran crecimiento, pero si quiere darle el mismo cuidado a cada uno de ellos, ese crecimiento solo llegará hasta cierto punto. Es por esto que vemos que algunas iglesias también se dedican a levantar otras obras con el mismo tipo de pastorado.

Cada individuo tiene una función delegada por Dios en base a su personalidad y estilo. Algunos son llamados a ser pastores parroquiales, y otros a ser pastores administradores. Pero cada pastor es escogido por Dios para cumplir sus propósitos.

Es importante decir que el hecho de que no todos estén llamados a pastorear grandes rebaños no es una excusa para no crecer. Dios nos llama a esforzarnos y hacer lo mejor que podemos, y a hacerlo con excelencia. Dios entonces edifica y multiplica según sus propósitos. Usted no escogió qué parte del Cuerpo de Cristo iba a ser, ni en dónde iba a estar. Dios lo hizo. Si Dios no edifica la iglesia, en vano laboramos.

Como hemos visto, el modelo de iglesia con un pastorado administrativo es mejor para producir iglesias grandes. Estos pastores se dedican a equipar a sus miembros para la obra del ministerio y delegan su autoridad para que el ministerio pueda crecer casi ilimitadamente. Sin embargo, las iglesias con un pastorado parroquial pueden crecer también, dividiéndose luego para comenzar otras obras. Lo importante es que el pastor edifique el cuerpo de Cristo para la obra del ministerio. Sea cual sea el llamado que alguien tenga, debe ser lo que Dios lo ha llamado a ser. Solo así tendrá éxito en su llamamiento.

Mi experiencia como pastor.

Yo fui una mezcla de los dos pastorados. Dediqué mucho de mi tiempo al cuidado pastoral de la grey del Señor, pero ejercí la función de administrador con solicitud.

Durante mis años como pastor, trabajé en diferentes oficios pastorales en una congregación de habla inglesa de miles de personas. Dios nos llamó a comenzar un ministerio hispano con un pequeño grupo de treinta. Trabajamos como si fuéramos una iglesia de doscientos, y con el tiempo llegamos a serlo. Éramos la iglesia hispana más grande en una comunidad muy pequeña de hispanoparlantes. Llegamos a tener personas de dieciséis países diferentes. Por esta razón comenzamos a llamarnos, entre nosotros, «los Estados Unidos Latinoamericanos de Palabra de Gracia».

Con la visión que nos dio el Señor, nos lanzamos en fe, creyendo la promesa de Dios para nuestra congregación. El Señor nos exhortó por medio de Isaías 54:2–3:

> "Ensancha el sitio de tu tienda, y las cortinas de tus habitaciones sean extendidas; no seas escasa; alarga tus cuerdas, y refuerza tus estacas. Porque te extenderás a la mano derecha y a la mano izquierda; y tu descendencia heredará naciones y habitará las ciudades asoladas."

El domingo 3 de febrero de 1986, exactamente diez años después de conocer a Cristo como mi Salvador, comencé a laborar como pastor. El Señor me dio tres palabras como modelo del ministerio que acabábamos de emprender: IMPACTO (local, nacional e internacional), EXCELENCIA (en toda área del ministerio) y MOVILIZACIÓN (discipulado y delegación de la obra a través de los miembros). Nuestra visión era crear oportunidades de ministerio para *toda persona*. También queríamos desarrollar líderes que abrazaran la *filosofía y el estilo* de nuestro ministerio para que, como colaboradores en Cristo, ayudaran a implementar la visión que Dios nos dio.

En esta capacidad, Dios me llamó a ser el *visionario*. A los líderes los llamó a ser *compañeros*, y a la congregación, *obreros*.

Entre los líderes y yo, desarrollamos una declaración de misión que sería nuestra guía para el ministerio. Esta incluyó el propósito que tenemos, qué clase de Iglesia somos, qué hacemos y cómo lo hacemos. Así pudimos siempre determinar si estábamos siendo fieles al llamado de Dios para la congregación y evaluar el éxito de nuestros programas.

El éxito se logra cuando hacemos la voluntad de Dios. El éxito no se mide con la popularidad, la asistencia dominical, el tamaño de las ofrendas, el tamaño del edificio, la calidad del predicador o los maestros. Si usted está en la voluntad de Dios y es obediente a lo que le llamó a hacer, tiene éxito.

Muchos pastores se preocupan por lo que Dios está haciendo por medio de otros pastores en vez de hacer lo que Dios les mandó hacer a ellos. Carecemos de sabiduría cuando comenzamos a comparar nuestro ministerio y nuestras congregaciones con otros. La división, los celos y las contiendas con frecuencia entran en el Cuerpo de Cristo de esta manera.

> "Porque no nos atrevemos a contarnos ni a compararnos con algunos que se alaban a sí mismos; pero ellos, midiéndose a sí mismos por sí mismos, y comparándose consigo mismos, no son juiciosos. Pero nosotros no nos gloriaremos desmedidamente, sino conforme a la regla que Dios nos ha dado por medida, para llegar también hasta vosotros" (2 Corintios 10:12–13).

No es bueno compararnos con otros líderes o pastores. Nuestro ministerio es del Señor y Él nos ha dado una diferente esfera de influencia y alcance. Al tratar de imitar a otros, quizás excedamos nuestro llamado y nuestros recursos. No podemos ser lo que Dios no nos ha llamado a ser. Dios nos creó con diferentes temperamentos, personalidades y dones. Nos llamó a diferentes oficios y no podemos, ni debemos, compararlos ni competir con otros. Él nos hizo diferentes partes del Cuerpo de Cristo para que necesitemos los unos de los otros.

Conozco muchos ministerios de gran éxito que comenzaron a ministrar fuera del área de su unción y sufrieron las consecuencias de su error. Un evangelista no necesariamente está llamado a ser maestro, ni un pastor necesariamente está llamado a ser profeta, a no ser que Dios los mueva permanentemente de un oficio al otro. El ojo no puede ser la nariz, la boca no puede ser el oído, y ninguno puede decir que no necesita del otro.

La mano siempre está al frente del cuerpo, expuesta y vista por todos. Los anillos y las joyas le lucen. Los pies están debajo del cuerpo, casi siempre cubiertos con medias y zapatos, y aunque cargan todo el cuerpo al caminar, nunca están en prominencia. Sin embargo, ¿cuál de los dos preferirías perder? Son igualmente importantes, aun cuando uno es más prominente que el otro. *Así es con el Cuerpo de Cristo*.

Hace dos años, mi madre sufrió tres infartos cerebrales que la incapacitaron. Perdió el uso de su brazo y pierna izquierdas. Sin la pierna le era imposible movilizarse. El brazo no le hacía la misma falta. El Señor milagrosamente la está sanando. Ya camina con la ayuda de un bastón. Su brazo todavía no tiene movilidad, pero su fe permanece firme en la promesa de su sanidad total. *Así es con el Cuerpo de Cristo*.

"Porque así como el cuerpo es uno, y tiene muchos miembros, pero todos los miembros del cuerpo, siendo muchos, son un solo cuerpo, así también Cristo... Mas ahora Dios ha colocado los miembros cada uno de ellos en el cuerpo como Él quiso... Ni el ojo puede decir a la mano: No te necesito, ni tampoco la cabeza a los pies: No tengo necesidad de vosotros. Antes bien los miembros del cuerpo que parecen más débiles son los más necesarios; y aquellos del cuerpo que nos parecen menos dignos, a éstos vestimos más dignamente; y los que en nosotros son menos decorosos, se tratan con más decoro" (1 Corintios 12:12, 18, 21–23).

Las tres C y los sombreros del liderazgo.

Todo líder, y en particular todo pastor, tiene tres esferas de influencia. En el liderazgo, la habilidad de comunicarse en cada esfera o ámbito es muy importante para evitar malentendidos y otros problemas. Me refiero a estas esferas como las tres C del líder: Comunidad, causa y corporación. La tabla siguiente ilustra los campos de acción de cada C:

COMUNIDAD	*CAUSA*	*CORPORACIÓN*
Relación	Unción	Administración
Familia	Iglesia	Negocio
Congregación	Líderes	Empleados

La comunicación en cada uno de estos campos es diferente. Para comunicarnos bien con los demás, tenemos que identificar el papel que estamos desempeñando. Es como tener varios sombreros, cada uno representando un campo diferente. Como pastor, descubrí que era de vital importancia saber cuál «sombrero» tenía puesto para comunicarme con alguien.

En una ocasión tuve que llamar a cuentas a un empleado que trabajaba como pastor de jóvenes y director de alabanza. Como empleado, él tenía varias responsabilidades por las cuales recibía un salario. Aunque mi amistad con este joven era muy buena, y su ministerio a los jóvenes era excelente, tuve que disciplinarlo por no cumplir algunas de las obligaciones administrativas que eran requeridas de él. Antes de disciplinarlo, le aclaré que tenía puesto el «sombrero» de la *administración*. No le hablaría como amigo; nuestra amistad era excelente. No hablaría acerca de su ministerio o unción, pues estaba muy satisfecho con su trabajo en este campo. Le tenía que hablar como su jefe porque no estaba cumpliendo con algunas de sus responsabilidades administrativas, tales como enviarme los informes de las reuniones, el presupuesto financiero para el año venidero, etc.

Esto facilita la comunicación y evita que la persona comience a preguntarse ¿Estará enojado conmigo? ¿No estará satisfecho con mi ministerio?

En otra ocasión, me enteré de un hermano que pensaba hacer una compra que lo hubiera puesto en severas dificultades económicas. Como su amigo, lo llamé a la oficina y antes de aconsejarle le aclaré que en ese momento me estaba poniendo el «sombrero» de amigo (*relación*) y no quería hablarle como su pastor, sino como su amigo.

Una vez tuve que hablar con un buen amigo y líder de la iglesia. Su esposa me informó que su temperamento y actitud hacia ella no eran correctos, y mucho menos para una persona en liderazgo. Al hablar con él, primeramente le aclaré qué «sombrero» me estaba poniendo para hablarle. No le iba a hablar como amigo; nuestra amistad no había cambiado. Tampoco le hablaba como jefe. Le hablaba como pastor (*causa*), para ministrarle en cuanto a su comportamiento matrimonial y como ejemplo de la grey.

En mi vida personal, debo tener en cuenta el rol que estoy ejerciendo y dónde lo estoy ejerciendo. No puedo llevar a mi hogar el «sombrero» de administrador y muy pocas veces el de pastor. En mi familia, debo ejercer como padre y esposo en la esfera de relaciones o comunidad.

Igualmente, cuando estoy en el púlpito o en una plataforma ministerial, debo conducirme con el decoro y la mente de un embajador de Cristo. Mi comunicación debe ser como el que habla los oráculos de Dios. La persona en la plataforma o el podio no es el amigo, ni el jefe. Es el representante de Dios.

También, durante el tiempo de trabajo en la oficina o sitio de funciones administrativas, mi comportamiento, actitud y conducta debe ser el modelo de un hombre de negocios. Sí, estamos en los negocios de nuestro Padre celestial.

En toda comunicación es preciso establecer una jerarquía u orden autoritativo. Todo buen líder debe ser claro y preciso en sus comunicaciones. En el próximo capítulo escribiré acerca del patrón bíblico de autoridad.

La autoridad en la iglesia.

TODA AUTORIDAD DEBE SOMETERSE A AUTORIDAD. Este es un principio que vemos aun en la vida del Señor Jesús. Si lo comprendemos, veremos el poder de la autoridad manifiesta en nuestras vidas y nuestros ministerios.

Jesús siempre demostró gran autoridad. Cuando enseñaba, era con autoridad. Al echar fuera demonios, demostraba que tenía autoridad sobre ellos. Manifestó que tenía autoridad sobre las enfermedades cuando sanó a los enfermos. Sin embargo, Jesucristo se sometía a otra autoridad:

> "De cierto de cierto os digo: No puede el Hijo hacer *nada* por sí mismo, sino lo que ve hacer al Padre" (Juan 5:19, énfasis del autor).

Jesús es nuestro ejemplo, y este gran hombre de autoridad se sometió al Padre, «haciéndose obediente hasta la muerte» (Filipenses 2:8). El poder de su autoridad estaba basado en una autoridad superior. Esto lo reconoció un centurión en el siguiente pasaje:

> "Respondió el centurión y dijo: Señor, no soy digno de que entres bajo mi techo; solamente di la palabra, y mi criado sanará. Porque también yo soy hombre *bajo autoridad*, y tengo bajo mis órdenes soldados; y digo a éste; Vé, y va; y al otro: Ven, y viene; y a mi siervo: Haz esto, y lo hace. Al oírlo Jesús, se maravilló, y dijo a los que le seguían: De cierto os digo, que ni aun en Israel he hallado tanta fe" (Mateo 8:8–10).

El Señor se maravilló ante aquel centurión romano porque percibió el concepto de la autoridad y la sumisión en el ámbito espiritual. El soldado dijo: «Porque también yo soy hombre bajo autoridad». Primeramente reconoció que Jesús estaba bajo autoridad. Entendía el concepto de autoridad dentro de la esfera militar y la esfera administrativa. Sabía que la que él tenía sobre los soldados y sobre sus empleados se basaba en que él estaba sujeto a otra autoridad superior. Es más, sin esta no tendría autoridad.

Jesús luego delegó su autoridad a los discípulos y los envió a llevar a cabo la obra del ministerio (véase Lucas 10:1–20). La autoridad que delegó Jesús fue suficiente y poderosa sobre toda clase de demonios y enfermedades. Leamos cuidadosamente lo que dijeron cuando volvieron:

> "Señor, aun los demonios se nos sujetan *en tu nombre*" (Lucas 10:17, énfasis del autor).

La autoridad que ellos tenían venía del nombre de Jesús. Les dijo: «Os doy potestad...» (v. 19). Al ser discípulos de Cristo, se habían sometido a Él. Ahora actuaban con su autoridad.

Todo líder debe someterse a otra autoridad. Parte del concepto de la cobertura o protección espiritual es que hay que ser responsables ante otros. El apóstol Pablo, en su epístola a Tito, le instruye cómo pastorear a la iglesia en Creta. Pablo y Tito habían desarrollado una obra misionera en Creta y al irse, Pablo delegó su autoridad a este joven.

Pablo le dice: «Habla, y exhorta y reprende con *toda autoridad*. Nadie te menosprecie» (Tito 2:15). Tito tenía toda autoridad solo porque Pablo se la había delegado. Nadie podía menospreciarlo porque él se sometía a Pablo y tenía la cobertura del ministerio de ese apóstol.

Leamos otro pasaje sobre la autoridad:

> "Sométase toda persona a las *autoridades superiores*; porque no hay autoridad sino de parte de Dios, y las que hay, por Dios han sido establecidas. De modo que quien se opone a la *autoridad*, a lo establecido por Dios resiste; y los que resisten, acarrean condenación para sí mismos" (Romanos 13:1–2, énfasis del autor).

Reconocer, ejercer y obedecer a la autoridad es parte del camino de fe. El justo es llamado a vivir por su fe (Romanos 1:17), y todo lo que no es de fe es pecado (Romanos 14:23). No someternos a autoridad es un pecado ante Dios.

El reino de Dios está sujeto a principios y leyes establecidas y ordenadas por Dios para fijar un sistema efectivo y eficiente. Dios ha establecido leyes «de la naturaleza». La ley de gravedad se cumple en toda persona, conversa o inconversa. Las leyes como la del sonido, la densidad, la velocidad, y la luz fueron establecidas por Dios para que hubiera un orden natural para el ser humano. Todas estas mantienen a la naturaleza en orden hasta el tiempo en que Dios desenlazará las leyes establecidas para traer juicio sobre la humanidad.

En el ámbito espiritual, también Dios ha establecido leyes o principios que gobiernan a la humanidad tales como la ley del pecado y de la muerte (Romanos 8:2, 25), la ley de fe (Romanos 3:27), la ley de Cristo, que es el amor incondicional (Gálatas 3:23), la ley de libertad que es la gracia de Dios (Santiago 1:25) y naturalmente la ley de Dios.

En el Cuerpo de Cristo, también hay principios que gobiernan su orden. Estos principios le han sido dados a la Iglesia para preservar el orden y permitir que esta funcione eficiente y efectivamente. En este capítulo y el siguiente estudiaremos algunos de estos principios. Estos son la autoridad, el liderazgo, la sumisión y la disciplina en la Iglesia. Cuando ignoramos o rehusamos el orden de autoridad establecido, traemos condenación sobre nosotros mismos y creamos conflictos y tensiones que causan ansiedades y sufrimientos que podemos evitar.

El liderazgo en el Nuevo Testamento.

Gordon Fee ha dicho: «El Nuevo Testamento está lleno de sorpresas, pero tal vez ninguna es tan sorprendente como la actitud laxa sobre la estructura y el liderazgo; especialmente, al considerar cuán importante este tema llegó a ser a través de la historia de la Iglesia...»

A través de la historia y por todo el mundo, cada denominación cristiana e iglesia local ha establecido una estructura de gobierno que según cada una está basada en las enseñanzas del Nuevo Testamento. El modelo que la Iglesia primitiva abrazó estableció una distinción dentro del mismo Cuerpo. La diferencia entre el pueblo (laite) y el clero (kleros) alcanzó su más grande y aguda expresión en el catolicismo romano. Este modelo de gobierno quedó en muchas iglesias después de la Reforma como la iglesia episcopal, la iglesia presbiteriana, los hermanos de Plymouth y otros más. Esta estructura divide al liderazgo y al pueblo en cuanto a reglas, obligaciones y dones ministeriales.

Algunas denominaciones, como las iglesias bautistas, pentecostales y carismáticas, han cambiado el concepto, y en estas el gobierno de la iglesia está en las manos del pueblo, el cual dirige al liderazgo.

Las epístolas pastorales en realidad no revelan mucho sobre la estructura y gobierno del liderazgo. Lo que más concierne a Pablo es el carácter y la madurez del líder. La estructura bíblica no divide al ministerio del pueblo, ambos son uno, pero con un muy definido liderazgo. El libro de los Hechos de los Apóstoles se refiere a líderes en la iglesia de Jerusalén. Estos son los Apóstoles. Luego el liderazgo está en las manos de Santiago (Hechos 12:17; 15:13).

En Antioquía, el liderazgo aparentemente estaba en las manos de profetas y maestros (Hechos 13:1–2). Más tarde los líderes de las iglesias locales son los «ancianos». Pablo se refiere al liderazgo de Éfeso como «los ancianos».

> "Y constituyeron ancianos en cada iglesia, y habiendo orado con ayunos, los encomendaron al Señor en quien habían creído" (Hechos 14:23).

> "Enviando, pues, desde Mileto a Éfeso, hizo llamar a los ancianos de la iglesia" (Hechos 20:17).

Es un hecho que iglesias de toda persuasión continúan debatiendo sobre la verdadera estructura bíblica o neotestamentaria. ¿Debe ser un gobierno por el pueblo? ¿Congregacional? ¿Democrático? ¿Apostólico? ¿Por comité? ¿Pluralidad de ancianos? Lo cierto es que el Nuevo Testamento no trata en detalle sobre esta área.

Tal vez la estructura correcta es la que mejor resulte dentro de un aspecto FUNCIONAL basado en NECESIDADES y RELACIONES PERSONALES.

Palabras religiosas.

En gran parte, la confusión sobre el liderazgo en la Iglesia se origina en el escaso entendimiento de muchas palabras del texto griego que han perdido el sentido que tenían en el idioma original. Estas han llegado a tomar un aspecto *religioso* y por lo tanto tienen el significado que cualquier grupo religioso quiera aplicarle.

Por ejemplo, la palabra *diakonos* o *diakonia* significa siervo, alguien que sirve a otros. Los lectores originales del Nuevo Testamento sabían esto. *Diakonos* ha quedado traducida DIÁCONOS. Esta palabra ha tomado un significado de poderoso sentido religioso. Muchos discuten hoy si una mujer puede ser *diakonos* o diaconisa. Sería tonto discutirlo si la pregunta fuera: ¿puede una mujer *servir* en la iglesia? Tal vez hoy día la mejor traducción de *diakonos* es: VOLUNTARIO. Esta palabra se usa en toda iglesia y es más fiel al significado cultural de *diakonos* en el Nuevo Testamento.

Les presento ahora varias palabras que debemos examinar para ver si las estamos usando correctamente. Son palabras comunes que significan mucho para el que las oiga, pero no siempre con el mismo sentido que tenían cuando Pablo, Pedro y otros las usaron.

Concepto neotestamentario	***Del griego***	***Palabra religiosa***	***Concepto presente***

mensajero	*angelos*	ángel	Mensajero
buenas nuevas	*euangelion*	evangelio	buenas noticias
mensajero de algo bueno	*euangelistes*	evangelista	El que comparte buenas nuevas acerca de Jesús
separado	*hagios*	santo	especial
los separados	*hagioi*	santos	cristianos
pastor	*poimen*	pastor	proveedor de cuidado
proclamador	*kyryx*	predicador	comunicador
viejo	*presbuteros*	anciano	maduros, con sabiduria y experiencia espiritual
sobreveedor	*episkopos*	obispo/anciano	líder
siervo	*diakonos*	diacono	voluntario
maestro	*didaskalos*	maestro	instructor
discípulo	*mathetes*	discípulo	aprendiz
iglesia	*ekklesia*	iglesia	asamblea
multitud	*plethos*	congregación	muchedumbre

No sé si se dieron cuenta de esto, pero la mayoría de estas palabras describen una *función* y no son *títulos* honorarios. La estructura de autoridad en el Cuerpo de Cristo, en su gran mayoría, está basada en funciones y responsabilidades, no en títulos ni posiciones.

Los líderes son parte del pueblo.

Gordon Fee dice que «el liderazgo entre el pueblo de Dios neotestamentario nunca es visto como algo exclusivo o por encima del pueblo, sino como una parte del todo, esencial para su salud, pero gobernada por las mismas normas».

El apóstol Pablo claramente especifica que aquellos que tienen una posición de autoridad, es decir aquellos que presiden o conducen, son parte de los que trabajan en la obra y no están por encima de ellos.

> "Os rogamos, hermanos, que reconozcáis a los que trabajan *entre vosotros*, y os presiden *en el Señor*, y os amonestan; y que los tengáis en mucha estima y amor por causa de su obra. Tened paz entre vosotros" (1 Tesalonicenses 5:12–13).

Los pastores y líderes son parte del pueblo y tienen esa posición para edificar el Cuerpo de Cristo. La distinción entre el pueblo y el clero es la exageración de una división funcional que Dios estableció. El Cuerpo funciona bien cuando todos obran juntos para cumplir los propósitos de Dios, y los líderes están ahí para facilitar ese proceso.

El autor del libro a los Hebreos concluye su carta pastoral recordando y exhortando al pueblo de Dios a recordar no solamente a los que están actualmente pastoreando la iglesia sino a los que en tiempos pasados han invertido parte de su vida a favor de ellos y demostrado por medio de su conducta y su fe el amor y sacrificio por ellos.

> "Acordaos de vuestros pastores, que os hablaron la palabra de Dios; considerad cuál haya sido el resultado de su conducta, e imitad su fe" (Hebreos 13:7).

También exhorta a los creyentes a obedecer y someterse a los pastores o líderes porque son estos los que Dios ha encomendado a cuidar de la grey y ejercer autoridad sobre ella. Esto debe ser en una forma que no les cause agravios ni problemas, porque no es conveniente ante Dios.

> "Obedezcan a sus líderes y sométanse a su dirección; (20th Century Versión) Porque son guardas de su bienestar espiritual, (Phillips) Y Dios los juzgará de acuerdo a como lo hacen, (Taylor) Permitan que su tarea sea agradable, no de dolor y angustias, (Phillips) Porque les causaría perjuicio a ustedes" (Berkley) (Hebreos 13:17).

La *Biblia Plenitud* tiene una nota buena sobre este pasaje: «Los cristianos no sólo deben recordar a los anteriores líderes de la iglesia (v. 7), sino deben prestar atención a los líderes actuales y ayudarles a cumplir con su obligación de atender a la congregación. La obediencia que se demanda implica aceptar las orientaciones de otros; y subordinarse quiere decir desistir de nuestra propia opinión contraria a la de otros. El autor no sugiere obediencia ciega y sin cuestionamientos a todo lo que el líder dice, aun en aquellas decisiones que se refieren a cambiar de empleo, hacer compras o iniciar un viaje, o cosas por el estilo. El NT enseña la necesidad de aprender a discernir (1 Jn. 4:1), afirma la responsabilidad personal ante Dios (Ro. 14:12; Ga. 6:5), y destaca la mutua sumisión (Ro. 12:10; Ga. 5:13; Ef. 5:21; Fl. 2:3–4). Además, los líderes de la iglesia no son jefes autócratas que se enseñorean sobre la congregación, sino siervos que ejercen su autoridad con tacto y cuidado».

Cualquiera sea la estructura de liderazgo, todo líder debe cuidarse de no caer en: la soberbia de su posición autoritativa, el amor a la autoridad en vez de al pueblo de Dios, y la ausencia de responsabilidad a otros. El llamado de autoridad es SERVICIO AL MÁXIMO.

En el próximo capítulo estudiaremos como se ejerce la autoridad en el área de la disciplina.

La disciplina de Dios.

> *"Y habéis ya olvidado la exhortación que como a hijos se os dirige, diciendo: Hijo mío, no menosprecies la disciplina del Señor, ni desmayes cuando eres reprendido por Él; Porque el Señor al que ama disciplina, y azota a todo el que recibe por hijo. Si soportáis la disciplina, Dios os trata como hijos; porque ¿qué hijo es aquel a quien el padre no disciplina? Pero si se os deja sin disciplina, de la cual todos han sido participantes, entonces sois bastardos, y no hijos. Por otra parte, tuvimos a nuestros padres terrenales que nos disciplinaban, y los venerábamos. ¿Por qué no obedeceremos mucho mejor al Padre de los espíritus, y viviremos? Y aquéllos, ciertamente por pocos días nos disciplinaban como a ellos les parecía, pero éste para lo que nos es provechoso, para que participemos de su santidad. Es verdad que ninguna disciplina al presente parece ser causa de gozo, sino de tristeza; pero después da fruto apacible de justicia a los que en ella han sido ejercitados" (Hebreos 12:5–11).*

CUANDO LA BIBLIA HABLA DE LA DISCIPLINA de Dios, no se refiere a las enfermedades, tragedias o circunstancias dolorosas al alma, ni mucho menos a las tentaciones. ¿Quién de nosotros corrige o disciplina a sus hijos dándoles enfermedades o causándoles daños físicos o emocionales? Aquellos que *abusan* de sus hijos física o emocionalmente son considerados criminales aún por una sociedad mala y perversa. ¿Qué padre desea que sus hijos se enfermen, pierdan un brazo o una pierna, o queden paralíticos? Solamente una persona vil y enferma mentalmente.

Jesús enseñó a sus discípulos que si nosotros, como seres humanos y pecadores, no damos a nuestros hijos mal por bien, pan por piedra, pescado por serpiente, cuánto menos nuestro Padre celestial va a causarle daño a sus hijos.

> 'Pues si vosotros, siendo malos, sabéis dar buenas dádivas a vuestros hijos, *¿cuánto más vuestro Padre que está en los cielos* dará buenas cosas a los que le pidan?" (Mateo 7:11).

¿Cómo disciplina el Señor a sus hijos? ¡Como un *padre* disciplina a sus hijos! Por medio de la corrección, la instrucción y la redargución. Si esto no funciona, se les permite pagar el precio o las consecuencias de sus decisiones.

La palabra *disciplina* también se puede traducir enseñanza, instrucción, corrección, castigo. Según el Diccionario Expositivo del NT de W. E. Vine: «denota la formación dada a un niño, incluyendo la instrucción; de ahí, disciplina, corrección, sugiriendo la disciplina cristiana que regula el carácter; igualmente en instrucción».

Pablo dice acerca de la Biblia:

> "Toda la Escritura es inspirada por Dios, y útil para enseñar, para redargüir, para *corregir*, para instruir en justicia, a fin de que el hombre de Dios sea perfecto, enteramente preparado para toda buena obra" (2 Timoteo 3:16–17).

La disciplina de Dios *tiene* que basarse en las instrucciones que la Biblia nos provee. Para esto es útil. Entonces: ¿Quién es responsable por acarrear la disciplina y cómo? Aquellos que son llamados a hacer *discípulos*. La disciplina es parte intrínseca o esencial del discipulado. No se pueden separar una de la otra. Es una de las responsabilidades de la Iglesia y es acarreada por el liderazgo.

La disciplina en la Iglesia.

Todos aquellos que son discípulos del Señor deben someterse a la autoridad de la iglesia local. La iglesia es responsable, entre otras cosas, de:

- La admisión de miembros para la comunión.
- El gobierno de la congregación.
- El discipulado de la congregación. Esto incluye:
  - La enseñanza de la Palabra de Dios
  - La disciplina o corrección.

La disciplina tiene que estar fundamentada en la Palabra de Dios. En el Nuevo Testamento Jesucristo establece la base y las normas para el proceso de la disciplina.

> "Por tanto, si tu hermano peca contra ti, vé y *repréndele* estando tú y él *solos;* si te oyere, has ganado a tu hermano. Más si no te oyere, toma aún contigo a uno o dos, para que en boca de dos o tres testigos conste toda palabra. Si no los oyere a ellos, dilo a la iglesia; y si no oyere a la iglesia, tenle por gentil y publicano" (Mateo 18:15–17).

Si un hermano le hace algo malo, llámelo y dígale en privado cual ha sido su falta. Si le escucha, resuelve la ofensa. Si no le escucha, vaya con uno o dos hermanos y preséntele la ofensa. Si no escucha a ninguno, entonces preséntelo al liderazgo que representa a la totalidad de la congregación. Si este no acepta la recomendación del liderazgo entonces deben romper la comunión con él. Lo *excomulgan*.

Esta palabra parece muy severa, pero solo significa: Declarar a una persona fuera de la comunicación o trato con otras. Este es el proceso de disciplina que el apóstol Pablo recomienda se lleve a cabo en la iglesia de Corinto.

> "De cierto, se oye que hay entre vosotros fornicación, y tal fornicación cual ni aún se nombra entre los gentiles; tanto que alguno tiene la mujer de su padre. Y vosotros estáis envanecidos. ¿No debierais más bien haberos lamentado, para que *fuese quitado de en medio de vosotros* el que cometió tal acción" (1 Corintios 5:1, 2).

Pablo reprende a la congregación por permitir esa clase de pecado y no disciplinarlo. Debieran sentirse tristes y avergonzados de que existe entre ellos esa clase de vida moral y los exhorta a romper comunión y excomulgar al individuo.

> "Ciertamente yo, como ausente en cuerpo, pero presente en espíritu, ya como presente he juzgado al que tal cosa ha hecho. En el nombre de nuestro Señor Jesucristo, reunidos vosotros y mi espíritu, con el poder de nuestro Señor

Jesucristo, el tal sea entregado a Satanás para destrucción *de la carne*, a fin de que el espíritu sea salvo en el día del Señor Jesús" (1 Corintios 5:3–5).

Esto nos indica que se le remueva la cobertura eclesial que provee la protección de Dios. Esto permite que Satanás obre para traer las consecuencias o la paga del pecado. Recordemos que el apóstol Pablo también entregó a Satanás a Himeneo y Alejandro el calderero, los cuales le habían levantado blasfemias y falsas acusaciones, y le habían causado mucho daño en la iglesia de Galacia. Esta es la clase de castigo o justicia del Señor de la cual escribí en los capítulos 6 al 8.

Conforme a la gravedad de la ofensa, la disciplina puede ser acarreada lo más pronto posible, como en el caso de la inmoralidad del hermano corintio, o a través de un proceso más lento como en el caso de Mateo 18:15–20.

Otras áreas de disciplina que son mencionadas en las epístolas pastorales nos sirven como guías en la función disciplinaria de la Iglesia. Por ejemplo:

- La HOLGAZANERÍA, es decir la persona ociosa que no quiere trabajar y que con frecuencia vive apelando al buen corazón de los hermanos por medio de la manipulación.

  > "Pero os ordenamos, hermanos, en el nombre de nuestro Señor Jesucristo, que *os apartéis* de todo hermano que ande desordenadamente y no según la enseñanza que recibisteis de nosotros ... ni comimos de balde el pan de nadie, sino que *trabajamos* con afán y fatiga día y noche, para no ser gravosos a ninguno de vosotros;... Porque también cuando estábamos con vosotros, os ordenábamos esto: Si alguno no quiere trabajar, tampoco coma. Porque oímos que algunos de entre vosotros andan desordenadamente, *no trabajando en nada*, sino entrometiéndose en lo ajeno. A los tales *mandamos y exhortamos* por nuestro Señor Jesucristo (como representantes de la autoridad del Señor), que trabajando sosegadamente, coman *su propio pan*... Si alguno *no obedece* a lo que decimos por medio de esta carta, *a este señaladlo, y no os juntéis con él*, para que se avergüence. Mas no lo tengáis por enemigo, sino *amonestadle* (reprendedlo) como a hermano" (2 Tesalonicenses 3:6, 8, 10–12, 14–15).

- Las QUEJAS y la MURMURACIÓN, particularmente cuando se hacen acusaciones en contra del liderazgo. Recordando que los que están en posiciones de autoridad siempre son víctimas de las acusaciones del enemigo, la disciplina debe basarse en hechos comprobados y no en insinuaciones o indirectas. La disciplina pública sirve para advertir a los demás de las consecuencias de su pecado.

  > "Contra un anciano no admitas acusación sino con dos o tres testigos. A los que persisten en pecar, repréndelos delante de todos, para que los demás también teman" (1 Timoteo 5:19–20).

- A los que CAUSAN DIVISIÓN y DISENSIÓN en la Iglesia. Esto es una perversión ante Dios. Jesucristo vino para unirnos, Satanás viene a dividirnos.

"Al hombre que cause divisiones, después de una y otra (dos) amonestación *deséchalo*, sabiendo que el tal se ha pervertido, y peca y está condenado por su propio juicio" (Tito 3:10–11).

Razones para la disciplina.

• Para la iglesia

1. Probar la obediencia.

   "Porque también para este fin os escribí, para tener la prueba de *si vosotros sois obedientes* en todo" (2 Corintios 2:9).

2. Evitar el escarnio de la iglesia.

   "De cierto *se oye* que hay entre vosotros fornicación" (1 Corintios 5:1).

3. Eliminar la contaminación del pecado y su influencia en la conducta de los creyentes.

   "¿No sabéis que un poco de levadura leuda toda la masa? Limpiaos, pues, de la vieja levadura, para que seáis nueva masa, sin levadura como sois" (1 Corintios 5:6–7).

4. Para proteger la congregación.

   "A los cuales es preciso tapar la boca; que trastornan casas enteras, enseñando por ganancia deshonesta lo que no conviene" (Tito 1:11).

• Para la persona en disciplina

1. Para demostrar el amor de Dios.

   "...sino para que supieseis cuán grande es el amor que os tengo" (2 Corintios 2:4).

2. Para tratar de salvar al individuo de las consecuencias de su pecado.

   "...a fin de que su espíritu sea salvo en el día del Señor Jesús" (1 Corintios 5:5).

Dos casos difíciles.

Durante mis diez años de pastorado, a nuestra iglesia le fue necesario romper comunión con dos personas. Después de pasar por el proceso bíblico, tuvimos que obedecer su mandato.

En el primer caso, después de tratar de traer arrepentimiento a una jovencita que estaba cometiendo fornicación con su primo, la excomulgamos por recomendación unánime del liderazgo debido a que rehusó ser obediente. Fue muy difícil para todos los hermanos, pero en particular para los familiares de ella que eran miembros de la congregación.

El resultado fue similar al que observamos en las epístolas a los Corintios. El hombre en Corinto fue reprendido y excomulgado. Esto produjo arrepentimiento y logró el objetivo de corregir el mal. Pablo exhorta a los hermanos a perdonar al individuo y retornarlo a la comunión cuando esto suceda.

> "Le basta a tal persona esta reprensión hecha por muchos; así que, al contrario, vosotros más bien debéis perdonarle y consolarle, para que no sea consumido de demasiada tristeza. Por lo cual os ruego que confirméis el amor para con él" (2 Corintios 2:6–8).

Con el tiempo, esta jovencita se arrepintió y volvió a tener comunión con los hermanos. Más tarde contrajo matrimonio con un joven cristiano y ahora ambos sirven al Señor.

La otra persona fue alguien parecido a Alejandro el caldero. Le causó mucho daño a la congregación y a mí, y hasta el presente no se ha arrepentido. Hoy no participa de la comunión de los hermanos. Pero lo hemos dejado en las manos del Señor.

Conceptos de liderazgo.

> *"Ruego a los ancianos que están entre vosotros, yo anciano también con ellos, y testigo de los padecimientos de Cristo, que soy también participante de la gloria que será revelada: Apacentad la grey de Dios que está entre vosotros, cuidando de ella, no por fuerza, sino voluntariamente; no por ganancia deshonesta, sino con ánimo pronto; no como teniendo señorío sobre los que están a vuestro cuidado, sino siendo ejemplo de la grey" (1 Pedro 5:1–3).*

EL LIDERAZGO ES UNA DÁDIVA DE DIOS. Es un talento especial que le permite a un individuo ejercer algún tipo de autoridad.

Lo que todo líder debe saber.

No todos los buenos administradores son buenos líderes. Hay una diferencia entre las dos cosas. Un administrador obra por medio de reglas y normas establecidas para obtener sus resultados. Un líder gobierna basado en sus talentos relacionales. Un administrador ejecuta, pero un líder moviliza. Los mejores líderes son intuitivos y sensitivos; los mejores administradores son técnicos.

Un líder sabe lo que motiva a la gente.
Al oír que un líder gobierna por medio de su sensibilidad en las relaciones, algunos preguntarán si un líder *manipula* a otros para lograr su objetivo. No, hay una gran diferencia entre la *manipulación* y la *motivación*.

- La MANIPULACIÓN es movilizar a otros para beneficio propio.
- La MOTIVACIÓN es movilizar a otros para el beneficio de todos.

Un buen líder reconoce que otros ven las cosas desde un punto de vista diferente. No todos tienen el mismo objetivo o las mismas prioridades. El líder trata de ver las cosas a través de los ojos de sus discípulos. Así puede percibir cuáles son sus necesidades y deseos. Utiliza este conocimiento para motivarlos a realizar lo que el grupo necesite.

El que quiere atraer y recibir el apoyo de otros tiene que suplir las necesidades de sus seguidores. El que reconoce las necesidades de la gente, y toma los pasos necesarios para proveer lo necesitado, tendrá éxito en el liderazgo. La gente se moviliza cuando va a recibir algún beneficio.

Un líder no es líder sin seguidores.
Es importante reconocer que no existe tal cosa como un líder sin seguidores. La palabra líder significa: un guía, un jefe, un conductor de una colectividad, el que encabeza una *agrupación*. Parece una tontería tener que enfatizar este punto, pero tristemente, hay muchos líderes que no tienen quien les siga. El liderazgo es una relación entre personas. Muchos tienen la posición sin la relación.

¿Qué debe exhibir un líder para que otros le sigan?

1. SOLIDEZ.
Toda persona en liderazgo necesita impartir la visión que Dios le ha dado para que sus seguidores se aferren a ella. El pueblo va a ser movilizado cuando pueda creer y aceptar tanto la visión como al líder. La única forma en que esto va a suceder, es cuando este ha demostrado solidez en su estilo de vida y su visión es creíble.

2. CONFIABILIDAD.
Es difícil seguir a alguien si uno no puede confiar en él. Para que el pueblo pueda confiar en un individuo, este tiene primeramente que proyectar confianza en sí mismo, en lo que hace y en los propósitos de Dios para la agrupación que encabeza. Tiene que mostrar fidelidad a los miembros de su grupo y a los propósitos de Dios con ellos.

3. DIRECCIÓN.
El líder señala la dirección que debe seguirse para alcanzar un objetivo. Está consciente de los pasos que se deben tomar para lograr sus propósitos. Un líder desarrolla el mecanismo necesario para movilizar al pueblo hacia una realización de la visión de Dios.

4. ÁNIMO Y ENTUSIASMO.
Un buen líder imparte entusiasmo y ánimo a los que le escuchan y le siguen. Ese entusiasmo no depende de las multitudes o las circunstancias, sino del mensaje que predica. Si creemos que Dios nos quiere usar para cambiar vidas y confiamos que el mensaje que nos ha dado tiene la unción para hacerlo, estaremos animados y contagiaremos a los que nos escuchen con el mismo ánimo.

5. RELACIONES PERSONALES.
La visión no se imparte solo por medio de instrucciones y exhortaciones. Es necesario establecer buenas relaciones personales con todos los otros líderes y con sus subalternos. Un pastor debe dedicar aproximadamente un 20% de su tiempo a establecer relaciones firmes y buenas con sus líderes.

Para lograr esto, el pastor tiene que participar en sus experiencias personales. Solidifica la confianza y el apoyo al hacer que los líderes se sientan apoyados en tiempos difíciles, y en asuntos espirituales, de aprendizaje, de diversión, de victorias. El pastor debe participar en sus triunfos y derrotas.

¿Que desean los seguidores de sus líderes?

1. ÉXITO.
Todos deseamos ser parte de algo que tenga éxito. Nadie quiere ser *hincha* de un equipo perdedor. Todos se entusiasman cuando un equipo es ganador. La gente se entusiasma en ver, conocer y ser parte de un grupo que va de triunfo en triunfo, de victoria en victoria.

La manera de crear una atmósfera de éxito y de victoria es permitir la participación de otros, usar sus talentos y darles crédito y reconocimiento ante otros.

2. QUE SE SUPLAN SUS NECESIDADES.

La gente por lo general no asiste o participa en un grupo solo por lealtad. En realidad, la lealtad a un individuo o a una congregación depende de la medida en que sus necesidades se suplen. ¿Qué debemos suplir a la grey de Dios durante las reuniones? Lo siguiente:

- comunión y convivio
- adoración y alabanza corporal
- crecimiento espiritual
- sanidad a sus dolencias y quebrantos
- dirección para sus vidas
- aceptación con amor y entusiasmo.

3. DISCIPULADO.
Toda persona desea ser capacitada en áreas prácticas de su vida. La gente en crisis necesita dirección sobre cómo, porqué y qué hacer para enfrentarse y batallar en esos tiempos.

4. AFIRMACIÓN.
Todos deseamos que nuestras vidas tengan mucho valor. Pablo le escribe a un joven pastor para animarlo y decirle: «Ninguno tenga en poco tu juventud, sino sé ejemplo de los creyentes en palabra, conducta, amor, espíritu, fe y pureza» (1 Timoteo 4:12).

Toda persona necesita tener esperanza. A Sir Winston Churchill se le preguntó: ¿Cuál es el arma más poderosa que tiene para derrotar a los Nazis? Este respondió: «¡Es muy simple: La esperanza!» Dios nos expresa sus pensamientos acerca de nosotros para animarnos y afirmarnos en nuestra fe:

> "Porque yo sé los pensamientos que tengo acerca de vosotros, dice Jehová, pensamientos de paz, y no de mal, para daros el fin que esperáis" (Jeremías 29:11).
>
> Otra versión dice: «...para daros un porvenir y una esperanza» (CLIE 1977).

Factores para un liderazgo efectivo.

1. RELACIÓN (Intimidad con Dios).
Es importante que todo líder sepa cuáles son las prioridades en la vida y el ministerio. El orden de prioridades comienza con una relación íntima y personal con Dios. Debemos cultivar diariamente nuestro caminar con Dios. «Los propósitos de Dios tienen que ser estrechamente atados a nuestras mentes y corazones, y debemos dedicarles atención y tiempo ... La vida personal de los ministros de Dios debe ser tan pura como su doctrina. Ambos fueron hechos el uno para el otro. Si el siervo del Señor no cuida de sí mismo, su doctrina será incoherente y confusa. La influencia de Dios puede apartarse de una persona por descuido, y nuestras mentes pueden perder la intensidad de su llamado»

2. ORACIÓN.
La oración es el verdadero tiempo de comunión con Dios. Los líderes de la Iglesia en Jerusalén (Hechos 6:4) reconocían le necesidad de permanecer continuamente en la oración y el estudio de la Palabra de Dios. Aprendamos de ellos.

Un líder necesita dedicar parte de su día específicamente para la oración. Es decir, con todos los quehaceres del ministerio, debe desarrollar una autodisciplina de su tiempo para orar, no solamente por sí mismo, sino también por todas las necesidades de su familia, su ministerio y su congregación. En tiempos intensivos de oración, debe orar por las autoridades, por su ciudad y por su nación.

3. Preparación.

> "Procura con diligencia presentarte a Dios aprobado, como obrero que no tiene de qué avergonzarse, que usa bien la palabra de verdad" (2 Timoteo 2:15).

En su primera epístola a Timoteo, Pablo le había dicho: «Ocúpate en la lectura (de la Palabra de Dios)». En esta carta le enfatiza que la estudie como *obrero*. La palabra que se traduce obrero denota un trabajador del campo, un labrador, alguien que labora diariamente para producir una cosecha, usando las herramientas del campo, como el azadón, el pico y la pala.

Un verdadero obrero de Dios se prepara en la Palabra porque es la herramienta disponible y necesaria para producir una cosecha de almas o un cambio de vidas. Para estudiarla bien es bueno tener diferentes versiones. Yo tengo a mi disposición un volumen de 26 traducciones distintas de la Biblia en inglés. También tengo numerosas versiones en Castellano, incluyendo Biblia de estudio como la *Biblia Plenitud* de Editorial Caribe, la cual uso con frecuencia como referencia en este libro.

También ayuda tener varias versiones del griego y del hebreo, diccionarios expositivos, concordancias y libros de referencia que contienen la enseñanza que Dios le ha dado a hombres de Dios contemporáneos. Todos estos nos ayudan a usar la palabra de Dios correctamente. Otras versiones de 2 Timoteo 2:15 dicen:

> "...correctamente analizando el mensaje de verdad" (Berkley).
>
> "...manejando la palabra con precisión" (Rotherham).
>
> "...entregando el mensaje de Dios con exactitud" (20th Century).
>
> "...declarando la palabra de verdad sin distorsión" (Conybeare).

Un buen líder reconoce que no lo sabe todo en cuanto a la Palabra de Dios. Continuamente escucho las enseñanzas de otros hombres de Dios en la radio, casetes, televisión. Leo libros de literatura cristiana y de temas especializados, revistas cristianas y seculares. Es decir, reconozco mi ignorancia y procuro aprender de lo que Dios le ha enseñado a otros en su área de especialidad. Con frecuencia asisto a seminarios, talleres, congresos, conferencias y toda clase de reuniones de capacitación e instrucción en las cosas de Dios. Escucho con esmero las enseñanzas de mi pastor y de aquellos pastores cuyas iglesias tengo el privilegio de visitar. Y procuro estar al tanto de lo que Dios está haciendo alrededor del mundo.

4. Presentación.

Tanto la manera de vestirse y comportarse ante otros como las costumbres y acciones afectan el liderazgo. Un buen líder es sensible. No quiere ofender a otros, particularmente en el área de diferencias de idioma o cultura. De esta manera evita poner tropiezo a otros.

> "Así que, los que somos fuertes debemos soportar las flaquezas de los débiles, y no agradarnos a nosotros mismos. Cada uno de nosotros agrade a su prójimo en lo que es bueno, para edificación. Porque ni aun Cristo se agradó a sí mismo; antes bien, como está escrito: *Los vituperios de los que te vituperaban, cayeron sobre mí"* (Romanos 15:1–3).

5. ORGANIZACIÓN.

Toda empresa u organización es evaluada o juzgada en base a sus habilidades administrativas, técnicas, financieras, comunitarias y de alcance. Si evaluamos nuestro ministerio y reconocemos las áreas en las cuales estamos deficientes y en las cuales sobresalimos, podremos entender por qué nuestro liderazgo es o no efectivo. Así podremos comenzar a dar los pasos necesarios para cambiar lo que se tenga que cambiar y mejorar y progresar en el ministerio.

Algunas de estas cosas parecerán mundanas y no espirituales. Pero recordemos que nuestro Dios es un Dios de orden (véase 1 Corintios 14:40).

Pablo escribió las epístolas para demostrar lo que estaba fuera de orden en las iglesias y corregir lo que no estaba bien. Le dice en una ocasión a los corintios:

> "Las demás cosas las pondré en orden cuando yo fuere" (1 Corintios 11:34).

Jesucristo sabía que era necesario organizar a las multitudes para poder alimentarlas. En la alimentación de los cinco mil, la Biblia nos muestra como los organizó por grupos para repartir la comida y luego poder fácilmente recoger lo que había sobrado. Demostró así también su buena mayordomía, no desperdiciando lo que sobró, sino recogiéndolo, para distribuirlo de acuerdo a las necesidades (véase Marcos 6:37–40, 43).

En mi experiencia como hombre de negocios, pastor y administrador, he comprendido la absoluta necesidad de la organización para llevar a cabo mis labores tanto en el mundo de los negocios como en los negocios de mi Padre celestial. Todos los conceptos de administración y liderazgo son igualmente necesarios para desarrollar la obra de Dios.

Como representantes del Reino de Dios y embajadores del evangelio, tenemos que esforzarnos y prepararnos para presentar un buen testimonio ante Dios y ante los hombres. Leamos las exhortaciones de Pablo a dos líderes:

> "Que los ancianos sean sobrios, serios, prudentes, sanos en la fe, en el amor, en la paciencia... presentándote tú en todo como ejemplo de buenas obras; en la enseñanza mostrando integridad, seriedad, palabra sana e irreprochable, de modo que el adversario se avergüence, y no tenga nada malo que decir de vosotros" (Tito 2:2, 7–8).

> "También es necesario que tengan buen testimonio de los de afuera, para que no caiga en descrédito y *en lazo del diablo"* (1 Timoteo 3:7).

La vida del líder.

> *"Palabra fiel: Si alguno anhela obispado, buena obra desea. Pero es necesario que el obispo sea irreprensible, marido de una sola mujer, sobrio, prudente, decoroso, hospedador, apto para enseñar; no dado al vino, no pendenciero, no codicioso de ganancias deshonestas, sino amable, apacible, no avaro; que gobierne bien su casa, que tenga a sus hijos en sujeción con toda honestidad (pues el que no sabe gobernar su propio casa, ¿cómo cuidará de la iglesia de Dios?); no un neófito, no sea que envaneciéndose caiga en la condenación del diablo. También es necesario que tenga buen testimonio de los de afuera, para que no caiga en descrédito y en lazo del diablo" (1 Timoteo 3:1–7).*

LA AUTORIDAD ESPIRITUAL DEL LÍDER está proporcionalmente relacionada a su humildad y dependencia del Señor. La vida y carácter del líder afectarán su ministerio, quiéralo o no. Por eso es que los versículos clave para el siervo de Dios son Romanos 12:1, 2:

> "Así que, hermanos, os ruego por las misericordias de Dios, que presentéis vuestros cuerpos en sacrificio vivo, santo, agradable a Dios, que es vuestro culto racional. No os conforméis a este siglo, sino transformaos por la renovación de vuestro entendimiento, para que comprobéis, cuál sea la buena voluntad de Dios, agradable y perfecta."

He dicho que Dios está más interesado en lo que somos que en lo que hacemos. Debemos vivir una vida, *santa* y *agradable* ante él. Para que nuestra obra sea útil, lo que hacemos debe reflejar un carácter y una conducta rendida a Dios.

Muchos autores han escrito sobre este tema. Quiero presentar lo que yo considero que son los diez elementos básicos para la vida de un líder.

Las diez M del ministerio.

MINISTERIO.

Me refiero al ministerio a Dios. La Biblia nos dice que hemos sido llamados a ser reyes y *sacerdotes*. El sacerdocio representa nuestro llamado a tener intimidad y entrega total en nuestra relación con Dios. Es un llamado a tener un pleno conocimiento de Él, ya que podemos entrar al lugar santísimo y vivir en comunión con Dios.

> "Vosotros también, como piedras vivas, sed edificados como casa espiritual y sacerdocio santo, *para ofrecer sacrificios espirituales* aceptables a Dios por medio de Jesucristo" (1 Pedro 2:5).

MATRIMONIO.

> "Que gobierne bien su casa, que tenga a sus hijos en sujeción con toda honestidad" (1 Timoteo 3:4).

> "Los diáconos sean maridos de una sola mujer, y que gobiernen bien sus hijos y sus casas" (1 Timoteo 3:12).

El manejo del hogar es un reflejo de nuestras vidas. Esto es porque el hogar es el fundamento de la sociedad. Es más, Satanás tiene muchas estrategias para destruir el hogar de un cristiano, y con mayor razón la de un pastor o un líder.

La primera institución que Dios bendijo fue el hogar. (Génesis 1:28). Por esto es que el hogar es la primera prioridad en la vida de un líder. La única excepción es su comunión con Dios (ministerio a Dios).

El enemigo sabe que si puede destruir el hogar, destruye la iglesia, porque la iglesia es una familia de familias. Si Satanás lograra destruir la iglesia, destruiría la ciudad y la nación, porque la iglesia ha sido llamada a ser el elemento que preserva la comunidad. Si la sal de la tierra pierde su poder preservativo, la comunidad se echa a perder. Por lo tanto, el hogar cristiano es el fundamento de las naciones.

MORAL.

Hay tres tipos de pecados que pueden producir la caída de cualquier líder. La inmoralidad sexual, el amor al dinero y el amor a la prominencia (soberbia). De cualquier manera que las llamemos, ya sea faldas, fama y fortuna; lujuria, riquezas y gloria; sexo, dinero y orgullo; significan lo mismo.

Las escrituras nos revelan el patrón que el adversario usa para proporcionar la caída de un líder.

> "No améis al mundo, ni las cosas que están en el mundo. Si alguno ama al mundo, el amor del Padre no está en él. Porque todo lo que hay en el mundo, los deseos de la carne, los deseos de los ojos, y la vanagloria de la vida, no proviene del Padre, sino del mundo" (1 Juan 2:15–16)

El adulterio casi siempre ocurre en un hogar cuando las relaciones entre cónyuges no están en orden. Esto puede ser en el ámbito emocional, sexual, espiritual, o económico. Cuando no hay felicidad ni satisfacción en un matrimonio, uno o ambos cónyuges pueden verse tentados a buscar lo que les falta en los brazos de otra persona. Satanás pondrá al alcance una persona que pueda «comprendernos, satisfacernos o amarnos verdaderamente».

El liderazgo y sus responsabilidades pueden robarle el tiempo de calidad para sus seres amados. Es por esto que un líder debe saber que su hogar tiene prioridad ante Dios. Si su cónyuge reconoce las presiones y demandas del ministerio, debe motivarse a entender y apoyar al líder y de esta manera preservarlo a él y a su ministerio.

MAYORDOMÍA.

> "Porque raíz de todos los males es el amor al dinero, el cual codiciando algunos, se extraviaron de la fe, y fueron traspasados de muchos dolores. Más tú, oh hombre de Dios, huye de estas cosas" (1 Timoteo 6:10–11a).

El manejo de nuestras finanzas es un espejo de nuestro corazón. Dios llama al líder a ser buen mayordomo de su dinero. Esto incluye como lo gana y como lo usa. El amor al dinero puede causar que un individuo se extravíe de su llamamiento. Jesucristo dijo: «Porque donde esté vuestro tesoro, allí estará también vuestro corazón» (Mateo 6:21).

El barómetro de nuestra relación con Dios es directamente proporcional con la mayordomía de nuestro dinero y nuestro tiempo. Pablo dice que el líder no es «codicioso de ganancias» (1 Timoteo 3:3).

Pablo dijo a los ancianos de Efesio:

> "Ni plata ni oro ni vestido de nadie he codiciado. Antes vosotros sabéis que para lo que me ha sido necesario a mí y a los que están conmigo, estas manos me han servido. En todo os he enseñado que, trabajando así, se debe ayudar a los necesitados, y recordar las palabras del Señor Jesús, que dijo: Más bienaventurado es dar que recibir" (Hechos 20:33–35).

Es evidente que Pablo había sido bendecido por los hermanos mientras pastoreaba en Éfeso. Una de las bendiciones del ministerio es el amor de las ovejas por su pastor. Muchas veces en apreciación y amor estos hacen regalos de valor al pastor o a los líderes. El ministro debe guardar su corazón para no codiciar estas cosas.

El dinero es una de los aspectos más delicados del ministerio. Antes de partir, Pablo quiso instruir a los ancianos de Éfeso en cuanto a las finanzas. Él se da como ejemplo de su integridad financiera en el ministerio y reconoce que a Satanás le gusta utilizar la malversación de fondos para destruir ministerios y congregaciones

El enfoque correcto del ministerio es ministrarle al rebaño de Dios. No es buscar que el rebaño de Dios le pueda ministrar a usted en el área de finanzas. Pablo les recuerda a los pastores que él siempre trabajó para suplir sus necesidades. Mientras estaba en Corinto trabajó haciendo tiendas. Muchos pastores rehusan trabajar en un empleo secular y los que sufren son sus familiares. ¿Cuándo debe un pastor o líder dejar de trabajar en un empleo secular? Cuando el ministerio *tenga* los recursos para suplirle en todas sus necesidades.

«Más bienaventurado es dar que recibir». Es importante recordar esta instrucción. En el corazón del líder debe estar la pregunta: «Qué le puedo dar al pueblo de Dios,» y no «Qué me puede dar el pueblo de Dios».

Madurez.

> "Sin embargo, hablamos sabiduría entre los que han alcanzado madurez; y sabiduría, no de este siglo, ni de los príncipes de este siglo, que perecen" (1 Corintios 2:6)

> "Hermanos, no seáis niños en el modo de pensar, sino sed niños en la malicia, pero maduros en el modo de pensar" (1 Corintios 14:20).

Ya hemos dicho que la madurez de un cristiano no se mide por lo que Dios hace a *través* de él, sino por lo que Dios ha hecho *en* él. Nuestra madurez espiritual no se mide por nuestras acciones sino por nuestras reacciones.

La madurez espiritual no tiene nada que ver con la edad, ni el tiempo que uno ha sido cristiano. Sé de cristianos que conocen a Jesucristo y han andado en los caminos del evangelio por muchos años que tienen las reacciones y las actitudes de un niño. También conozco a personas recién convertidas que reflejan gran madurez en su carácter y su actitud.

La madurez espiritual es uno de los más importantes requisitos en la vida de un líder. La fidelidad, el amor, y el dominio propio son evidencia de la madurez de un individuo y parte vital en la vida del líder.

MANERA DE SER.

El comportamiento y los modales reflejan como un espejo su hombre interior. La única forma de manifestar lo que Dios ha hecho en nosotros es actuando como cristianos. La Biblia dice que debemos conformarnos a la imagen de Cristo (véase Filipenses 2:5) y ser imitadores de Dios (Efesios 5:1). Si en realidad viviéramos como cristianos, conquistaríamos el mundo para Cristo. Meditemos en el siguiente pasaje:

> "El amor sea sin fingimiento. Aborreced lo malo, seguid lo bueno. Amaos los unos a los otros con amor fraternal; en cuanto a honra, prefiriéndoos los unos a los otros. En lo que requiere diligencia, no perezosos; fervientes en espíritu, sirviendo al Señor; gozosos en la esperanza; sufridos en la tribulación; constantes en la oración; compartiendo para las necesidades de los santos; practicando la hospitalidad. Bendecid a los que os persiguen; bendecid y no maldigáis. Gozaos con los que gozan; llorad con los que lloran. Unánimes entre vosotros; no altivos, sino asociándoos con los humildes. No seáis sabios en vuestra propia opinión. No paguéis a nadie mal por mal; procurad lo bueno delante de todos los hombres. Si es posible, en cuanto dependa de vosotros estad en paz con todos los hombres. No os venguéis vosotros mismos, amados míos, sino dejad lugar a la ira de Dios; porque escrito está: Mía es la venganza, yo pagaré, dice el Señor. Así que, *si tu enemigo tuviere hambre, dale de comer; si tuviese sed, dale de beber; pues haciendo esto, ascuas de fuego amontonarás sobre su cabeza.* No seas vencido de lo malo, sino vence con el bien el mal" (Romanos 12:9–21).

MENSAJE.

La Biblia Plenitud dice: «La verdad debe estar siempre presente y activa en la vida de cada cristiano. Esto requiere un corazón que pueda distinguir el error y rechazarlo. El estudio de la Palabra, la oración, la meditación, y sobre todo el Espíritu Santo, son medios a través de los cuales un creyente recibe o rechaza cualquier doctrina. Guarda tu corazón y tu mente con gran cuidado».

El apóstol Pablo exhorta a Timoteo que se ocupe de la lectura de la palabra y le indica que debe ser un ejemplo de los creyentes en su conocimiento de ella. Su vida es parte del mensaje. Como dice el apóstol Juan:

> "Porque este es el mensaje que habéis oído desde el principio: Que nos amemos unos a otros" (1 Juan 3:11).

MÉTODOS.

La palabra método significa: «Orden que se sigue en las ciencias para investigar y enseñar la verdad». La Biblia nos dice que Dios no es el autor de la confusión y el desorden. El líder cristiano debe ser metódico en su obrar. Debe prepararse de antemano, analizar las circunstancias y hacer todo con orden.

"Pero *hágase todo* decentemente y con *orden*" (1 Corintios 14:40).

MOTIVACIÓN.

Lo que nos mueve a buscar una posición de liderazgo en el Cuerpo de Cristo debe ser un corazón de siervo.

Con frecuencia, muchos buscan una posición de autoridad con motivos incorrectos. Algunos desean el reconocimiento público. Otros quieren tener una posición para controlar a los demás. Otros desean el liderazgo por razones económicas; es decir, ven en el pastorado una forma de suplir sus necesidades financieras. Lo único que nos debe motivar a ser líderes es el anhelo de buscar y proclamar el reino de Dios y su justicia.

"Más buscad primeramente el Reino de Dios y su justicia, y todas estas cosas (bienes materiales) os serán añadidas" (Mateo 6:33).

MASCULINIDAD.

Aunque el liderazgo de la iglesia casi siempre ha sido representado por el género masculino, la Biblia nos revela un gran número de mujeres que Dios usó para su gloria. Dios sigue usando a personas piadosas de ambos sexos en su obra. El apóstol Pablo declara que «no hay varón ni mujer; porque todos vosotros sois uno en Cristo Jesús» (Gálatas 3:28).

Sin embargo, quiero enfatizar algo que es importante para ejercer bien el liderazgo.

"Velad, estad firmes en la fe; portaos *varonilmente*, y esforzaos" (1 Corintios 16:13).

El hombre líder debe comportarse como un varón en sus manerismos, acciones, y conversación. No sugiero que sean rudos o agresivos, pero que imiten a Cristo, llenos de compasión, mansos como la paloma pero astutos como la serpiente y feroces como el león cuando sea necesario. De igual manera, la mujer debe ser femenina y modesta, pero también valiente y firme como Ester y Débora.

La relación entre el pastor y la congregación.

MUCHAS IGLESIAS SUFREN DIVISIONES porque tanto los pastores y líderes como los miembros con frecuencia comienzan a examinar o probar a los demás en vez de a sí mismos. Pablo nos dice:

> "Examinaos *a vosotros mismos* si estáis en la fe; probaos a vosotros mismos. ¿O no os conocéis a vosotros mismos, que Jesucristo está en vosotros, a menos que estéis reprobados? Más espero que conoceréis que nosotros no estamos reprobados" (2 Corintios 13:5–6, énfasis del autor).

Debemos examinar nuestras acciones buenas y malas, nuestra actitud, nuestro corazón. ¿Cómo anda usted? ¿Dónde está su corazón? Sométase a la prueba de la palabra de Dios para ver si está en la fe. Examine su corazón a la luz de la Palabra de Dios. ¿Le está obedeciendo? ¿Está confiando en Él?

Cuando oímos una predicación, con frecuencia solo pensamos qué bueno sería si esta o la otra persona lo oyera. Lo que desea Dios es que cada uno se examine para que Él pueda bendecirnos e instruirnos por medio de su Palabra. ¿Quién mejor que uno, que se conoce a sí mismo?

La palabra reprobados en 2 Corintios 13:6 significa no pasar una prueba. Corinto era una sede de los juegos olímpicos. Sus ciudadanos eran *fanáticos* del deporte. Cuando Pablo usa el término reprobado, compara al cristiano con un atleta que desea competir en un evento deportivo pero no pasa la prueba cuando llega la hora de calificar a los finalistas.

Pablo compara la carrera de un atleta y su riguroso entrenamiento con la vida del cristiano. El atleta tiene que prepararse y entrenarse para competir. Se separa de todo aquello que le impide su preparación. Su entrenador decide lo que come, cuándo duerme, el ejercicio necesario para mantenerse en condiciones y lo estimula a sacrificarse en vista del premio que va a obtener. Todo atleta que tiene éxito ha pagado el precio del sacrificio para obtener su galardón.

> "¿No sabéis que los que corren en el estadio, todos a la verdad corren, pero uno solo se lleva el premio? Corred de tal manera que lo obtengáis. Todo aquel que lucha, de todo se abstiene; ellos, a la verdad, para recibir una corona corruptible, pero nosotros, una incorruptible. Así que, yo de esta manera corro, no como a la ventura; de esta manera peleo, no como quien golpea al aire, sino que golpeo mi cuerpo, y lo pongo en servidumbre, no sea que habiendo sido heraldo para otros, yo mismo venga a ser *eliminado*" (1 Corintios 9:24–27).

La palabra griega para eliminado es la misma que anteriormente se tradujo como *reprobado*. Pongamos los ojos en Cristo Jesús y paguemos el precio de nuestro llamado a una posición de autoridad. Si somos fieles, no seremos eliminados, pasaremos la prueba y, cuando llegue la hora, obtendremos una corona incorruptible. Una corona de gloria.

Los triunfadores olímpicos generalmente no son los que tienen más talento, sino aquellos que resisten el riguroso entrenamiento para desarrollar sus limitados talentos.

Los que perseveran son los que triunfan. Así es con los hermanos de la iglesia. Hay muchos que tienen talentos y quieren ser usados, pero serán hallados reprobados o eliminados porque no se *someten* al riguroso discipulado y entrenamiento. Serán descalificados porque no pasaron la prueba.

El fruto del pastorado.

> "Y oramos a Dios que ninguna cosa mala hagáis; no para que nosotros aparezcamos aprobados, sino para que vosotros hagáis lo bueno, aunque nosotros seamos reprobados. Porque nada podemos contra la verdad, sino por la verdad. Por lo cual nos gozamos de que seamos nosotros débiles, y que vosotros estéis fuertes; y aun oramos por vuestra perfección" (2 Corintios 13:7–9).

La oración de un líder por su pueblo es que no cometan errores, que se mantengan firmes, que no pequen. No para que el líder o el pastor luzca bien, no para que la iglesia vea qué buen trabajo está haciendo, sino, para que aprendan a vivir correctamente y hacer lo que es bueno y agradable a Dios. Aunque el líder llegue a fracasar, tendrá fruto en el triunfo del discípulo.

Un paráfrasis de 2 Corintios 13:9 sería: «Nos alegramos, aun cuando cometemos errores, aun en nuestras debilidades y flaquezas en ver que *ustedes* se hacen *fuertes* y desarrollan sus habilidades, poniendo por práctica y ejercitándose en lo que les hemos enseñado». La palabra griega para perfección significa hacer los ajustes o reparaciones necesarias.

Atención: El pastor y el líder deben predicar y enseñar no para impresionar con una demostración de su conocimiento, sino para cambiar vidas. De igual manera, la responsabilidad de la congregación no es examinar al pastor o a los líderes, a los adoradores o las danzarinas, sino *recibir* lo que Dios imparte a través de ellos.

El fruto de las labores del líder, y de los pastores en particular, es ver como la Palabra de Dios sana y restaura cuando es aplicada a las vidas de personas que llegaron destruidas, enviciadas, quebrantadas y afligidas. Ver hogares restaurados, matrimonios fortalecidos, vidas cambiadas, almas entregadas a Dios y rescatadas de las tinieblas: este es el buen fruto de nuestra labor. Pese a las dificultades, la ingratitud, la infidelidad, la traición, las batallas y las lágrimas, recibimos ánimo, consolación y fortaleza al ver a los que están firmes y creciendo en el Señor

Responsabilidades de la congregación hacia el pastor.

> "Os rogamos, hermanos, que reconozcáis a los que trabajan entre vosotros, y os presiden en el Señor, y os amonestan; y que les tengáis en mucha estima y amor por causa de su obra. Tened paz entre vosotros" (1 Tesalonicenses 5:12–13).

Las instrucciones de Pablo a los hermanos es que deben *reconocer* a los que *trabajan* entre ellos. La palabra reconocer significa tener un conocimiento y entendimiento. Se refiere a un reconocimiento de la autoridad y relación.

Cuando el pastor enseña o predica, escuchamos la voz de su corazón. Nos comunica lo que cree, lo que piensa, y si es sensible al Espíritu Santo, lo que Dios le está hablando. Debemos amar y estimar al pastor por causa de la obra de Dios en la cual sirve.

Los pastores son seres humanos que cometen errores, tienen debilidades y, por su posición, están bajo el ataque del enemigo. Es por esto que la responsabilidad principal de la congregación es *orar* por su pastor. Muéstreme una congregación que no ora por el que los pastorea y yo le mostraré un pastor con problemas serios.

El pastor amonesta a la congregación y prepara a las ovejas para toda buena obra. La palabra amonestar significa llamar la atención con la vara de pastor. Esto es incómodo para algunos santos, particularmente los que ya sienten la convicción del Espíritu Santo. Se enojan con el pastor y murmuran contra él. En la congregación que pastoreaba, tuve una mujer de edad, arraigada en sus tradiciones, la cual me acusaba de predicarle a ella todos los domingos. Cuando me enteré, le dije que no hay nadie tan importante en los ojos de Dios que se merezca un sermón exclusivo por encima de las necesidades de todo el resto de la congregación.

Pablo dice que se estime y se ame al pastor, no por su personalidad, no por su ayuda en tiempos de necesidad sino por causa de la obra en la que sirven. Concluye esa instrucción con una orden de Dios: «*tened paz* entre vosotros».

Cuando hay paz entre las ovejas y el pastor, Satanás no puede entrar y meter su nariz en la congregación. Pero para mantener esa paz, hay que batallar. La paz en el mundo se obtiene por medio de la guerra y se mantiene por medio de una defensa fuerte. En la Iglesia es igual. Obtenemos victorias en la guerra espiritual y mantenemos la victoria por medio de una defensa de intercesión y oración diaria.

La relación entre un pastor y su congregación debe ser algo especial. El pastor debe tener un amor incondicional de Dios por el rebaño que Él le ha dado. Debe estar dispuesto a dar su vida por ellos. Cuando una congregación puede sentir el amor del pastor y su compromiso con ellos, aceptará su liderazgo, se comprometerá a ser parte activa del ministerio y responderá con amor y con sus diezmos y ofrendas. Por esto es importante comprender que ser pastor nos es un empleo. Es un ministerio al cual Dios nos ha llamado.

Esta relación de amor entre el líder y la congregación es vital para alcanzar a las almas perdidas. Bob Yandian dice que: «Un pastor y una congregación que se comprometen mutuamente a mantener la fe y caminar en amor pueden traer las poderosas manos de Jesús a los quebrantados y afligidos en su comunidad. Es a través de la congregación local, que conoce la palabra de Dios y sabe caminar en el Espíritu, que Dios va a moverse con poder en ciudades, naciones y alrededor del mundo».

Una encuesta de pastores en 1991, dirigida por el Instituto de Iglecrecimiento Fuller, reveló la siguiente información acerca de las vidas privadas y profesionales del clero:

- 90% de los pastores trabajan más de 46 horas por semana.
- 80% creen que el ministerio ha afectado sus familias negativamente; un 33% dicen que el ministerio ha sido un peligro para su familia.
- 75% reportan una crisis de estrés al menos una vez en su ministerio.
- 50% se sienten incapacitados para cumplir los requisitos de su obra.

- 90% sienten que no fueron adiestrados en una forma adecuada para acarrear las demandas del ministerio.
- 70% dicen que tienen ahora una autoestima más bajo que cuando comenzaron.
- 40% reportan un serio conflicto con un miembro de la congregación un mínimo de una vez por mes.
- 37% confiesan que han tenido una relación sexual inapropiada con alguien de su iglesia.
- 70% reportan que no tienen a nadie al que puedan considerar un amigo íntimo.

Otra encuesta de *Enfoque a la familia* en octubre de 1992 a más de 1.500 pastores indicó que:

- Más del 50% de ellos no tienen a alguien que ore con ellos.
- 75% de ellos no tienen una persona de confianza en el ministerio.

La revista *Liderazgo pastoral, Volumen XIII, Nº4*, reportó en el otoño de 1992 que una encuesta de 748 pastores indicó entre otras cosas:

- 94% sienten la presión de tener una «familia ideal».
- 77% de las esposas sienten la misma presión.
- 61% de los hijos de pastores sienten también esta demanda.
- 70% de los pastores indicaron que sus conflictos matrimoniales durante el último año se debieron a su bajo salario o compensación.

Toda congregación debe reconocer las necesidades personales de su pastor y la carga del ministerio sobre él y su familia. Busquemos la forma de fortalecer la relación entre los pastores y las congregaciones para evitar las dolorosas consecuencias que vendrán si no lo hacemos.

Los pastores debemos amar, amonestar y orar por nuestras congregaciones. Las congregaciones deben amar a sus pastores, orando por ellos y apoyándolos. Nunca tendremos una relación *perfecta*, pero es la responsabilidad tanto del pastor como de la congregación que la relación sea saludable.

Los cambios de Dios.

> *"Y Daniel habló y dijo: Sea bendito el nombre de Dios de siglos en siglos, porque suyos son el poder y la sabiduría. Él muda los tiempos y las edades; quita reyes, y pone reyes; da la sabiduría a los sabios, y la ciencia a los entendidos. Él revela lo profundo y lo escondido; conoce lo que está en tinieblas, y con Él mora la luz" (Daniel 2:20–22)*

DIOS HA ESTABLECIDO UN PROCESO de cambio diario en toda su creación. Este es el proceso de crecimiento. Como una semilla o un espermatozoide, el proceso produce cambios que identifican el estado de crecimiento y madurez. Aun el evangelio es un proceso de cambio.

Todo crecimiento requiere cambios, y todo cambio presenta nuevos retos o nuevas oportunidades. Cada uno nos permite ver la mano de Dios en acción. Dios cambia los tiempos y las temporadas. Dios promueve y Dios remueve.

En un mundo de cambios, es necesario someternos siempre a la voluntad de Dios. Él establece a los que están en autoridad y puede remover o promover a los que están en posiciones de liderazgo y autoridad. Por eso Jesús declaró:

> "Ninguna autoridad tendrías... si no te fuese dada de arriba..." (Juan 19:11).

Toda persona llamada por Dios puede perder su ministerio y no ver realizada la promesa de Dios si desobedece o trata de hacer las cosas por sí mismo. La voluntad de Dios nos lleva como un río hacia el cumplimiento de sus propósitos. Resistir los cambios que Él trae puede sacarnos del río.

Saúl.

Dios ungió a Saúl como rey de Israel. Si él hubiera sido fiel y obediente, Dios hubiera confirmado su reino sobre Israel para siempre (1 Samuel 13:13). Por no «fluir» con los cambios que Dios pedía, Saúl perdió su posición como líder del pueblo de Dios.

Moisés.

Dios llamó a Moisés para sacar al pueblo de Dios de la esclavitud y del yugo de Egipto. Sin embargo, la Biblia nos dice que la desobediencia de Moisés a las instrucciones de Dios causó que ni él ni Aarón entraran a la tierra prometida.

> "Y habló Jehová a Moisés, diciendo: Toma la vara, y reúne la congregación, tú y Aarón tu hermano, y *hablad a la peña* a vista de ellos; y ella dará su agua, y les sacarás aguas de la peña, y darás de beber a la congregación y a sus bestias ... Entonces alzó Moisés su mano y *golpeó la peña* con su vara dos veces... Y Jehová dijo a Moisés y a Aarón: Por cuanto no creísteis en mí, para santificarme delante de los hijos de Israel, por tanto, *no meteréis* esta congregación en la tierra que les he dado" (Números 20:7, 8)

La primera vez que Dios hizo que saliera agua de una peña, fue por medio de un golpe de la vara de Moisés. Esta vez quería hacerlo de una manera diferente. Moisés no aceptó el cambio y trató de hacerlo de la forma que le había dado resultados anteriormente. «La medida del éxito a los ojos del Señor no es el resultado del esfuerzo, sino la obediencia de sus siervos».

Obedecer a Dios nos mantiene en el río. Cuando somos fieles en lo que Dios nos llama a hacer, Él nos promueve a otro nivel de más impacto. Dios removió a Saúl y promovió a David. Al morir Moisés, el Señor levantó a Josué y fue este el que llevó al pueblo a la tierra prometida.

Esteban.
En el sexto capítulo de Hechos, vemos que Esteban fue uno de siete hombres elegido por el liderazgo para servir atendiendo a las viudas. Estos hombre fueron seleccionados en base a su buen testimonio, sabiduría y dependencia del Espíritu Santo. Eran hombres fieles. Después de haber orado, los apóstoles impusieron manos sobre ellos y los comisionaron para este oficio. Al poco tiempo, Esteban había ascendido al nivel de estar ministrando al pueblo con señales y prodigios. La Biblia dice que predicaba con sabiduría, y en una de las mejores predicaciones en toda la Biblia, proclamó su último mensaje antes de morir como el primer mártir de la Iglesia.

Por qué resistimos los cambios.

Jesucristo vino a traer el cambio necesario en la humanidad para que fuéramos reconciliados con el Padre. Los líderes religiosos y del pueblo se opusieron con severidad a su vida y mensaje. Esteban también predicó de este cambio delante de los ancianos y los escribas judíos, pero estos de nuevo se levantaron contra el mensaje y el mensajero.

La gente casi siempre se opone a los cambios porque somos criaturas de hábito. Resistimos cualquier cosa que nos obligue a experimentar algo desconocido. Las razones principales por las cuales la gente se opone a los cambios son:

1. Malentendidos (Hechos 7:1–53).
2. Falta de identificación (Números 12:1–2, 9–11).
3. Hábitos
4. Temor de fallar (Números 14:1–8).
5. Poca recompensa por el esfuerzo (Números 14:22–24).
6. Pérdida de control sobre las cosas que valoramos
    - Posición de Autoridad
    - Control
    - Dinero
    - Seguridad
7. Actitud negativa (Números 14:28)
8. Falta de respeto al líder (Números 14:40–45).
9. Tradiciones (Predisposición mental).
10. Satisfacción personal.

Cuando Dios trae cambios en el mismo liderazgo o el pastorado, el enemigo trata de usar una, varias o todas las razones anteriormente dadas para levantar oposición a la voluntad de Dios. Esta por lo general se manifiesta en la forma de criticismo, dilación, indiferencia, oposición o incredulidad.

El apóstol Pablo, en su famoso retiro de pastores en Mileto, comunicó a los ancianos de los efesios lo que les esperaba ahora que él se iba:

> "Porque yo sé que después de mi partida entrarán en medio de vosotros lobos rapaces, que no perdonaran al rebaño. Y de vosotros mismos se levantarán hombres que hablen cosas perversas para arrastrar tras sí a los discípulos" (Hechos 20:29–30).

Pablo le advertía a los nuevos pastores en Éfeso que esperaran dos tipos de oposición. Los «lobos rapaces» se refiere a personas que parecen ser cristianos y llegan a la iglesia cuando está en transición. Hablan como cristianos, alaban y hasta diezman, pero su intención es dividir y destruir la iglesia, e impedir que las promesas que le han sido dadas a la congregación se cumplan. Jesucristo también los llamó lobos rapaces:

> "Guardaos de los falsos profetas, que vienen a vosotros con vestidos de ovejas, pero por dentro son lobos rapaces" (Mateo 7:15).

Conozco una iglesia que cuando tuvo un cambio de pastor, regresó a la congregación una mujer que tenía un espíritu de Jezabel. Ella había sido reprendida por el pastor anterior y se había ido de la iglesia por varios años. Al poco tiempo de haber regresado, comenzó nuevamente a manipular y controlar al pastor y a la gente. Hasta logró infiltrarse en una posición de autoridad. Esto resultó en un gran conflicto entre la mujer y algunos de los líderes que ya la conocían y sabían qué clase de espíritu la influenciaba. El pastor nuevo, ignorante de las maquinaciones y estrategias del enemigo, perdió el apoyo de sus mejores líderes.

Pablo dice: «que no perdonarán al rebaño». Estos no se interesan por el bienestar del rebaño sino por sus propios intereses.

Pablo también advierte que de dentro de la congregación se levantarán algunos que comenzarán a murmurar y criticar, hablando cosas perversas para levantar sus propios seguidores y comenzar SU PROPIO ministerio. Dios quiere que cuando haya un cambio, sus hijos no pierdan la visión. Por esto es de suma importancia que el nuevo pastor reconozca la visión de su antecesor y continúe la obra de Dios para esa congregación.

Cuando Moisés murió, Dios levantó a Josué para continuar lo que su predecesor había comenzado, no para cambiar el curso de su visión y dirección. Claro, a veces Dios quiere traer nuevos cambios a la congregación por medio del nuevo líder, así que Él también espera que sus hijos provean a este su apoyo, confianza, opiniones y consejos y participación.

La despedida.

Cuando somos infieles, corremos el riesgo de ser removidos de nuestra posición, pero si somos fieles, tenemos la oportunidad de ser promovidos por Dios. Quiero hablarles de la parte positiva, de la promoción.

Como todos los cambios que trae Dios, este también puede traer su dolor. Otra vez, Dios nos obliga a enfrentarnos a los cambios que son parte de su perfecta voluntad. No podemos seguir a Dios sin estar dispuestos a cambiar, si no queremos adaptarnos y nos aferramos a lo que es «nuestro».

Como ya hemos dicho, Pablo fue pastor de los efesios. Aunque había estado de viaje por un tiempo, no le había dicho a los líderes de la iglesia efesia que no iba a permanecer con ellos hasta que tuvo la famosa conferencia de pastores en Mileto. Dios tenía otros planes para Pablo, planes mayores. Noten lo que pasó cuando él les reveló este cambio permanente:

> "Cuando hubo dicho estas cosas, se puso de rodillas, y oró con todos ellos. Entonces hubo gran llanto de todos; y echándose al cuello de Pablo, le besaban, doliéndose en gran manera por la palabra que dijo, de que no verían más su rostro. Y le acompañaron al barco" (Hechos 20:36–38).

Uno de los tiempos más emocionantes en la vida de un pastor es cuando Dios lo promueve con una posición en otra iglesia o lo aparta para un ministerio diferente. El dolor que el pastor siente es parecido al que se experimenta cuando un hijo se casa. Sabe que es algo bueno, pero está ligado emocionalmente a las lágrimas y risas que fueron parte de su vida con esa congregación.

Las emociones son aún mayores cuando el pastor es el visionario que comenzó la obra. Pablo había establecido la obra en Éfeso, había trabajado entre ellos por tres años. Todos los líderes lloraban y besaban a Pablo. Sabían que no lo volverían a ver y lo acompañaron hasta el barco para despedirlo.

Los pastores y líderes son seres humanos, sus emociones se manifiestan en ocasiones alegres y tristes. Nunca debe un líder tratar de esconder sus emociones de gozo o de tristeza. Debe expresarse con toda libertad demostrando su humanidad.

Estas lágrimas, abrazos y besos son parte del ministerio de un líder. Al ver a su hermano Benjamín, al cual no veía por mucho tiempo, José se echó sobre su cuello lo abrazó y lo beso a él y a todos sus hermanos. Jesucristo lloró sobre la ciudad de Jerusalén.

Cómo satisface y edifica ese fruto de la recompensa de un pastor y un líder: el ver el amor expresado por aquellos a quienes les ha invertido parte de su vida, y luego la promoción del Señor a una posición ministerial con más grandes y nuevos retos. Ese es el fruto del *LIDERAZGO: MINISTERIO Y BATALLAS*.

Guía de estudio

1. Según Romanos 8:28, defina el significado del término «Propósito» y cómo este se refiere a la vida de todo individuo.

2. Describa brevemente seis ejemplos de la Biblia.

***

1. Defina el término «Llamado» y como este se refiere a la «vocación» (Efesios 4:1).

2. ¿Cuándo recibió usted su «llamado» y cómo le preparó Dios para ese llamamiento?

***

1. Defina el término «Apartado». ¿Cuándo sucede esto en la vida de un individuo?

2. ¿Qué sucede cuando un individuo recibe su «ordenación» al ministerio?

3. Relate brevemente el tiempo en que le fue revelado SU llamamiento y su SEPARACIÓN al ministerio.

***

1. Explique, ¿cuál es el proceso necesario antes de ser separados para la obra del ministerio?

2. ¿Cuál es el «fruto» de la separación al ministerio?

***

1. Explique brevemente, ¿cuál es el «precio» del ministerio y como puede identificarse en SU vida?

2. ¿Cuál es el propósito de las pruebas?

3. Escribe algunas de las cosas que enfrentan a un líder.

4. ¿Qué relación hay entre la «Guerra Espiritual» y el Liderazgo Cristiano?

***

1. Explique, ¿cuáles son algunas de las batallas del líder?

2. Defina el término «Espíritu de Jezabel»

3. Defina el término «Espíritu de Absalom»

***

1. Defina el término «La justicia de Dios»

***

1. Defina el término «Fortalezas Ideológicas».

2. ¿Cuál es el mayor obstáculo para el desarrollo espiritual?

3. ¿Cómo impide la predisposición mental el desarrollo de un individuo?

4. ¿El de la Iglesia?

***

1. Defina el significado del término «VISIÓN» en la vida del líder.

2. ¿A quién son llamados a servir los líderes?

***

1. ¿Qué quiere decir Pablo cuando se refiere a «todo el consejo de Dios»?

2. ¿Cuáles son las prioridades del ministerio?

3. ¿Cuál era el oficio de Moisés como pastor?

4. ¿Cuál fue el consejo de Jetro para Moisés y cuáles las cualidades que debía buscar en aquellos individuos?

***

1. Defina el término «PASTOR». ¿Cuál es la diferencia entre el pastorado «parroquial» y el pastorado «administrativo».

2. ¿Cuáles son los tres «sombreros» del líder?, y explique la función de cada uno de estos.

3. ¿Por qué es importante la comunicación correcta de un líder?

***

1. ¿Qué clase de gobierno enseña la Biblia para el Liderazgo de la Iglesia?

2. ¿Cuál es el significado contemporáneo de las siguientes palabras?:
Angel=
Evangelio=
Pastor=
Anciano=
Obispo=
Diácono=

3. ¿Cuál es la verdadera razón del llamamiento al liderazgo?

***

1. Defina la palabra «Disciplina» según W. E. Vine.

2. Escriba cuatro razones por las cuales la disciplina es necesaria en la Iglesia:

3. Para la persona en disciplina:

***

1. ¿Cuál es la diferencia entre «manipulación y motivación»?

2. ¿Qué debe tener un líder para que otros le sigan?

3. ¿Qué esperan los seguidores de sus líderes?

4. Escriba los cuatro factores para un liderazgo efectivo.
A.
B.
C.
D.

***

1. Escriba las diez M's del ministerio

1.	2.	3.	4.
5.	6.	7.	8.
9.		10.	

2. ¿Cuáles de estas áreas usted ha descuidado en su vida personal?

***

1. ¿Qué dice la Biblia respecto al examinar a otros?
2. ¿Cuál es el fruto de la labor del pastorado y el liderazgo?
3. ¿Cuáles son las responsabilidades del pastor hacia la congregación?

***

1. ¿Cuál es la razón por las cuales cambian las cosas?
2. ¿Por qué se resiste la gente a los cambios?
3. ¿Cuál debe ser la actitud de una congregación cuando Dios cambia su pastor?

El Carácter del Creyente y las Bienaventuranzas

Introducción

El Señor describió en la sección de Mateo5:3-12, el carácter del creyente. Un creyente se mide no por lo que hace, sino por lo que es. Esencialmente es una persona dichosa, *bienaventurada*, en la medida en que sintonice con la voluntad de Dios y viva de acuerdo con ella. Esta actitud interior aflora al exterior en actos concretos, que son visibles a los que le rodean y le distinguen como creyente en un mundo de incrédulos, esto es, le manifiestan como lo que es. Los creyentes están en el mundo, pero no son de él. Sin embargo, tienen relación con el mundo. Nunca deseó el Señor que se separasen de él, sino todo lo contrario, son enviados al mundo con el mismo propósito conque Él fue enviado (Jn. 17:18).[2]

A la experiencia de las tentaciones, sigue inmediatamente el inicio del ministerio público de Jesús. En el capítulo anterior Mateo presentó a Jesús como predicador del Evangelio del reino, recorriendo las ciudades y aldeas para proclamar el mensaje de Dios en las sinagogas, aprovechando las ocasiones de mayor concurrencia de gentes. Sin embargo, no sólo lo hizo en los lugares utilizados habitualmente para las reuniones de los judíos. Cualquier sitio donde las multitudes estaban presentes era aprovechado por el Señor para predicar y enseñar. Este era parte esencial de su ministerio. Había venido con el propósito revelador más absoluto para manifestar a Dios en toda la dimensión posible para la mente del hombre (Jn. 1:18). En ese servicio tenía que enseñar lo que Dios pensaba sobre todos los aspectos de la vida humana, especialmente aquellos que tenían que ver con la salvación de las gentes. Por eso decía a su Padre en oración: "*Esta es la vida eterna: que te conozcan a ti, el único Dios verdadero y a Jesucristo, a quien has enviado*" (Jn. 17:3). Jesús había de enseñar a las personas y especialmente a los discípulos, preparándolos para un ministerio posterior a su muerte, resurrección y ascensión a los cielos. El Señor había venido para *predicar el evangelio del Reino*. Este mensaje de arrepentimiento demandaba un estilo de vida acorde con la voluntad de Dios. Las gentes estaban acostumbradas a ver con un ojo a la Palabra de Dios para conocer sus demandas y con otro a los fariseos para imitarles en el cumplimiento de ellas. Sin embargo, las enseñanzas y ejemplo de los fariseos era continuamente una contradicción cuando no una perversión de la enseñanza que Dios había establecido en su Palabra. Jesús, al predicar sobre el reino y llamar al arrepentimiento, tuvo necesidad de establecer los principios éticos que habían de marcar el sentido de vida de aquellos que entrasen al reino de los cielos por el nuevo nacimiento (Jn. 3:3, 5). Esta enseñanza se desarrolla a lo largo de todo su ministerio, incluyendo las últimas horas alrededor de la mesa en que cenó por última vez con los discípulos, y también en los cuarenta días que siguieron a su resurrección. El tema de la enseñanza era *el reino de los cielos*, en todo el alcance de los diversos aspectos relacionados con él.

[2] Pérez Millos, S. (2009). *Comentario Exegético al Texto Griego del Nuevo Testamento: Mateo* (p. 300). Viladecavalls, Barcelona: Editorial CLIE.

Un capítulo importante en esas enseñanzas, están las destinadas a la formación de sus discípulos, aunque se hicieron extensivas a quienes habían venido a su encuentro, comprendidas en lo que suele llamarse *El Sermón del Monte*. En esa enseñanza, el Señor hizo énfasis en las diferencias que hay entre el religioso y el verdadero creyente, o si se prefiere, entre el creyente *nominal* y el *verdadero*. Éste último pertenece al *Reino de los Cielos*, y es hijo de Dios por nuevo nacimiento (Jn. 1:12). Los otros pretenden serlo, pero, son desconocidos en ese sentido por el Señor. El alcance de la enseñanza es para todo aquel que está en el reino, aspecto doctrinal que se ha considerado antes. Quien está en el *reino* -espiritualmente en este tiempo- ha de manifestar las condiciones personales que acrediten esa realidad espiritual. El Señor establece esas condiciones enseñando que además de evidenciar la realidad del ser creyente, son la razón de la felicidad íntima de cada uno de ellos. Todas las condiciones para ser bienaventurado, son diametralmente opuestas al concepto de felicidad que hay en el mundo. Nadie diría que es feliz la persona que llora, ni el que es pobre en espíritu y, mucho menos, los que están sufriendo. Sin embargo las condiciones que hacen dichosos a los creyentes son contrarias a las que el mundo busca, porque esencialmente no son del mundo.

Los creyentes marcan una diferencia notoria con los religiosos en su intimidad espiritual. Los religiosos de los tiempos de Cristo se esforzaban por un cumplimiento externo de la Ley y aparentaban con sus vidas la aprobación de Dios sobre ellos. Todo su sistema religioso se hacía para "*ser vistos de las gentes*", y recibir la alabanza de ellos. Los hombres consideraban sus actos y los tenían por piadosos. Sin embargo, la verdadera piedad no consiste en apariencias externas, sino en realidades internas, que conducen a una determinada manera de ver, entender y actuar en la vida. El mensaje de Cristo en la proclamación del evangelio, conducía a las gentes a un arrepentimiento que se manifestaba en frutos, esto es, en una conducta concreta como resultado y expresión de la fe. Esos son los principios del *Reino de los Cielos o Reino de Dios*, que han de ser practicados como modo de vida de los que son sus súbditos. En ese contexto deben entenderse las enseñanzas del *Sermón del Monte*. La justicia de los escribas y fariseos no era suficiente para entrar al reino (5:20). Jesús enseña cuales son las características personales y el modo de vida de aquellos que han sido justificados por fe y están en el reino.

Dada la importancia que tiene el *Sermón del Monte*, es necesario hacer aquí una introducción especial al mismo, en la limitación que hace necesaria la característica de la obra, que no es un estudio específico sobre el *Sermón del Monte*, sino un comentario general al Nuevo Testamento. Como material propio de los sinópticos, el *Sermón* aparece especialmente en los Evangelios según Mateo y Lucas. Sin duda ocupa una extensión mayor en el primero de los tres sinópticos. El detalle en Lucas es mucho más breve (Lc. 6:17–49). El análisis del material plantea inmediatamente la pregunta sobre la identidad o diferencia entre los dos Evangelios. De otro modo: ¿se trata del mismo *sermón* o son *distintos*? Indudablemente esto conduce a considerar si los dos son de una misma fuente o de fuentes distintas. Sobre el aspecto de las fuentes en los sinópticos se ha considerado antes[1], por lo que no cabe volver a incidir sobre el mismo tema. Las aparentes diferencias entre los dos textos, el de Mateo y el de Lucas, llevó a algunos a considerar que son distintos[2]. Entre las aparentes diferencias pueden citarse: 1) El relato de Mateo está situado en la montaña, mientras que Lucas lo coloca en el llano (Mt. 5:1v comp. Lc. 6:17). La aparente diferencia tiene una lógica explicación: El Señor debió haber estado orando solo en el monte durante toda la noche (Lc. 6:15). Por la mañana descendió a un lugar llano en la misma montaña (Lc. 6:17). Allí escogió a los doce discípulos que formarían en grupo de los apóstoles (Lc. 6:13). Ya con ellos descendió a un lugar llano más espacioso, en una meseta de la misma montaña, donde una multitud se unió a Él y a los doce (Lc. 6:17).

El Señor adoptó la forma habitual de los maestros de su tiempo, sentándose para dar la enseñanza mientras que las gentes estaban entorno a Él. Por tanto no existe discrepancia o diferencia entre los dos relatos, sino que cada evangelista acentúa un aspecto en el detalle, que se complementan entre sí concordando perfectamente. 2) Extensión del relato. No cabe duda, como ya se dijo antes, que el texto de Mateo es mucho mayor que el de Lucas. La descripción según Mateo ocupa una extensión de ciento siete versículos, mientras que Lucas utiliza un espacio que contiene sólo treinta. Hay también diferentes materiales entre un texto y otro. Con todo, no es suficiente justificación para afirmar dos relatos diferentes, ya que en cualquier narración paralela aparecen diferentes detalles que están en una y faltan en la otra, o viceversa. Frente a las aparentes discrepancias puede establecerse una línea de identidad entre ambos: 1) Los dos relatos comienzan con las *bienaventuranzas* (Mt. 5:3–12v Lc. 6:20–23). Además las bienaventuranzas comienzan y terminan de la misma forma en ambos relatos (Mt. 5:3; comp. Lc. 6:20; Mt. 5:10–12; comp. Lc. 6:22–23). 2) La conclusión del *sermón* es la misma en los dos Evangelios, ambos concluyen con la parábola de los dos cimientos (Mt. 7:24–27; Lc. 6:47–49). 3) Otras coincidencias en los dos relatos: a) El amor a todos como regla de vida (Mt. 5:43–48; Lc. 6:27–28). b) La enseñanza sobre la no resistencia (Mt. 5:38–42; Lc. 6:29–31). c) La enseñanza sobre no juzgar (Mt. 7:1–5; Lc. 6:37). d) La ley de la recompensa (Mt. 7:2; Lc. 6:38). e) La ilustración de la viga y la paja en el ojo (Mt. 7:3; Lc. 6:41–42). f) La ilustración del árbol y del fruto (Mt. 7:16, 20; Lc. 6:43–44). g) La ilustración sobre la piedad aparente (Mt. 7:24–27; Lc. 6:49). Las semejanzas citadas y la identidad del comienzo y final del *Sermón*, apoyan la identidad de los relatos.

Otro interesante en relación con el *Sermón del Monte*, es si se trata de un relato histórico puntual y concreto de un solo momento de la enseñanza de Jesús, o es una recopilación de enseñanzas sueltas. Como ocurre con la diferencia o identidad, considerada en el párrafo anterior, aquí también se decantan en dos principales posiciones, la que considera que se trata de una recopilación de enseñanzas, y la que apoya la idea de una sesión de enseñanza. Hay varios argumentos en relación con la

[1] Ver Introducción a los Evangelios en el capítulo 1.

[2] Entre los antiguos, Anselmo, Alberto Magno, Toledo, etc.

postura de la recopilación, es decir, que el *Sermón del Monte*, sería la recopilación que Mateo hizo de dichos y enseñanzas de Jesús, unidos entre sí para darles forma de enseñanza que se produce en un determinado momento, pero que, en realidad, se trataría de una composición del evangelista, sin que esto suponga ningún tipo de composición propia del redactor, sino simplemente la unidad de enseñanzas reales y concretas que Jesús dio en distintos momentos. Entre los argumentos que apoyan esta posición cabe destacar como el punto vital que sustenta esta posición que Mateo está interesado en agrupar las enseñanzas de Jesús más en el orden *lógico*, que en el *cronológico*. Así los milagros detallados en los capítulos 8 y 9 del primer sinóptico, aparecen en los otros dos en diversos momentos. Otro ejemplo son las siete parábolas del reino (cap. 13) con las que ocurre algo semejante. A la vista de esto, algunos sugieren que el *Sermón del Monte*, es una unidad temática más que histórico-temporal[3]. Los liberales, como en la mayoría de sus afirmaciones, siempre negativas en cuanto a la historicidad bíblica, afirman que el *Sermón del Monte* es simplemente una colección inconexa de sentencias de Jesús. La segunda posición entiende que el *Sermón del Monte* es una unidad en las enseñanzas de Jesús, esto es, que fueron dadas en una sola ocasión. Las principales evidencias que apoyan esta postura son: 1) Hay una evidente progresión temática en el desarrollo de las enseñanzas, que avanzan desde el sentido de la dicha individual, hasta la correcta relación con Dios en una vida que se desarrolla en consonancia con la Palabra y desde la dimensión de la sinceridad y no de la piedad aparente. Concluyendo con el llamamiento a una vida consecuente en una verdadera comunión personal con Dios. 2) Las palabras de Mateo al concluir el relato y comenzar el siguiente párrafo, parecen indicar claramente que Jesús pronunció todo aquel sermón en una sola ocasión (cf. Mt. 7:28; 8:1). Esto no quiere decir que Mateo o Mateo y Lucas, los dos evangelistas nos entreguen la *ipsíssima verba*[4], de todo el *Sermón*. Es evidente que esto es así por cuanto Cristo habló en arameo y el texto es entregado en griego, de modo que sin haber diferencias en cuanto a contenido, sí las hay en cuanto a expresiones. 3) El *Sermón* puede dividirse de acuerdo con un tema general. Dice John Stot:

"En cuanto a mí, prefiero la sugerencia que el profesor A. B. Bruce hizo en su comentario de 1897[5]*. Él creía que el material contenido en Mateo 5-7 representa la instrucción "no de una sola hora o día, sino de un período de retiro". Conjeturaba que Jesús pudo haber tenido a sus discípulos con Él en el monte para una especie de escuela bíblica de vacaciones. Por tanto, se refería a estos capítulos no como "el Sermón de nuestro Señor en el Monte" (una expresión usada por primera vez por Agustín) sino como "la enseñanza en la Montaña". Además, el Sermón tal como está registrado en Mateo, hubiese durado solamente alrededor*

[3] Entre los reformadores Calvino apoyaba esta idea.

[4] Término técnico que se usa para referirse a las *mismas palabras*, de Jesús.

[5] A.B. Bruce. *Commentary on the synoptic Gospels, en The Expositor's Greek Testament*, editado por W Robertson Nicholl, (Hodder, 1897).

de diez minutos, de modo que lo que probablemente nos ofrecen los evangelistas son sus propios resúmenes condensados"[6].

Queda por considerar brevemente el tema del *Sermón*. Éste está establecido de tal modo que las multitudes comprendan cual es el concepto bíblico de *justicia* y de *ley*. Tal comprensión era sumamente necesaria para conseguir que quienes escuchaban las palabras de Cristo, se separasen de la justicia ritual y legalista de los fariseos. Las palabras claves para establecer el núcleo central o tema principal de la enseñanza de Jesús son: "*Porque os digo que si vuestra justicia no fuere mayor que la de los escribas y fariseos, no entraréis en el reino de los cielos*" (v. 20). La enseñanza de Jesús desarrolla los principios de la ética de vida en el reino de los cielos. Quienes entren en el reino, deben ajustar sus vidas a los principios y demandas del *Sermón del Monte*. Esto comprende a cada creyente que *entre al reino*, en cualquier momento, lo que involucra también a los cristianos en esta dispensación. El conjunto de enseñanzas del Sermón permite establecer una división para su análisis que se ha indicado antes en el *Bosquejo del Evangelio*, que se dejó establecida en el primer capítulo[7].

Aunque se ha hecho alguna referencia en la introducción general al Evangelio según Mateo, sobre los sistemas de interpretación, dada la característica singular del Sermón del Monte, debe dedicarse aquí alguna indicación sobre algunos sistemas interpretativos. 1) Interpretación dispensacional extrema[8]. Entienden que el *Sermón del Monte*, tiene que ver con el *Reino de los Cielos* y, por tanto, con el futuro reino milenial de Jesucristo sobre la tierra. Para esta línea interpretativa Jesús expresó las normas de vida que han de regir el gobierno justo de Dios sobre el mundo en la persona del Mesías en su segunda venida. El término *reino de los cielos*, es el usado por los profetas para referirse al reino del Mesías en la tierra (Is. 11:4, 5; Dn. 9:24). Entienden que por esa razón el *Sermón*, es pura ley, de modo que la ofensa se traslada del acto externo al móvil que lo produjo (5:21, 22, 27, 28). Por esa causa el *Sermón*, no tiene una aplicación primaria, ni para los deberes ni para los privilegios de la Iglesia. Entienden que bajo la ley del *Reino de los Cielos*, ninguno puede recibir perdón si primero no ha perdonado (6:12, 14, 15), algo, que para estos intérpretes es absolutamente contrario a la enseñanza para la Iglesia en los escritos apostólicos. Por tanto, como el resto de las Escrituras relativas a Israel y a profecías por cumplir, el *Sermón del Monte*, sólo tiene una *aplicación* a la Iglesia, pero en ningún modo puede establecerse una *interpretación* para ella. 2) Interpretación dispensacional moderada[9]. Entienden los intérpretes de esta posición que el Señor establece en el *Sermón*, los principios del *reino* que han de servir de guía a los que son sus

[6] John Stott.

[7] ;er notas en el capítulo 1.

[8] Entre otros Scofield. ver notas en su Biblia Anotada.

[9] Entre otros R. H. Ironside.

discípulos. Los que le sigan deben tener la misma disposición a la humildad, amor, capacidad de perdón, santidad y obediencia como tuvo su Señor. Tales principios no son operativos en quienes no han sido regenerados por el Espíritu, porque son contrarios e imposibles para el hombre natural (Jn. 3:6). El Señor enseñó que al *Reino de los Cielos*, se accede por el nuevo nacimiento (Jn. 3:3, 5). El regenerado no busca justificarse ni santificarse por el cumplimiento de la Ley, pero tiene una ley moral consonante con las demandas morales –que no ceremoniales- de la Ley dada por medio de Moisés, como expresión del deseo de Dios para su vida. De ese modo usa la Ley *legítimamente* (1 Ti. 1:8). De modo que donde haya un creyente en esta dispensación o en las venideras los principios del *Sermón del Monte*, son el modo natural de su nueva vida. De tal forma que el creyente de la dispensación de la Iglesia, ha sido trasladado de su posición de esclavitud espiritual al *Reino* y está en él en su dimensión espiritual presente (Col. 1:13). Jesús enseñó que el "*reino está en vosotros*" (Lc. 17:20, 21). Como ya se dijo antes, el *Reino de Dios o Reino de los Cielos*, tendrá expresiones futuras entre las que estará el *reino mesiánico*, donde regirán los principios establecidos por Jesús en el *Sermón del Monte*, ya que sólo entrarán a él quienes hayan sido salvos, es decir, nacidos de nuevo. Además, todos los principios del *Sermón*, están considerados y desarrollados en las epístolas, y son para la Iglesia como cuerpo de salvos y regenerados. Las demandas santas de la Ley se cumplen en los "*que andan conforme al Espíritu*" (Ro. 8:4). Como escribe H. A. Ironside:

"Los principios que se exponen en este sermón sólo pueden encontrar su aplicación práctica en las vidas de aquellos que desean andar como Él anduvo"[10].

El apóstol Pablo exhorta a la obediencia conformándose a las palabras del Señor Jesucristo (1 Ti. 6:4).
Escribe H. A. Ironside:

"Debemos recordar que, aunque seamos un pueblo escogido y nacido de nuevo, tenemos responsabilidades durante nuestra vida en este mundo y éstas están definidas en el precioso pasaje del Sermón del Monte, constituyéndose en las más elevadas normas de conducta"[11].

El cristiano no cumple las enseñanzas del Sermón del Monte para ser cristiano, pero lo hace porque es cristiano. 3) Interpretación correspondiente a la *teología del pacto*. Limitan el *Sermón* a la Iglesia, desconociendo cualquier otra relación con Israel y el reino Mesiánico del futuro. Debe considerarse como más equilibrada bíblicamente hablando la posición *dispensacional moderada*, que será la que se siga en el presente comentario. En cuanto a la división para el estudio del presente capítulo, puede establecerse dentro del grupo general sobre las *Enseñanzas del Rey*, la primera parte del Sermón del Monte, comenzando por la introducción (vv. 1–2); luego una sección sobre el carácter del creyente (vv. 3–12); sigue después una larga enseñanza sobre el testimonio del creyente que comprende la influencia del creyente (vv. 13–16); la enseñanza sobre la Ley (vv. 17–20);

---

[10] H. A. Ironside. *"Estudios sobre Mateo"*. Pág. 38.

[11] H. A. Ironside. o.c., pág. 38.

observaciones sobre el modo de vida del creyente (vv. 21–22); la lección sobre la reconciliación (vv. 23–26); sobre el adulterio (vv. 27–30); sobre el divorcio (vv. 31–32); sobre los juramentos (vv. 33–37); sobre la injusticia (vv. 38–42); concluyendo con la enseñanza sobre el amor (vv. 43–48).
El bosquejo analítico es el que se estableció en el Bosquejo:

II. La enseñanza del Rey (5:1–7:29).
1. El Sermón del Monte (5:1–7:29).
1.1. Introducción (5:1–2).
1.2. El carácter del creyente (5:3–12).
1.3. El testimonio del creyente (5:13–48).
1.3.1. La influencia del creyente (5:13–16).
1.3.2. La ley (5:17–20).
1.3.3. La vida (5:21–22).
1.3.4. La reconciliación (5:23–26).
1.3.5. El adulterio (5:27–30).
1.3.6. El divorcio (5:31–32).
1.3.7. Los juramentos (5:33–37).
1.3.8. La injusticia (5:38–42).
1.3.9. El amor (5:43–48).

Las enseñanzas del Rey (5:1–7:29)

El Sermón del Monte (5:1–7:29)

Introducción (5:1–2)

1. Viendo la multitud, subió al monte y sentándose, vinieron a Él sus discípulos.

Ἰδών δέ	τούς	ὄχλους	ἀνέβη	εἰς τό	ὄρος,	καί	καθίσαντος	αὐτοῦ
Y viendo	las	multitudes	subió	al	monte,	y	sentado	Él

προσῆλθαν	αὐτῷ	οἱ	μαθηταί	αὐτοῦ·
se acercaron	a Él	los	discípulos	de Él.

Notas sobre el texto griego.

Viendo la multitud, Ἰδών δέ τούς ὄχλους, participio aoristo segundo en voz activa del verbo ὁραω, *ver, mirar*, aquí como *viendo* o *al ver*; seguido de la conjunción δέ, *y*; y ὄχλους, forma plural del sustantivo ὄχλος, que significa *multitudes, turbas, gentes*; precedido del artículo definido plural femenino τούς, *las*.

Subió, ἀνέβη, tercera persona singular del aoristo segundo de indicativo en voz activa del verbo ἀναβαίνω, *subir*, aquí con significado de *subió*.

Sentandose, καθίσαντος, forma del genitivo singular masculino, con el participio aoristo primero en voz activa del verbo καθίζω, *sentarse*, aquí como *sentado*.

Vinieron a Él, προσῆλθαν αὐτῷ, expresión con la tercera persona plural del aoristo segundo de indicativo en voz activa del verbo προσέρχομαι, que equivale a *acercarse, llegar, venir*; seguido de αὐτῷ, en dativo singular masculino, *a Él*.

La fama de Jesús se difundió por toda la región de Galilea y traspasó las fronteras hasta los países vecinos. Las multitudes τούς ὄχλους, venían de todos los lugares tanto de Palestina como del exterior, de modo que continuamente estaba rodeado de grandes masas de personas (4:23). Sin duda muchos de ellos venían con necesidades personales. Traían sus enfermos para ser curados, venían con los endemoniados para que fuesen liberados y lo hacían sabiendo que Jesús sanaba a todos. Las multitudes estaban compuestas de gentes de Galilea, al norte del país; de Decápolis, el área de las diez ciudades al sur del Mar de Genezaret; de Jerusalén, la capital religiosa y administrativa de la nación; de Judea, la parte sur del país; y de Transjordania, los lugares situados al este del Jordán. Ante la agobiante presencia de las multitudes, el Señor tomó la determinación de ἀνέβη εἰς τό ὄρος subir al monte. No se dice a cuál de ellos, sin duda alguno próximo a las orillas del Mar de Galilea, donde las montañas no son excesivamente altas y en muchas ocasiones son colinas onduladas con planicies en ellas. No existe posibilidad de determinar con rigor científico cual fue el lugar donde Jesús se retiró a orar y luego pronunció el discurso de enseñanza. La intención del Señor al retirarse al monte fue triple: primero para orar en la tranquilidad de la montaña separado de las multitudes; en segundo lugar para estar solo, siempre necesario en momentos de tensión por la relación con las masas que le seguían; en tercer lugar para enseñar a sus discípulos.

Probablemente el Señor estuvo sólo durante la noche en la montaña, orando al Padre y descansando de sus agotadoras jornadas. Probablemente, por el relato de Lucas, Jesús estuvo orando sobre la elección que debería hacer por la mañana, seleccionando entre sus discípulos a quienes serían sus apóstoles (Lc. 6:12–13). Desde el lugar a donde había subido, descendió a un lugar llano en la misma montaña, donde los discípulos vinieron a su encuentro y de ellos escogió a los doce, descendiendo un poco más en la misma montaña a un lugar amplio donde ya se estaban congregando las gentes, sabedoras del lugar donde estaba Jesús. Nuevamente el Señor esta rodeado de dos grupos de personas: por un lado οἱ μαθηταί αὐτου sus discípulos que le acompañarían continuamente durante los tres años y medio de ministerio público; por otro τούς ὄχλους las gentes. Mateo utiliza un término para referirse a ellas, que literalmente significa *turbas*, esto es, grandes masas de personas. En presencia de las gentes que se situaron entorno al Señor, Jesús adoptó la forma habitual de los maestros para abordar un tiempo de enseñanza. Los maestros se sentaban y en torno a ellos lo hacían sus discípulos, de ahí la figura literaria que habla de haber sido instruido *a los pies* de alguien, como fue el caso de Pablo con Gamaliel (Hch. 22:3). La enseñanza era fundamentalmente para sus discípulos, pero las gentes aprovechaban también las palabras del Maestro.

Nada más importante que la formación de discípulos que sigan las huellas del Maestro. El apóstol demandaba esto a Timoteo, estableciendo la cadena de enseñanza para la Iglesia (2 Ti. 2:2). La capacitación para un ministerio eficaz parte de una sólida base escritural. No se puede esperar una iglesia fuerte sin un ministerio poderoso y no es posible un ministerio poderoso si no está sustentado por un amplio conocimiento de la Palabra. El liderazgo de las iglesias cristianas debiera aprender del Maestro a dedicar tiempo para enseñar a discípulos, a todos los niveles, desde el momento del nuevo nacimiento, hasta el final de sus vidas. No hay un solo momento en la vida cristiana que no sea preciso aprender más de la Palabra. Muchas veces se desperdicia el tiempo procurando enseñar a los creyentes aquello que no es sólo la Palabra de Dios, deformando su pensamiento y convirtiéndolos en seguidores de una manifestación religiosa, en lugar de ser verdaderos seguidores y testigos del Señor.

2. Y abriendo su boca les enseñaba, diciendo:

καί	ἀνοίξας	τό	στόμα	αὐτοῦ	ἐδίδασκεν	αὐτούς	λέγων·
Y	abriendo	la	boca	de Él	enseñaba	les	diciendo.

Notas sobre el texto griego.

Y abriendo la boca, καί ἀνοίξας τό στόμα, cláusula con καὶ, *y*; ἀνοίξας, forma nominativa singular masculina del participio aoristo primero en voz activa del verbo ἀνοιγω, que equivale a *abrir*, aquí como *abriendo*; concluyendo con el sustantivo stovma, *boca*, precedido del artículo femenino singular τό, *la*. Se trata de una expresión de lenguaje figurado, típicamente semita para *hablar*.

Enseñaba, εκδίδασκεν, tercera persona singular del imperfecto de indicativo en voz activa del verbo διδάσκω, equivalente a *enseñar, instruir*, aquí como *enseñaba*.

Diciendo, λέγων, participio presente en voz activa del verbo λέγω, equivalente a *decir*.

El verbo denota el propósito íntimo de lo que se dice, no tanto a las palabras que son el vehículo de lo expresado.

En una forma muy gráfica, Mateo relata la acción de Jesús enseñando a los discípulos y a las gentes. El Maestro ἀνοίξας τό στόμα αὐτου *abriendo su boca*, equivalente a *comenzó a hablar*, y con esas palabras ἐδίδασκεν αὐτούς *les enseñaba*. Las palabras que fluían de sus labios eran palabras de vida eterna. Dios estaba enseñando a las gentes personalmente. El Infinito se había revestido de humanidad para poder comunicar las palabras divinas por garganta de hombre. No era el glorioso Dios cuya presencia aterraba a quienes veían su gloria. Era el humilde carpintero de Nazaret que hablaba a las gentes desde su condición de hombre. Sin embargo, quien estaba enseñando aquella mañana era Emanuel, Dios con los hombres.

El carácter del creyente (5:3-12)

3. Bienaventurados los pobres en espíritu; porque de ellos es el reino de los cielos.

Μακάριοι	οἱ	πτωχοί	τῷ	πνεύματι,

Dichosos	los		pobres	en el		espíritu;
ὅτι	αὐτῶν	ἐστιν	ἡ	βασιλεία	τῶν	οὐρανῶν.
Porque	de ellos	es	el	reino	de los	cielos.

Notas sobre el texto griego.

Bienaventurados, μακάριοι, nominativo plural masculino del adjetivo μακάριος, expresa la condición de quien es *bendito, feliz, dichoso, bienaventurado*.

Pobres, πτωχοί, plural del adjetivo πτωχός, que tiene el sentido amplio de *pobre, mendigo*, en general el que no tiene medios ni posibilidades para conseguirlos.

El resto del texto sigue la traducción literal que figura en el interlineal.

El Maestro enseña la primera condición para ser feliz o dichoso. Es la primera de las bienaventuranzas o el primero de los *macarismos*, nombre este último derivado directamente del griego. En las bienaventuranzas hay una secuencia natural y lógica, no fueron pronunciadas al azar en este orden. La primera condición para recibir las bendiciones de Dios y disfrutar de la dicha íntima producto de la comunión con Él, arranca en el sendero de la humildad. *Bienaventurado*, equivale a *dichoso, feliz*. Esa es la condición propia de quienes son bendecidos por Dios. La misma bienaventuranza está relacionada con la obediencia incondicional a las demandas del Señor (Jn. 13:17). La felicidad del creyente, la dicha íntima del cristiano, no consiste en poseer la verdad y conocerla, sino en aceptarla y obedecerla. El que cree en Dios y cree a Dios es verdaderamente dichoso. Así se lo hizo notar el Señor a Tomás: "*Porque me has visto, Tomás, creíste; bienaventurados los que no vieron, y creyeron*" (Jn. 20:29). La Biblia llama a Dios *bendito*, o *bienaventurado* (1 Ti. 1:11), quiere decir que quienes están en relación espiritual con Él, los que son conducidos por su Espíritu, aquellos que van por el camino que Él ha trazado, son también *bienaventurados*. Su felicidad o dicha no está en la ausencia de dificultades, problemas o incluso lágrimas, sino en la relación de intimidad con Aquel que les comunica por comunión su bendición y bienaventuranza. Dios hace participantes de su felicidad personal a quienes creen en Él.

La condición del creyente para ser *dichoso o bienaventurado* es la *pobreza en espíritu*, μακάριοι οἱ πτωχοί τῷ πνεύματι, *bienaventurados los pobres en el espíritu*. La palabra utilizada por Mateo para πτωχοι *pobres*, equivale a quien no tiene absolutamente nada. Es la misma palabra usada para *mendigo* en la historia de Lázaro (Lc. 16:19–22). En el Antiguo Testamento *pobre* era aquel que no tenía nada, no podía alcanzar nada y, por tanto, dependía absolutamente de Dios para su cuidado, liberación, provisión y sustento. Por eso decía David refiriéndose a su propia experiencia cuando estaba huido de Saúl, perseguido por él y expuesto a perder la vida: "*Este pobre clamó, y le oyó Jehová, y lo libró de todas sus angustias*" (Sal. 34:6). Jesús no está llamando felices o bienaventurados a los pobres *de* espíritu. Estos nunca podrán ser felices. Un pobre de espíritu es un apocado, un pusilánime, aquel que no tiene deseos ni ilusión alguna para superar sus circunstancias y cambiar de vida. El Señor está hablando de los pobres *en* espíritu, es decir, los que son pobres respecto de *su propio espíritu*. Pobre τῷ πνεύματι *en espíritu* es aquel que ha perdido toda confianza en sus fuerzas espirituales y en su propia justicia personal y descansa plenamente en Dios. Es aquel que ha dejado su orgullo personal y ha sopesado su fortaleza humana, encontrando que no tiene ningún tipo de recurso ni esperanza alguna en todo esto. Por tanto, solo tiene el camino de clamar a Dios para decirle: "*Dios, se propicio a mí que soy un pecador*" (Lc. 18:13). Pobre *en* espíritu es aquel que comprende su completa miseria y no puede esperar nada de sí mismo. Es aquel que exclama como el apóstol Pablo: "*¡Miserable de mí! ¿Quién me librará de este cuerpo de muerte?*" (Ro. 7:24). Este es el que confiesa su pobreza y descansa, de ahí en adelante, sólo en la gracia de Dios. Se ha dado cuenta que necesita cada vez más de esa gracia y entiende que el Señor está dispuesto a dársela conforme a su promesa, porque "*el da mayor gracia*" (Stg. 4:6). El espíritu humillado, la pobreza *en* espíritu es lo único que Dios acepta. Con cuanto énfasis lo registra en Su nombre el profeta al decir: "*miraré aquel que es pobre y humilde de espíritu, y que tiembla a mí palabra*" (Is. 66:2). Nada hay que Dios acepte que no sea el espíritu humillado. Así lo afirmaba David: "*Los sacrificios de Dios son el espíritu quebrando; al corazón contrito y humillado no despreciarás tú, oh Dios*" (Sal. 51:17).

Debe entenderse que la salvación, que abre el camino de las bendiciones, del gozo y de la bienaventuranza, sólo se otorga al que viene a Dios en pobreza de espíritu, porque "*cercano está Jehová a los quebrantados de corazón; y salva a los contritos de espíritu*" (Sal. 34:18). La justificación al pecador solo es posible cuando reconoce su miseria y clama a Dios por misericordia. De esa manera actuó el publicano que siendo pobre *en* espíritu decía al Señor en su oración: "*Dios, se propicio a mí, pecador*" (Lc. 18:13). En contraste estaba la actitud arrogante del fariseo, que no se consideraba pobre *en* espíritu. Para él sus virtudes y perfecciones le hacían acreedor de la gracia de Dios y le proporcionaban la justificación de sus pecados. No era pobre *en* espíritu por cuanto era el mejor de los hombres, como se atrevía a proclamar delante de Dios en su oración: "*Dios, te doy gracias porque no soy como los otros hombres, ladrones, injustos, adúlteros, ni aún como este publicano*" (Lc. 18:11). La diferencia entre ambos ilustra la situación del rico en su propia opinión, y del pobre *en* espíritu delante de Dios. El fariseo suponía que oraba a Dios, sin embargo lo estaba haciendo *consigo mismo* (Lc. 18:11a). El publicando no se atrevía ni a mirar arriba, pero estaba siendo oído por Dios. Éste último, mendigo espiritual, descendió justificado, mientras que el arrogante engreído no pudo serlo porque confiaba en su propia justicia.

La consideración para la justificación se extiende también a la santificación. La posición propia de la *carne*, es la ilusoria que no real autosatisfacción. La posición de la vida en el Espíritu es la de dependencia absoluta de Dios en entrega personal. Pablo enseña esto cuando escribe: "*Porque los que son de la carne piensan en las cosas de la carne, pero los que son del Espíritu en las cosas del Espíritu. Porque el ocuparse de la carne es muerte, pero el ocuparse del Espíritu es vida y paz. Por cuanto los designios de la carne son enemistad contra Dios: porque no se sujetan a la ley de Dios, ni tampoco pueden, y los que viven según la carne no pueden agradar a Dios*" (Ro. 8:5–8). El pobre *en* espíritu es el único que puede experimentar la libertad del *yo* crucificado (Gá. 2:20). Su arrogancia desaparece, su ego personal queda sustituido por el gran Tu de Dios que le hace verdaderamente libre. Nada tiene que ver esto con la humildad fingida que aparenta santidad cuando se es esclavo del pecado, esa actitud pecaminosa es pura hipocresía, el peor modo de mentira y la mayor expresión del pecado de orgullo. La bendición de Dios es sólo para el que se considera a sí mismo insuficiente y descansa en la gracia, reconociendo que el poder viene y está en el Señor (Fil. 4:13). El pobre *en* espíritu es, como se ha hecho notar antes, el que con un corazón humillado siente profunda reverencia por la Palabra de Dios (Is. 66:2).

La razón de la felicidad, la causa de la dicha, la base de la bienaventuranza consiste en que αὐτῶν ἐστιν ἡ βασιλεία τῶν οὐρανῶν "*de ellos es el reino de los cielos*". El pobre *en* espíritu, porque clama a Dios y confía en Dios está en el *reino de los cielos* (Col. 1:13). Sólo en la pobreza de espíritu se accede al nuevo nacimiento y con él se abre la entrada al reino de los cielos (Jn. 3:3, 5). Los fariseos pretendían entrar al reino por su propia justicia, pero sólo podrán hacerlo aquellos que estén en la suprema y única justicia de Dios, que otorga por gracia a todo aquel que cree: "*más al que no obra, sino cree en aquel que justifica al impío, su fe le es contada por justicia*" (Ro. 4:5). De ahí que más adelante, en el transcurso del *Sermón del Monte*, el Maestro haga la advertencia solemne a todos los que escuchaban sus palabras: "*Porque os digo que si vuestra justicia no fuere mayor que la de los escribas y fariseos, no entraréis en el reino de los cielos*" (5:20). El que está en el reino goza de las bendiciones, gracia y favores de Dios, siendo *dichoso, o bienaventurado*, porque nada le falta (Sal. 23:1). Esa es también la bendición general para el cuerpo de creyentes que es la Iglesia. La iglesia bienaventurada es aquella de quien el Señor puede decir: "*Yo conozco tus obras, y tu pobreza (pero tú eres rico)*" (Ap. 2:9). En contraste está la aparente felicidad, que no es más que un puro espejismo, de aquella que se considera como iglesia grande, rica y sin ninguna necesidad. Para ella el Señor tiene palabras que revelan su tremenda situación: "*Porque tú dices: Yo soy rico, y me he enriquecido, y de ninguna cosa tengo necesidad; y no sabes que tú eres un desventurado, miserable, pobre, ciego y desnudo*" (Ap. 3:17). En la medida que un creyente o una iglesia esté llena de sí mismo, así también está vacía de Cristo. El pobre *en* espíritu es bienaventurado porque goza del cuidado y de la comunión con Dios. Aquel que quita su soberbia de en medio de él, tiene la promesa de que en esa misma limpieza, de pobre y humilde que confía sólo en el nombre del Señor, Él actuará y nunca más verá mal, sino que experimentará la riqueza plena de la salvación de Dios, quien se gozará sobre el tal con alegría y callará de amor (Sof. 3:11, 12, 15, 17). Estos que son pobres *en* espíritu son bienaventurados porque todas las cosas les ayudan a bien (Ro. 8:28). El reino es de ellos ahora, aquí, en el momento presente y luego se extenderá perpetuamente en los cielos.

4. Bienaventurados los que lloran, porque ellos recibirán consolación.

μακάριοι οἱ πενθοῦντες, ὅτι αὐτοί παρακληθήσον

					ται.
Dichosos	los	afligidos	pues	ellos	serán consolados.

Notas sobre el texto griego.

Bienaventurados, ver v. 3.

Los que lloran, πενθοῦντες, forma nominativa plural masculina del participio presente en voz activa del verbo πενθέω, con un amplio significado como *llorar, entristecerse, lamentarse, estar afligido, tener luto*, aquí traducido como *los que lloran*.

Recibirán consolación, παρακληθήσονται, tercera persona plural del futuro de indicativo en voz pasiva del verbo παρακαλέω, *alentar, consolar, confortar*, aquí como *recibirán consolación* o tal vez mejor *serán consolados*.

La segunda condición para ser feliz está relacionada con las lágrimas. Jesús habló, para sorpresa de muchos de sus oyentes, sobre la bendición del llanto. El Señor llamó bienaventurados a los afligidos. Literalmente dijo: μακάριοι οἱ πενθοῦντες "*Dichosos los afligidos*". Las lágrimas son el resultado de la aflicción. Éstas son experiencia habitual en la vida del salvo. Jesús mismo lloró por el duelo de sus amigos (Lc. 11:35). El creyente en la adversidad, en medio de la prueba y de la soledad, llora buscando a Dios. Semejante al ciervo que brama por las corrientes de las aguas, así clama el alma creyente buscando la ayuda y consuelo divinos. En medio del conflicto propio de la vida el llanto es su compañero (Sal. 42:1–3). En ocasiones las lágrimas se producen al ver la aflicción de sus hermanos, como fue el caso de Timoteo al llorar por Pablo (2 Ti. 1:3–4). Pero, ¿qué quiso decir Jesús con estas palabras? El que llora es quien se siente afligido en su corazón a causa del amor hacia Dios, a su obra y a su pueblo. Se siente a sí mismo como falto de amor hacia quien le amó y ama infinitamente, y su espíritu, tocado por el Espíritu de verdad, le lleva, en su reconocimiento a derramar lágrimas. Siente la aflicción de la obra de Dios contradicha por tantos en el mundo y despreciada por algunos de quienes se llaman a sí mismos discípulos de Jesús, y esa consideración le lleva al llanto delante del Señor. Siente la situación en que se encuentra el pueblo de Dios, atravesando por dificultades, inquietudes, angustias, sinsabores y oposición pero, no sólo por estas circunstancias que afectan en aflicción a muchos de sus hermanos en todo el mundo (1 P. 5:9), sino también por quienes han cambiado el compromiso con Dios por el compromiso con ellos mismos; por los que cambian las prioridades dando lugar antes a sus cosas que al reino de los cielos; por quienes se han ido alejando del Señor y caminan en las sendas de los pecadores, siendo un mal ejemplo y un desprestigio para Aquel que los rescató; por esta situación el cristiano sincero llora.

El que llora afligido expresa su total incapacidad personal frente al problema y su absoluta dependencia de Dios. Hay ejemplos bíblicos que ilustran esta afirmación del Señor. Son las lágrimas del profeta ante la inminencia del juicio que Dios envía sobre su pueblo a causa de las vidas pecaminosas y rebeldes (Jer. 9:1). Son las lágrimas del pastor ante la situación de peligro que atraviesa el rebaño que el Señor le confió a su cuidado

(Hch. 20:31). Son las lágrimas de incapacidad personal del padre ante una situación de extrema gravedad en su familia, para la que no tiene ningún tipo de recurso y mucho menos de remedio, cuando la fe se debilita y pide ayuda al Señor para que pueda creer que Él es poderoso para solucionar su angustiosa situación[12] (Mr. 9:14–24). Son las lágrimas que riegan el ministerio del evangelista al ver los muchos que se pierden, mientras va sembrando la semilla, como ilustra la aplicación del sembrador en el Salmo (Sal. 126:5–6). Son las lágrimas que el mismo Señor derramó al ver la situación en que se vería envuelta la ciudad de Jerusalén como consecuencia del continuo rechazo hacia su Persona (Lc. 19:41). Las lágrimas pueden ser en otra dimensión. En ocasiones son las que salen de un corazón agradecido por lo que ha recibido del Señor. Son lágrimas de afecto y gratitud como las de la mujer pecadora (Lc. 7:37–39). Pero, también hay lágrimas producidas por la tristeza que el Espíritu de Dios produce en el corazón del creyente que se ha extraviado de la senda y camina lejos de Él. Son lágrimas que expresan la tristeza de lo acontecido y manifiestan la sinceridad del arrepentimiento, en un volverse a Dios (2 Co. 7:10), como el pródigo desde la provincia apartada en donde se encontraba por haberse alejado de la casa del padre, que despierta a su miseria y vuelve en sí (Lc. 15:17). Esa fue la experiencia de David al toque del dedo de Dios que señaló su pecado y redarguyó su corazón (Sal. 32:3–5). Así fueron las lágrimas de Pedro cuando se dio cuenta de que había negado al Señor, sintiendo el fracaso al ver rotas sus promesas de fidelidad (Lc. 22:61–62).

Jesús que afirma que son bienaventurados los que lloran, esto es, los afligidos, da también la razón de ello. Son dichosos porque αὐτοί παρακληθήσονται *"ellos recibirán consolación"*, ellos *serán consolados*. Todo un proceso que conduce a la bendición y a la dicha de una perfecta comunión con Dios. Primero se produce la tristeza que lleva al arrepentimiento, luego la calma profunda de saber que Dios ha restaurado y no se acuerda más del fracaso personal. Es la experiencia que David expresa cuando dice: *"Porque por un momento será su ira, pero su favor dura toda la vida. Por la noche durará el lloro, y a la mañana vendrá la alegría"* (Sal. 30:5). No importa cuál sea la razón de la angustia; pudiera ser consecuencia de un pecado o pudiera ser como resultado de una prueba, en cualquier caso la tristeza y las lágrimas se cambiarán en gozo, cuando se lleva la carga al Señor y se clama a Él pidiendo su gracia. Esta es su promesa que por su fidelidad tiene siempre cumplimiento: *"Invócame en el día de la angustia, te libraré, y tú me honrarás"* (Sal. 50:15). Tal vez la aflicción sea, como se indicó antes, resultado de una situación espiritual incorrecta. La promesa de Dios es también para estas circunstancias: *"Buscad a Jehová mientras puede ser hallado, llamadle en tanto que está cercano. Deje el impío su camino, y el hombre inicuo sus pensamientos, y vuélvase a Jehová, el cual tendrá de él misericordia, y al Dios nuestro, el cual será amplio en perdonar"* (Is. 55:6–7). Las bendiciones de Dios siguen siempre a los momentos de angustia. Dios levanta las nubes de tormenta del horizonte del creyente para que pueda disfrutar de la calma profunda del Sol de justicia, que es la gloriosa persona del Señor. Después de la tempestad, cuando el

[12] En algunos mss. se lee: μετα; δακρὺων, *con lágrimas*.

alma cansada de la lucha se entrega incondicionalmente al Señor y descansa en sus manos, el mar turbulento se calma y el viento huracanado cesa, para hacerse grande bonanza. Esa es la gran bendición con que se cierra la profecía de Miqueas (cf. Mi. 7:10–20).

El Señor promete descanso para quienes acudan a Él con sus cargas. Él mismo marcó la dirección a donde ir y a quien recurrir cuando se esté trabajado y cargado: "*venid a mí todos los que estáis trabajados y cargados, y yo os haré descansar*" (Mt. 11:28). Esa fue la experiencia en todos los ejemplos puestos antes de quienes estaban afligidos y lloraban. Así dijo el Señor por medio del profeta a quienes lloraban por la situación a que había llegado la nación: "*Consolaos, consolaos, pueblo mío, dice vuestro Dios*" (Is. 40:1). Igualmente el padre que lloraba por la situación de su hijo recibió el consuelo que anhelaba en la sanidad de su hijo (Mr. 9:25). El consuelo llega también para quien llora mientras va sembrando la semilla, cambiando su llanto en regocijo (Sal. 126:6). Las mismas lágrimas que el Señor derramó sobre Jerusalén, traerán el gozo admirable del reino de Dios sobre el mundo, en la persona del Rey de reyes y Señor de señores. Las lágrimas de confesión por el pecado cometido, reciben el consuelo del perdón generoso (Sal. 32:1–2). Hay una situación futura en la que se resume y comprende la promesa del Señor, cuando Dios enjugue toda lágrima de los ojos de sus hijos en su presencia eterna (Ap. 21:3–4). Recordar sólo que la promesa no es para el que se queja, sino para el que llora. Muchas veces los creyentes se limitan a lamentar la situación general, o su situación personal. Entre lamentos y remordimiento transcurre el tiempo de su vida y no reciben consuelo porque no han llorado lágrimas de arrepentimiento.

5. Bienaventurados los mansos, porque ellos recibirán la tierra por heredad.

μακάριοι	οἱ	πραεῖς,	ὅτι	αὐτοί	κληρονομήσουσιν	τήν	γῆν.
Dichosos	los	apacibles	pues	ellos	heredarán	la	tierra.

Notas sobre el texto griego.

Bienaventurados, ver v. 3.

Los mansos, οἱ πραεῖς, Nominativo plural masculino del adjetivo πραΰς, que expresa la condición de quien es *gentil, manso, afable, humilde*.

Heredarán, κληρονομήσουσιν, tercera persona plural del futuro de indicativo en voz activa del verbo κληρονομέω, equivalente a *heredar, recibir en herencia, poseer*, aquí como *heredarán*.

La tercera condición para ser dichoso, bienaventurado o feliz tiene que ver con la mansedumbre, o apacibilidad. Así lo dice Jesús: μακάριοι οἱ πραεῖς, "*bienaventurados los apacibles*", o "*bienaventurados los mansos*". Es otro de los grandes contrastes en la enseñanza de Jesús. El mundo considera como feliz al que es capaz de imponerse a todos, el que no se somete a nadie y actúa conforme a su parecer, haciendo todo lo posible para alcanzar sus objetivos de cualquier manera. *Manso*, para el mundo es sinónimo de fracaso

y llamar *manso* a una persona es tratarla con desprecio. Sin embargo, *mansedumbre* es el complemento a *pobreza en espíritu* y el siguiente eslabón a las lágrimas y aflicciones que se soportan descansando en Dios. En la enseñanza del *Sermón del Monte* hay una notable progresión. *Pobreza en espíritu* expresa la intimidad del creyente, *mansedumbre* la relación con Dios y también con los hombres. El que es pobre en espíritu es también apacible o manso.
Escribe el Dr. Lacueva:

"Estos son los que se someten resignada y alegremente a los designios de Dios, y los que muestran toda mansedumbre para con todos los hombres (Tit. 3:2); los que pueden aguantar una provocación sin encenderse en ira, sino permaneciendo en silencio o dando una respuesta suave; los que permanecen serenos mientras otros cometen grandes desatinos; cuando, en admirable paciencia, se mantienen dueños de sí mismos al mismo tiempo que son desposeídos de todo lo demás; los que prefieren sufrir y perdonar veinte injurias antes de vengarse de una"[13].

Mansa es la persona que cuando recibe una injuria no devuelve el mal recibido con ánimo vengativo, sino que encomienda su causa en manos del Señor y espera que Él actúe. De este modo aconsejaba David en relación con el comportamiento del creyente: "*Confía en Jehová, y haz el bien; y habitarás en la tierra, y te apacentarás de la verdad. Deléitate asimismo en Jehová, y Él te concederá las peticiones de tu corazón. Encomienda a Jehová tu camino, y confía en Él; y Él hará. Exhibirá tu justicia como la luz, y tu derecho como el mediodía*" (Sal. 37:3-6). El favor de Dios es el todo en la vida de un *manso*, de modo que aprendió a soportarlo todo, sabiendo que no hay ninguna cosa que no esté bajo el control de Dios. En su capacidad de soportar las adversidades encomendando su causa bajo la justicia divina, aprendió a perder incluso todos sus bienes, sin que la ruina le haga perder el gozo (He. 10:34). Mientras que el mundo se desespera en la adversidad, el creyente descansa en la protección y cuidado divinos. La Biblia da el calificativo de *manso*, sólo a dos personas: *Moisés y Jesús*. De ambos, el Espíritu Santo dice que fueron mansos. De Moisés más que cualquier otro hombre en la tierra (Nm. 12:3). Jesús llamó a los suyos a traer a Él sus cargas y a seguirle aprendiendo de su humildad y mansedumbre (Mt. 11:28-29).

El ejemplo de Moisés permitirá entender un poco mejor el alcance del significado conforme a la Biblia, del calificativo *manso*. Moisés no era un hombre temeroso o apocado, sino todo lo contrario. Cuando tuvo que comparecer ante Faraón para pedirle que dejase salir al pueblo de Israel de la tierra de Egipto, no lo hizo con un ruego de esclavo hacia el dueño, sino con la decisión y determinación de quien no pide sino que demanda. No fue a él con un ruego, sino con un mandamiento (Ex. 5:1). La actuación de Moisés en este período de su historia hizo que fuese considerado por la corte de Faraón como *un grande*, entre otras razones por los juicios que sus palabras hacían descender sobre Egipto (Ex. 11:3). No cabe duda que Moisés tenía un carácter enérgico. Había sido

[13] F. Lacueva. *Comentario Bíblico Matthew Henry. Mateo*. Clie. Terrassa, 1980. pág. 68.

entrenado para ello durante los cuarenta años en el palacio de Faraón como hijo de su hija, probablemente considerado como el heredero del trono. Había aprendido letras, leyes y también el ejercicio de la autoridad suprema en el imperio. Era un hombre decidido de modo que ese carácter fuerte, enérgico, capaz de ejercer autoridad, se manifiesta cuando conduciendo al pueblo en el desierto, después de la salida de Egipto, viendo el pecado en que habían caído, rompe las tablas de la Ley escritas por el dedo de Dios (Ex. 32:19-20). Nadie que le hubiese conocido desde la perspectiva humana, se hubiese atrevido a llamar *manso* a Moisés, pero Dios le da ese calificativo. Era manso porque se reconocía incapaz de hacer la obra de Dios por sí mismo (Ex. 3:9-10). Aquel propósito divino no lo podía ejecutar él, según su pensamiento. Habría otros más capaces para llevarlo a cabo. Un hombre cansado de una larga vida, a sus ochenta años, separado desde hacía cuarenta de toda relación con Egipto, no era –en su propia opinión- el indicado para llevarla a cabo. Muchos consideran que Moisés estaba excusándose o presentando disculpas delante de Dios. Es normal que a causa de un pensamiento inducido, se califiquen las cosas por la mera apariencia. Es necesario entender el proceso que la Biblia revela en la vida de Moisés. Dios le había elegido como instrumento para llevar a cabo la acción más grande como era liberar al pueblo de la esclavitud y conducirlo hasta la tierra prometida. Para esto lo protegió providencialmente de la muerte. Para ello lo introdujo, no en un lugar importante de Egipto, sino en la misma casa imperial, vinculándolo a la familia directa de Faraón. El Señor estableció dos grandes períodos para la formación de este líder. El primero de cuarenta años, en el que aprendió todo cuanto era necesario para quién había de establecer las bases de la nación, dándoles las instrucciones legales en el nombre del Señor, conduciéndolos, resolviendo sus complejos problemas, aconsejándoles y disponiendo todo para la resolución de las muchas necesidades de aquel gran conjunto de personas, sumamente heterogéneas, durante cuarenta años de marcha hacia Canaán.

El segundo período de formación ocupó los siguientes cuarenta años de la vida de Moisés. Dios había puesto carga en su corazón por su propio pueblo. Sentía la necesidad de llevar su vituperio e identificarse con ellos. Deseaba el bien de su pueblo, la libertad de su opresión, pero lo intentaba por medios humanos, es decir, con sus propias fuerzas. Así lo hizo cuando mató al egipcio que maltrataba a uno de Israel (Ex. 2:11). Moisés necesitaba una larga formación en humildad, por lo que Dios lo llevó a la universidad del desierto para que durante otros cuarenta años adquiriese aquellos conocimientos y los incorporase a su propia vida. A lo largo de todo aquel tiempo fue perdiendo todo lo que era de apoyo humano, para entrar en la absoluta dependencia de Dios. Incluso en tan largo período de tiempo, perdió el uso fluido del idioma hebreo. De ahí que cuando Dios le llama para encomendarle la misión, Moisés ponga delante del Señor, no una disculpa, sino la realidad de falta de dominio del idioma en que había de dialogar con el pueblo de Israel, que también se extendería al idioma egipcio (Ex. 4:10). La idea de que Moisés era tartamudo, es una suposición sin ninguna base bíblica. Lo que Moisés estaba diciendo a Dios es que había perdido el idioma y lo hablaba con mucha lentitud e incluso con dificultad, por lo que el Señor soluciona el problema real de Moisés poniéndole para el tiempo inicial de su misión la ayuda de su hermano Aarón. Después sería Moisés, sin ayuda de su hermano, el que hablaba al pueblo y el que dialogaba con Faraón. Moisés había aprendido humildad y mansedumbre durante aquellos cuarenta largos años en Madián. Moisés era manso porque, no sólo se consideraba incapaz para hacer la obra de Dios por sí mismo, sino porque se doblegaba a la voluntad del Señor, asumiendo obedientemente la responsabilidad que ponía sobre él (Ex. 4:20). Moisés había sido examinado por Dios de su materia de humildad y mansedumbre, estudiada durante cuarenta años en la universidad del desierto, y había superado con la más alta calificación. Fue entonces cuando estuvo preparado en todo para ser el instrumento que Dios iba a usar en su mano para ejecutar Su propósito. Moisés era manso porque descansaba absolutamente en el poder de Dios, que transformaba la vara de su debilidad. El texto bíblico dice que lo único que Moisés llevaba consigo a Egipto era la vara de Dios en su mano. Realmente aquella vara era el palo de un pastor, rústico, rudo, que usaba para apoyarse en él en su cometido, para escalar las laderas de los montes, para apartar los obstáculos en el camino. No era un cetro real, ni tan siquiera el bastón de mando que expresaba visiblemente la autoridad de un mandatario. Era algo sin ningún valor a ojos de los hombres, pero admirablemente poderoso en la mano de Dios. (Ex. 4:20b). No era el palo de Moisés, era la vara de Dios. Moisés era manso porque cuando se presentó al pueblo para anunciarles su liberación, no lo hizo en su nombre, sino en el nombre del Señor. Él era simplemente el mensajero del Omnipotente en aquella misión. Su persona no valía nada a no ser vinculada al Altísimo, por tanto era necesario hacer notorio en cualquier circunstancia la grandeza de quien le había encomendado aquella tarea. El pueblo debía saber que los éxitos que se avecinaban en su historia, las maravillas que iba a ver en los años siguientes, no eran obras de Moisés, sino de Dios que lo enviaba. El pueblo sabía que la presencia de Moisés entre ellos era porque el Señor había decidido visitarlos, según sus promesas; que había visto su aflicción y acudía a liberarlos (Ex. 4:29–31).

El ejemplo supremo de *mansedumbre* no es tanto Moisés, sino Jesús. El primero es sombra y tipo del segundo. Es en el Nazareno en quien se cumple la absoluta dimensión de la condición de *manso*. Sin embargo, tampoco nadie puede imaginar un carácter temeroso en la persona de Jesucristo. Nadie puede suponer falta de autoridad en quien es el Hijo de Dios manifestado en carne humana. Baste el ejemplo del látigo de cuerdas en su mano, mientras expulsa del atrio del templo a los mercaderes y restaura el orden del lugar sagrado, que había sido violado por los hombres (Jn. 2:15). Sin embargo, la Escritura habla de su clemencia y mansedumbre; esas son las palabras de Pablo: "*Yo Pablo os ruego por la mansedumbre y ternura de Cristo*" (2 Co. 10:1). La mansedumbre del Señor está claramente evidenciada en el escrito de Pedro, donde hace referencia a que cuando fue despreciado y maldecido, no respondía con la misma medida, sino que encomendaba su causa ante el Juez justo (1 P. 2:23). La mansedumbre alcanza la expresión suprema en la entrega personal y voluntaria que hizo de Sí mismo, sujetándose al plan de redención y a la voluntad del Padre en ello (He. 10:7). Cuando se quiere entender la dimensión de la mansedumbre de Cristo, que como perfección de Dios-hombre excede a todo conocimiento humano, es necesario entrar por fe en la agonía de Getsemaní, donde su oración se hace lamento y lágrimas, y donde su alma entra en las profundidades de una angustia mortal, mientras asume las demandas de la obra redentora y sujeta su voluntad a la del Padre que le había enviado (Lc. 22:42). La mansedumbre de Jesús adquiere la inmensidad de su expresión definitiva cuando da su vida en un acto de suprema obediencia, haciéndose por nosotros maldición (Fil. 2:6-8; Gá. 3:13).

En base a la identificación con Cristo, la mansedumbre ha de ser la forma natural del carácter de cada creyente. La mansedumbre no se expresa por sumisión a un mandamiento, sino por comunión con Cristo. La vida cristiana no es asunto de religión con normas impositivas, sino de comunión con el Señor, que se hace vida en cada uno de sus hijos, mediante la acción conformadora del Espíritu. Mansedumbre que ha de mostrarse en forma práctica en la relación con las autoridades que gobiernan el lugar donde vive el creyente. No se trata de una obediencia sumisa por testimonio religioso, sino por causa del Señor (1 P. 2:13-15). La mansedumbre debe mostrarse también en el terreno laboral donde el cristiano sirve con su trabajo, mediante la sujeción a los superiores, tanto a los que son considerados y condescendientes, como a quienes son difíciles de soportar (1 P. 2:18-19). La mansedumbre se manifiesta en la relación familiar, donde cada miembro de la familia se *somete* a los demás buscando, no su propio bien y mucho menos sus derechos, sino el bien y beneficio de los otros (1 Co. 10:24). Ninguna otra demanda que revista mayor *mansedumbre* en el terreno de la familia que la establecida por Pablo: "*Someteos unos a otros en el temor de Dios*" (Ef. 5:21). Mientras que la ignorancia conduce a la arrogancia, la fe lleva al amor. En un mal entendido concepto de *jerarquía* en la familia, el marido se siente superior a la esposa y considera que ella le debe obediencia y sumisión en todo; en el mismo mal entendido concepto de superioridad no bíblica los padres exigen de sus hijos obediencia en todo, sin dar explicaciones por sus demandas y siendo, muchas veces injustos con ellos. En ese mismo sentido de absurda superioridad, orgullo disfrazado de piedad aparente, los líderes de la iglesia disciplinan a miembros que se oponen, no a la enseñanza bíblica, sino a su voluntad personal. En ese mismo abuso de autoridad, los líderes no revestidos de mansedumbre, ponen cargas no bíblicas de usos, formas, costumbres, etc. enseñándolos como mandamientos de Dios, siendo que son sólo mandatos y costumbres de hombres, haciendo de los santos de Dios un pueblo de esclavos. La verdadera mansedumbre demanda un comportamiento sumiso de los jóvenes hacia los mayores y, especialmente hacia el liderazgo de la iglesia (1 P. 5:5). El espíritu de mansedumbre conduce a la iglesia a sujetarse y orar por quienes presiden, en el nombre del Señor, la congregación (He. 13:17). Naturalmente que esto tiene como contrapunto que el liderazgo esté actuando no conforme a sus caprichos personales, sino en aplicación de lo que la Palabra de Dios establece. La demanda suprema del carácter manso para el cristiano está expresada de esta manera: "*Así que, hermanos, os ruego por las misericordias de Dios, que presentéis vuestros cuerpos en sacrificio vivo, santo, agradable a Dios, que es vuestro culto racional*" (Ro. 12:1). Alcanzar la experiencia personal de un carácter manso y humilde es la mejor evidencia de estar en comunión con Cristo y en seguimiento de Él.

A la expresión del Señor: μακάριοι οἱ πραεῖς, "*bienaventurados los mansos*", sigue la razón que justifica esa afirmación: ὅτι αὐτοί κληρονομήσουσιν τήν γῆν "*porque ellos recibirán la tierra por heredad*". ¿Qué quiere decir esto? ¿A qué tierra se refiere? ¿Qué significa lo de *heredad*? La consecuencia de la mansedumbre se establece como un eco del Salmo: "*No te impacientes a causa de los malignos, ni tengas envidia de los que hacen iniquidad. Los justos heredarán la tierra, y vivirán para siempre sobre ella. Espera en Jehová y guarda su camino, y Él te exaltará para heredar la tierra; cuando sean destruidos los pecadores, lo verás*" (Sal. 37:1, 29, 34). Los impíos pueden jactarse de poseer la tierra y de actuar sobre ella conforme a sus propósitos y pensamientos, pero la tierra es posesión para los justos según lo determinado por Dios. Ellos, en unidad con Dios poseerán la tierra (Ap. 21:1 ss). Es posible que el *manso* no tenga ninguna propiedad en la tierra durante toda su vida. Es muy probable que su diario se escriba con lágrimas y su comida sea pan endurecido. Tal vez no tenga lugar propio donde descansar e incluso esté huyendo perseguido por los impíos, pero con todo, la promesa de Dios es para él que "*recibirá la tierra por heredad*". Sin duda el pensamiento de las palabras de Jesús tiene que ver con los creyentes de esta dispensación. Estos, perseguidos por el mundo por ser cristianos, son "*herederos de Dios y coherederos con Cristo*" (Ro. 8:17).

Como consecuencia de ser hijos de Dios, por adopción en Cristo (Jn. 1:12; Gá. 4:4), son también herederos de todas las riquezas del Padre. Dios mismo es la herencia de los suyos, su porción y quien sustenta su suerte, de ahí que pueda decir con gozo: "*las cuerdas me cayeron en lugares deleitosos y es hermosa la heredad que me ha tocado*" (Sal. 16:5–6). La esperanza de algunos es muy pequeña, se contentan con una pequeña porción de la herencia para disfrutarla perpetuamente. La teología humanista ha introducido un extraño, por no decir anti bíblico, concepto sobre lo que el creyente debe esperar recibir como herencia. Sostienen que durante esta vida está siendo entrenado para ejercer el gobierno de alguna parcela de la futura creación de Dios, que se le asignará conforme a las capacidades que haya alcanzado en esta vida y al ejercicio que le habrá hecho capaz para administrarla. Estos olvidan que Pablo enseña que "*todo es vuestro*" (1 Co. 3:22). El Padre tiene un solo heredero de todo cuanto ha hecho y hará en el futuro. La creación actual ha sido hecha en Cristo, por Cristo y para Cristo (Col. 1:16). Quien está vinculado en unidad a Cristo es heredero de todo en Cristo. La capacitación para disfrutar la herencia no se alcanza por experiencia humana sino por comunión con Cristo. Es el Padre quien hace apto a cada uno de sus hijos para participar de la herencia de los santos en luz (Col. 1:12). La herencia de Dios no se divide, es compartida por igual con todos los herederos. Es posible que el creyente no posea nada ahora, pero es dueño de todo.

Esa situación se ha ido produciendo en multitud de ejemplos de creyentes en cada dispensación. Basta con observar la vida de Abraham para cerciorarse de esa verdad. A él dio Dios certeza y promesas de tierra y heredad perpetua para él y sus descendientes. Sin embargo, cuando murió no había poseído como propio nada de ella, salvo una pequeña parcela comprada en Canaán, donde enterró a su esposa Sara (Gn. 23:16–17). Así también ocurre con el cristiano en esta dispensación. Ha entrado al reino a causa del nuevo nacimiento y es heredero de todo en Cristo Jesús. La esperanza cristiana no está en cosas que se esperan, sino en la relación con Jesucristo (Col. 1:27). Jesús afirma que ellos heredarán la tierra. No hay duda que esto ocurrirá también en un tiempo futuro cuando todos los reinos del mundo vengan a ser los reinos de nuestro Dios y de su Cristo (Ap.

11:15). Pero, mientras tanto, en el presente pueden sentirse gozosos porque están bajo la protección de Dios. Nada podrá ocurrir a ninguno de ellos sin que Aquel que les ama hasta haber dado por ellos a su propio Hijo, permita que suceda. Y aún si las circunstancias adversas pareciera que traerían contra el creyente un desenlace fatal, Dios mismo conducirá las adversidades para bien de los suyos (Ro. 8:28, 32). Es la acción de la soberanía de Dios que tiene α su servicio todas las cosas (Sal. 119:91). Las pruebas y los sufrimientos son para bien de los suyos (Ro. 8:18; Stg. 1:3–5).

Las cosas más adversas, los problemas más acuciantes, la angustia más intensa, el valle de sombra de muerte, es conducido por Dios a una experiencia de bendición por cuanto generan en el creyente un "*cada vez más excelente y eterno peso de gloria*" (2 Co. 4:17). Incluso las intenciones de los malos son conducidas para bien por la acción providencial de Dios. Así ocurrió con las malvadas intenciones de los hermanos de José, que fueron llevadas a bien para él por Dios mismo (Gn. 50:20). Tal ocurrió con Nehemías bajo la acción de sus enemigos (Neh. 4:15). ¿No ocurrió algo semejante con Daniel? (Dn. 6). Los ángeles están al servicio de los santos (He. 1:14). Las fuerzas naturales son elementos que Dios usa en la acción protectora de los suyos (1 S. 12:18–20). El Padre da a sus hijos sólo buenas dádivas (Stg. 1:17). En el futuro, los mansos juzgarán al mundo y a los ángeles (1 Co. 6:2, 3). El sufrimiento ahora abre la perspectiva de una herencia reservada para los creyentes, incontaminada, inmarcesible, custodiada en los cielos (1 P. 1:3–4). Pablo enfatiza esta verdad con firmeza: "*Si sufrimos, también reinaremos con Él*" (2 Ti. 2:12). No es una posibilidad es la realidad de la bendición que Dios ha establecido para los *mansos*. La tierra le será dada por heredad. Algunos tendrán que recibirla vinculada también con promesas de los pactos dados a Israel, pero no significa que la promesa no alcance también a los creyentes de esta dispensación. Si van a reinar con Cristo, es evidencia cierta que la tierra, toda la creación, les será dada por Dios para su disfrute.

6. Bienaventurados los que tienen hambre y sed de justicia, porque ellos serán saciados.

μακάριοι	οἱ	πεινῶντες	καὶ	διψῶντες	τὴν	δικαιοσύνην,	ὅτι αὐτοὶ
Dichosos	los	hambrientos	y	sedientos	de	justicia;	porque ellos

χορτασθήσονται.

serán saciados.

Notas sobre el texto griego.

Bienaventurados, considerado antes, ver v. 3

Los que tienen hambre y sed, πεινῶντες, nominativo plural masculino con el participio presente en voz activa del verbo, πεινάω, con sentido de *tener hambre*, aquí como *hambrientos*; y διψῶντες, forma del nominativo plural masculino con el participio presente en voz activa del verbo διψάω, que equivale a *tener sed*, aquí como *los que tienen sed*.

Justicia, δικαιοσύνην, acusativo singular femenino del sustantivo δικαιοσύνηθυε significa *justicia*, y que expresa el carácter y la condición de ser recto o justo.

Serán saciados χορτασθήσονται, tercera persona plural del futuro de indicativo en voz pasiva del verbo χορτάζω, que significa *alimentar, engordar*, de ahí *serán saciados*.

Jesús apunta la cuarta condición para ser feliz, la base de la cuarta bienaventuranza. Lo hace con palabras que, como en todas las anteriores, debieron haber causado un profundo impacto en quienes las escucharon. Aquí llama dichosos, felices, μακάριοι bienaventurados a los οἱ πεινῶντες καὶ διψῶντες τὴν δικαιοσύνην *hambrientos* y *sedientos de justicia*. El hambre y la sed no están relacionadas con asuntos materiales, sino con la justicia. Indudablemente la referencia tiene que comprender primero la justicia imputada, mediante la cual Dios justifica al injusto y perdona al pecador. Es la justicia que Dios otorga al que cree (Gn. 15:6). El hombre es incapaz de alcanzar por sí mismo la justicia que justifica, por cuanto todos "*somos suciedad, y todas nuestras justicias como trapos de inmundicia; y caímos todos nosotros como la hoja, y nuestras maldades nos llevaron como viento*" (Is. 64:6). No hay acción humana que sea capaz de purificar al pecador de la mancha de su pecado, como escribía el profeta en palabras del Señor: "*aunque te laves con lejía, y amontones jabón sobre ti, la mancha de tu pecado permanecerá aún delante de mí, dijo Jehová el Señor*" (Jer. 2:22). La justicia para salvación procede de Dios en base a la obra de Cristo (Sal. 40:7, 8; Is. 53:5, 6). Es una justicia única que permite la justificación del pecado y que procede de la gracia. Sólo por gracia, mediante la fe es posible la justificación del pecado (Ef. 2:8–9). El Espíritu Santo actúa en el pecador despertando su conciencia y haciéndole sentir hambre y sed de justicia. El mismo Espíritu, a causa del llamamiento del Padre, conduce al pecador perdido al Salvador, despertando en él hambre y sed de justicia. El que es pan de vida que da alimento espiritual al alma, se convierte en pan de vida para el que lo incorpora por medio de la fe y el hambre espiritual queda aplacada para siempre en quien cree. Así dice el Señor Jesús: "*Yo soy el pan de vida; el que a mí viene, nunca tendrá hambre*". Igualmente ocurre con la sed espiritual, Aquel que es agua viva, sacia la sed de quien acude a Él "*y el que en mi cree, no tendrá sed jamás*" (Jn. 6:35).

También está relacionada el hambre y la sed con la justicia experimental o práctica. Esta es consecuencia de la realidad de la justicia imputada. Es el deseo genuino de vivir una vida que se ajuste en todo a las demandas justas que Dios establece en su Palabra. Es la forma natural de vida cristiana para quienes viven a Cristo en ellos. Es el modo de glorificar a Dios delante de las gentes y, por tanto, la expresión más importante de la alabanza (Mt. 5:16). Está íntimamente relacionado con el comportamiento, es decir con la ética del cristiano. Una ética en la que el egoísmo ha dado paso al amor desinteresado y comprometido. Es la forma de comportamiento de quien ha perdonado todo en base al perdón que Cristo le otorgó a él. Vidas en donde no hay ira ni malicia, sino misericordia total (Ef. 4:31–32). La justicia que de la que el creyente tiene hambre y sed tiene que ver también con las todas las expresiones de la justicia social. El cristiano no puede pasar de largo ante la injusticia y atropello de los derechos humanos. No puede dejar a un lado el hambre consecuente de la injusticia social sin denunciarlo y acudir en ayuda conforme a sus posibilidades. No es posible dejar de entender que quien predicó el evangelio de salvación lo hizo siempre acompañado de dar de comer al hambriento, sanar al enfermo, consolar al afligido, restaurar al caído y denunciar abiertamente la injusticia de los que estaban en autoridad, disfrazada de apariencia piadosa. Quien vive a Cristo tiene necesariamente que sentir hambre y sed de justicia social.

Hambre y sed de justicia es sentir en la intimidad del corazón una profunda necesidad. No es algo pasajero o transitorio, ni tan siquiera puntual de un determinado momento como consecuencia de alguna circunstancia, sino intenso y continuo. Es una sensación de necesidad como la que el salmista expresa cuando dice: "*como el ciervo brama por las corrientes de las aguas, así clama por ti, oh Dios, el alma mía. Mi alma tiene sed de Dios, del Dios vivo*" (Sal. 42:1–2). De otro modo: "*Dios, Dios mío eres tú; de madrugada te buscaré; mi alma tiene sed de ti, mi carne te anhela, en tierra seca y árida donde no hay aguas*" (Sal. 63:1). Es algo intenso que podría expresarse como "*morir de hambre y sed*". Cuando el hijo pródigo tuvo hambre, corrió a uno de los ciudadanos de aquella tierra, anhelando mitigar su hambre con las algarrobas que comían los cerdos. Sin embargo, sólo fue cuando sintió que "*perecía de hambre*", que se levantó y acudió al único lugar seguro para satisfacer su necesidad, que era la casa del padre (Lc. 15:17–18). El hambre y sed de justicia conduce a ocuparse de la santificación con temor y reverencia (Fil. 2:12), sabiendo que ese deseo, generado y conducido por Dios, tiene la provisión suficiente para alcanzarlo, porque es Él mismo quien produce el "*querer y el hacer por su buen voluntad*" (Ef. 2:13). El hambre y la sed de justicia conducen al cristiano a la experiencia de santidad continua en plena identificación con Cristo (1 P. 1:14–16).

Junto a todo cuanto se ha considerado antes, está también el hambre y la sed por la Palabra de Dios. Cada creyente, no importa cuanta edad espiritual tenga, es decir, el tiempo que haya transcurrido desde su nuevo nacimiento, debiera tener verdadera ansia por la Palabra, como Pedro dice: "*desead, como niños recién nacidos, la leche espiritual no adulterada, para que por ella crezcáis para salvación*" (1 P. 2:2). Se manifiesta en un profundo deseo por leer, meditar y profundizar en la Palabra. Deseo sincero de atención diaria a ella. Interés por asistir a la reunión congregacional donde se expone la Palabra por maestros para alimento del rebaño de Dios. La Biblia está en el deseo diario de quienes sienten verdaderamente *hambre y sed de justicia*, porque es en ella donde Dios detalla, revela y expresa el camino de justicia. Es en su meditación y obediencia como el creyente puede superar los obstáculos que el pecado pone en su camino. El salmista decía que guardaba lo dicho en ella "*para no pecar contra Dios*" (Sal. 119:11). El joven saldrá victorioso en su testimonio en la medida en que su vida esté condicionada por la obediencia a la voluntad de Dios manifestada en su Palabra (Sal. 119:9).

El Señor da la razón de la bienaventuranza. Los que tienen hambre y sed de justicia son dichosos ὅτι αὐτοὶ χορτασθήσονται "*porque ellos serán saciados*". No es una satisfacción limitada y pobre, sino total y completa. La acción de Dios que sació totalmente el hambre espiritual en el nuevo nacimiento, lo hace también en la santificación. Dios que demanda un compromiso de santificación rodeado de respeto reverente, produce también el deseo y el poder para llevarlo a cabo, sin limitación alguna, amplia y generosamente (Fil. 2:12–13). La fuente inagotable que sacia tanto el hambre como la sed espiritual es Cristo, "*porque en Él habita corporalmente toda la plenitud de la deidad, y vosotros estáis completos en Él, que es la cabeza de todo principado y potestad*" (Col. 2:9–10). De su plenitud puede tomarse todo cuanto sea necesario, sin medida, a causa de la infinita dimensión de los recursos divinos en Él (Jn. 1:16). La conformación a Cristo, conforme al propósito del Padre, es un hecho sólo limitado por la acción de rebeldía del creyente (Ro. 8:29). En Cristo el cristiano es llevado permanentemente en triunfo (2 Co. 3:18). La seguridad de que el hambriento y sediento de justicia será saciado es que Dios colma de bienes a los hambrientos (Lc. 1:53). No habrá nada que no pueda ser provisto por el Señor. Nada que llene de ansia el corazón creyente quedará insatisfecho. Dios es el Dios de la provisión abundante. Por eso, continuamente, "*El da mayor gracia*" (Stg. 4:6).

7. Bienaventurados los misericordiosos, porque ellos alcanzarán misericordia.

μακάριοι	οἱ	ἐλεήμονες,	ὅτι	αὐτοὶ	ἐλεηθήσονται.
Dichosos	los	compasivos	porque	ellos	serán compadecidos.

Notas sobre el texto griego.

Bienaventurados, considerado antes, ver v. 3.

Compasivos, ἐλεήμονες, nominativo plural masculino del adjetivo ἐλεηθήσονται, que califica a quien tiene actitud compasiva.

Alcanzarán misericordia, ἐλεηθήσονται, tercera persona plural del futuro primero de indicativo en voz pasiva del verbo ἐλεέω, que expresa la idea de sentir compasión hacia otro en miseria, especialmente referido a actos concretos que ponen de manifiesto la misericordia, de ahí *alcanzarán misericordia*.

La quinta condición para ser dichoso o feliz tiene que ver con la compasión. Es la más corta de todas las bienaventuranzas, pero no por eso la menos importante: μακάριοι οἱ ἐλεήμονες, "*Bienaventurados los Compasivos*", entendido como los *misericordiosos. Misericordia* es la acción del amor orientada hacia el miserable. En la misericordia están implicadas todas las formas de la compasión, de la gracia y de la bondad. Es la solidaridad que parte del amor y de la gracia hacia quien no tiene ningún derecho para ser compadecido. Denota la devoción y fidelidad a un pacto, de ahí que la misericordia sea la expresión compasiva de Dios en razón a un pacto de salvación y gracia hacia los perdidos, por eso el salmista dice: "*para siempre le conservaré mi misericordia, y mi pacto será firme con él*" (Sal. 89:28). La fidelidad de Dios a una relación pactada y, por tanto, a un compromiso fiel, a pesar de la indignidad y defección del destinatario, expresa la esencia de la misericordia. La gracia se ocupa del pecador en su condición de culpable por el pecado; la misericordia lo hace a causa de su condición desdichada. Dios es el Padre de misericordia (2 Co. 1:3). Es a causa de la misericordia que se produce la salvación del pecador perdido, a causa de que Dios siendo rico en misericordia y grande en amor, salva a pesar de la condición de muerte espiritual del pecador (Ef. 2:4–5). Ante la imposibilidad de que el pecador alcanzase la más mínima expresión de justicia, Dios salva por misericordia (Tit. 3:5). En muchos lugares de los Evangelios, se dice que Jesús fue movido a misericordia. La identificación con Cristo conduce a la práctica de la misericordia, como manifestación de la relación espiritual con el Padre del Cielo en cuya relación de hijos, por medio de adopción, están todos los creyentes. Esa es la exigencia natural, que no impuesta, de la conducta cristiana, como el mismo Señor dirá en el *Sermón del Monte*: "*Sed... misericordiosos como vuestro Padre es misericordioso*" (Lc. 6:36). El creyente debe vestirse de entrañable misericordia (Col. 3:12). La misericordia abarca tanto el sentimiento de bondad, como el acto bondadoso. Del Señor se dice que es "*misericordioso sumo sacerdote*" (He. 2:17). Él vino a salvar al perdido a causa de la "*entrañable misericordia de nuestro Dios*" (Lc. 1:78).

No hay mejor ejemplo de lo que es ser misericordioso que el mismo ejemplo del Señor. Sentía compasión y sanaba a todos cuantos enfermos le eran llevados (Lc. 4:40). Era misericordioso con aquellos que lloraban la partida de alguno de sus seres queridos. Así ocurrió con la desconsolada viuda de Naín (Lc. 7:11ss). También con el entristecido Jairo a causa de la muerte de su hija (Mr. 5:33ss). Él consoló e incluso se unió al llanto de las hermanas por la muerte de Lázaro (Jn. 11:1ss). Cristo sintió y manifestó misericordia con los pecadores que, por su condición, no tenían derecho a reclamar el perdón benevolente de Dios. A quien los hombres acusaban para condenar a muerte, la misericordia de Jesús le devuelve el gozo sin acusación, con la exhortación de cambiar de vida y dejar de pecar, como fue el caso de la mujer adúltera (Jn. 8:1–11). La misericordia que impregnaba cada acción de Jesucristo, le aproximaba a quienes eran considerados como los marginados de la sociedad de su tiempo; aquellos a quienes se les calificaba de *pecadores*. Para asombro de los que se consideraban perfectos y no se contaminaban relacionándose con los marginados *publicanos*, la escoria social para el mundo religioso de entonces, el Señor comía con ellos. Por esta causa era señalado y acusado por los fanáticos pseudoespirituales de sus días, que extendían su dedo acusador mientras decían: "*¿Qué es esto, que Él come y bebe con los publicanos y pecadores?*" (Mr. 2:16). El ejemplo supremo de la misericordia de Cristo se manifiesta en la misma cruz, donde Él implora el favor por quienes le estaban crucificando, pidiendo al padre que aquel pecado de homicidio voluntario, para el que no había sacrificio expiatorio posible, fuese considerado como una acción involuntaria que pudiese ser perdonada como cualquier otro pecado de ignorancia, cuando decía: "*Padre, perdónalos, porque no saben lo que hacen*" (Lc. 23:34).
La misericordia es una de las perfecciones divinas, como proclama el Salmo: "*Tuya, oh Señor, es la misericordia*" (Sal. 62:12). La misericordia, como perfección divina es tan infinita como Dios mismo. El salmista utiliza un lenguaje comparativo para expresar la dimensión incalculable e incomprensible de la misericordia divina cuando dice: "*Porque como la altura de los cielos sobre la tierra, engrandeció su misericordia sobre los que le temen*" (Sal. 103:11). Por eso, "*como el Padre se compadece de los hijos, se compadece Jehová de los que le temen*" (Sal. 103:13).

Misericordioso es para el Señor aquel que está lleno de misericordia. Jesús lo ilustró con la parábola del *buen samaritano*[14] (Lc. 10:33). El prójimo no era sólo el *próximo*, sino cualquiera que estuviese en necesidad, incluyendo a los que pudieran considerarse como enemigos. Cristo estableció esta demanda cerrando la enseñanza de la parábola al decir: "*Ve, y haz tú lo mismo*" (Lc. 10:37). Los intérpretes de la ley enseñaban que era conforme a la ley amar al hermano y odiar al enemigo. Cristo le enseñó al intérprete que era necesario amar sin límites a todos, incluyendo a los enemigos, porque esa era la verdadera expresión de la misericordia que Dios manifiesta y que debe manifestarse también en quienes se consideran como hijos suyos. La identificación con Cristo hace misericordioso al creyente y permite demandar de cada uno el comportamiento comprendido en las palabras del Señor: "*Amad, pues, a vuestros enemigos, y haced bien, y prestad, no esperando de ello nada; y será vuestro galardón grande, y seréis hijos del Altísimo; porque Él es benigno para con los ingratos y malos. Sed, pues, misericordiosos como también vuestro Padre es misericordioso*" (Lc. 6:35–36). Esta es la forma natural de vida para cada cristiano. Pablo establece la demanda cuando dice: "*Vestíos, pues, como escogidos de Dios, santos y amados, de entrañable misericordia*" (Col. 3:12). Es ilustrativo el ejemplo de Esteban que lleno del Espíritu Santo perdonaba a sus verdugos como Jesús había hecho antes (Hch. 7:60).

Ser misericordioso es el resultado de vivir a Cristo (Fil. 1:21). Como contraste a esta admirable enseñanza de la Escritura está la vida de quienes *hablan* de Cristo pero *no viven* a Cristo. Algunos cristianos se han situado en la esfera de la religión abandonando la experiencia real de la comunión con Cristo. Son gentes resentidas, negativas y nocivas para la obra de Dios. Su resentimiento se manifiesta contra todo aquel que no vive la vida de esclavitud religiosa que ellos han determinado como ejemplo de piedad. Son los intransigentes con pecados de otros; los que siempre están dispuestos a reprender y a acusar pero nunca están dispuestos a restaurar. Son los que adoran la doctrina pero desconocen al Dios de la doctrina. Son los bibliólatras, pero ignorantes de lo que significa la verdadera adoración a Dios conforme a lo que establece el mismo en la Santa Biblia. Estos se creen héroes de la fe cuando son valientes para rechazar a sus propios hijos, por el simple hecho de no pensar lo mismo que ellos. Son los que descansan en normas externas, prácticas tradicionales, costumbres antiguas, formas establecidas, que sustituyen espiritualidad al impulso y dirección del Espíritu Santo, por religión al estilo y pensamiento de hombres. Son los que sin tener respuesta bíblica para sus imposiciones acuden al desesperado "*siempre se hizo así*", para aferrarse al sistema que los sustenta a ellos y a sus prácticas. Son los que detienen la marcha de la iglesia en donde lamentablemente se encuentran con tal de que no se quebrante su personal y distorsionada voluntad. Son los que hablan de misericordia y están tan lejos de ella como el este del oeste. Estos son quienes desprestigian el evangelio e impiden que la misericordia proclamada en el mensaje de salvación tenga referente en su misma vida. Escollos en la vida de pequeños recién convertidos a Cristo. Falsarios de la gracia

[14] Ver comentario en el correspondiente capítulo del Evangelio según Lucas.

desprovistos de toda vida espiritual consecuente con la identificación con el Señor. Son esto, el ejemplo más negativo de lo que significa *misericordia*, probablemente porque son simplemente *convencidos*, pero nunca han sido *convertidos*. Tienen apariencia de piedad, pero continuamente niegan la eficacia de ella. Éstos deben ser evitados por todo creyente verdadero (2 Ti. 3:5).

El Señor que llama *bienaventurados* a los misericordiosos, da la razón de su felicidad: ὅτι αὐτοὶ ἐλεηθήσονται *"ellos alcanzarán misericordia"*, o *ellos serán compadecidos*. De otro modo, *estos serán tratados con misericordia*. Para algunos esta es una evidencia de que el *Sermón del Monte* es pura ley y, por tanto, nada tiene que ver con la iglesia. Hay quienes interpretan esta afirmación de Jesús en el sentido de que si uno perdona será perdonado, pero si no lo hace tampoco alcanzará el perdón. Nada tiene que ver esto con la gracia, dicen estos intérpretes. Sin embargo, alcanzar misericordia por el esfuerzo humano, que incluye el tratar a otros con misericordia, contradice abiertamente toda la enseñanza bíblica. La misericordia de Dios, la gracia en salvación no se otorga por méritos, sino que se da como regalo a todo aquel que cree. La salvación es por gracia mediante la fe, lo que excluye total y absolutamente cualquier obra humana, es decir, cualquier acción que se produzca por la fuerza del hombre (Ef. 2:8–9). El salvo es misericordioso porque primero alcanzó misericordia y se comporta conforme al comportamiento que Dios tuvo con él: "*Vestios, pues, como escogidos de Dios, santos y amados, de entrañable misericordia, de benignidad, de humildad, de mansedumbre, de paciencia; soportándoos unos a otros, y perdonándoos unos a otros si alguno tuviere queja contra otro. De la manera que Cristo os perdonó, así también hacedlo vosotros*" (Col. 3:12–13). Es decir, el creyente alcanzado por la misericordia, viene a una experiencia de relación y comunión con Dios, que incluye la participación en la divina naturaleza (2 P. 1:4).

Una de las perfecciones de la *naturaleza divina*, es la misericordia, perfección comunicable al creyente que participa en esa divina naturaleza por identificación con Cristo y posición en Cristo. No es misericordioso como una opción del sistema religioso que practica, sino como una necesidad impuesta por la vida de Cristo, que se hace principio y razón de vida en él. Alcanzó misericordia, fue tratado con misericordia, experimentó la misericordia, pero mucho más, fue dotado de la misericordia de Dios por la acción del Espíritu. El amor de Dios se hace vida en él y conduce sus acciones para que actúe a la semejanza de cómo actúa su Padre celestial. La confesión del pecado permite una continua y correcta relación con Dios que permite ser bendecido (1 Jn. 1:9). Misericordioso es el que entiende y vive la extensión de la misericordia con que fue perdonado y practica la misericordia con todos los demás sin importarle su condición personal. Quien llamándose cristiano no practica la misericordia no está en correcta relación con Dios y es evidencia de que su comunión está interrumpida con Él, por tanto, ninguna bendición de Dios puede ser experimentada en su vida a causa de su pecado sin confesar. Las palabras del Señor involucran aquí la ley de la siega y de la siembra. Dios advierte "*no os engañéis, Dios no puede ser burlado. Todo lo que el hombre sembrare eso también segará*" (Gá. 6:7–9). Todavía algo más solemne y grave: Es posible que quien no actúa con misericordia es que nunca fue recibido a misericordia que salva y transforma y, por tanto, está todavía muerto en sus pecados, alejado de Dios, sin Cristo y sin esperanza. Podrá llamarse cristiano, podrá hacer las prácticas propias de los cristianos, podrá cantar los cánticos de Sión, podrá hacer maravillas y señales en el nombre de Jesús, podrá afirmar que le conoce, pero él es un desconocido para el Señor. Todo el que ha sido recibido a misericordia, fue dotado de misericordia y no puede dejar de practicar la misericordia, no por imposición, sino por necesidad de vida y comunión con Cristo. Una necesaria pregunta personal debe conducir a la reflexión de cada uno frente a la bienaventuranza: *¿estoy practicando sin límite alguno la misericordia?*, una respuesta negativa debiera llevar inmediatamente a la confesión delante del Señor.

8. Bienaventurados los de limpio corazón, porque ellos verán a Dios.

μακάριοι	οἱ	καθαροὶτῇ		καρδίᾳ,	ὅτι	αὐτοὶ	τὸν	Θεὸν	ὄψονται
Dichososos	los	puros	de	corazón,	porque	ellos	a	Dios	verán.

Notas sobre el texto griego.

Bienaventurados, considerado antes, ver v. 3.

Los de limpio corazón, cláusula con καθαροὶ, nominativo plural masculino del adjetivo καθαρός, que significa *puro*, por haber sido limpiado; y el sustantivo καρδίᾳ, *corazón*, precedido de τῇ, *de*.

Verán, ὄψονται, tercera persona plural del futuro de indicativo en voz media del verbo ὄπτομαι, con sentido de *ver*, aquí como *verán*.

La sexta condición para ser feliz está relacionada con la santidad o limpieza personal: μακάριοι οἱ καθαροὶ τῇ καρδία, "*Bienaventurados los limpios* o *puros de corazón*". Es el gozo que produce la santidad en la vida del creyente. Jesús liga la santidad con *ver a Dios*. La limpieza de corazón está estrechamente relacionada con la comunión que permite *ver a Dios*. Ante la santidad de Dios sólo puede estar presente aquel que es "*limpio de manos y puro de corazón; el que no ha elevado su alma a cosas vanas, ni jurado con engaño*" (Sal. 24:4). Corazón limpio o puro es aquel que no está contaminado con el pecado y no actúa bajo su control. Esta situación no es asunto ocasional, sino la experiencia de vida absoluta. Cuando la más mínima falta se comete en la experiencia de vida, ya ha dejado de ser *limpio de manos y puro de corazón*. Nadie hay en la historia de la humanidad desde Adán, que pueda estar comprendido dentro de esta condición, ya que "*engañoso es el corazón más que todas las cosas, y perverso*" (Jer. 17:9). A causa del pecado heredado el corazón del hombre está orientado al mal (Gn. 6:5). Como quiera que no hay nadie que no haya nacido con la herencia del pecado, así tampoco hay ninguno que pueda aparecer delante de Dios con un corazón inmaculado y unas manos absolutamente limpias. Tan sólo Jesús, el Santo de los santos, pudo decir a quienes le acusaban: "*¿Quién de vosotros me redarguye de pecado?*" (Jn. 8:46). Sólo Jesús fue quien no "*hizo pecado, ni se halló engaño en su boca*" (1 P. 2:22). En el contexto del *Sermón* se trata de un corazón donde no hay hipocresía. Los fariseos ponían su confianza en aspectos externos de santidad, que no dejaba de ser una santidad aparente, o una piedad aparente. Se esforzaban porque todos pudiesen ver en ellos vidas intachables, especialmente en todo cuanto se relacionaba con el cumplimiento literalista de las demandas de la ley, fundamentalmente en todo aquello que tenía que ver con la ley ceremonial. Sin embargo, sus corazones estaban contaminados por la hipocresía de su comportamiento. Procuraban aparentar lo que realmente no eran. Mentían con su apariencia que engañaba a los hombres. Aquellos fariseos limpiaban lo externo, lo de afuera del vaso, pero la contaminación interna era claramente visible para Dios (Lc. 11:29). Ellos creían que Dios estaba satisfecho con su comportamiento y que se agradaba con su modo de proceder. Se consideraban a sí mismos como superiores en conducta y santidad al resto de los hombres, pretendiendo alcanzar la justificación delante de Dios por medio de sus esfuerzos humanos. Jesús tiene que insistir en la mentira de su condición llamándoles hipócritas. Mientras por fuera aparentaban limpieza, por dentro estaban llenos de robo y de injusticia. Eran semejantes a sepulcros blanqueados, que por fuera se muestran hermosos, pero por dentro están llenos de corrupción (Mt. 23:25–28). La preocupación de Nicodemo tenía que ver con esto mismo. Él había observado lo que Jesús hacía y, a la luz de la Escritura, se dio cuenta que sólo el Mesías podía obrar de aquella manera. Sus acciones eran el reflejo de la profecía. Jesús anunciaba, como había hecho antes Juan, que el reino de los cielos se había acercado. Nicodemo sabía también que para entrar en el reino, Dios haría pasar a su pueblo por los vínculos del pacto y los mediría con la vara de su justicia (Ez. 20:37). Por esa causa acudió a Jesús para estar seguro que daría la medida necesaria para entrar al reino. Cristo enseñó al maestro fariseo que sólo mediante el nuevo nacimiento podía acceder al reino, porque sólo desde la regeneración espiritual es posible presentarse limpio de manos y puro de corazón (Jn. 3:3, 5). La regeneración no *repara* el viejo corazón endurecido, sino que crea y dota de un corazón nuevo para que se produzca, de ahí en adelante, una forma de vida totalmente nueva, en la que la santidad sea no una demanda, sino el principio general de vida (Ez. 36:26, 27). David pide a Dios ese corazón para que pueda actuar en sintonía con Él y hacer su voluntad (Sal. 51:10). Limpio de corazón es aquel que es guiado conforme al consejo de Dios (Sal. 73:24). Dios que es bueno, esto es, perfecto, está en comunión con los "*limpios de corazón*" (Sal. 73:1).

La senda de rectitud es el camino de limpio de manos y puro de corazón. Su confianza está en la dependencia de Dios, ante quien dice: "*me guiarás por sendas de justicia, por amor de tu nombre*" (Sal. 23:3). En cada momento Dios conducirá sus pasos y su vida discurrirá conforme a la justicia de Dios. Son los que viven en el Espíritu y manifiestan los nueve aspectos de su fruto (Gá. 5:22–23). El corazón del limpio de manos y puro de corazón está en perfecta sintonía con Dios. No significa que sea impecable, no quiere decir que nunca tropiece, pero su deseo íntimo está en ser santo, no por imposición sino por condición de vida. Es santo porque su Padre celestial es también santo (1 P. 1:16). Está viviendo a Cristo en el poder del Espíritu, y la santidad esencial del Señor se hace vida en él, por lo que también su comportamiento, en lo que humanamente puede experimentar, es santo. No se conforma con apariencia, sino que vive la realidad. No es santo porque cumple una serie de normas establecidas o porque practica del mejor modo las formas religiosas propias del grupo donde está. Es santo por necesidad más que por mandamiento. Está en el seguimiento de Cristo; su senda es la misma que el Señor dejó marcada, por tanto, es santo por identificación con Él.

La razón de la felicidad la apunta también el Maestro: ὅτι αὐτοὶ τὸν Θεὸν ὄψονται "*porque ellos verán a Dios*". No hay aquí nada que sustente la idea de lo que algunos llaman *visión beatífica*. Ver a Dios, relativo al Padre, está vedado a los hombres. Al Padre nadie ha visto, ni puede ver jamás (Jn. 1:18). Pablo hace una afirmación enfática sobre la imposibilidad de *ver*, en el sentido literal de la palabra, al Padre, porque es el "*único que tiene inmortalidad, que habita en luz inaccesible; a quien ninguno de los hombres ha visto ni puede ver*" (1 Ti. 6:16). A Dios se le ve en el Hijo. El Señor le recordó esto a Felipe cuando le pidió *ver al Padre* (Jn. 14:9). Cuando Jesús pronunció estas palabras, todos los presentes podían verlo. Allí en aquella reunión de enseñanza, no estaban sólo los perfectos, sino también muchos abiertamente pecaminosos. Había hipócritas, y otros con un corazón contaminado, pero todos ellos podían ver a Jesús. No podía, pues, estar refiriéndose a una visión literal, sino que se trataba de una relación espiritual. En el tiempo presente equivale a disfrutar de una comunión sin interrupción con Dios. Es equivalente a la comunión íntima con Dios. Esta visión debe ser cotidiana y transformadora: "*por tanto, nosotros todos, miarndo a cara descubierta como en un espejo la gloria del Señor, somos transformados de gloria en gloria en la misma imagen, como por el Espíritu del Señor*" (2 Co. 3:18). En contraste con la vida del no regenerado que va de mal en mal, la del creyente es conducida de gloria en gloria. La transformación es visible. Delante del cristiano está la imagen de Jesús, con sus perfecciones morales (Gá. 5:22–23). Los ojos se ponen primero en Él (He. 12:2), luego se ve en el espejo de la Palabra aprecia que se va pareciendo más a Jesús. Este *ver* al Señor, alcanzará la plenitud en el disfrute eterno con Él (Ap. 22:4). Entonces será un definitivo "*ver cara a cara*" (1 Co. 13:12).

Habrá un tiempo en que todos los creyentes verán personalmente y sin impedimento al Señor: "*Amados, ahora somos hijos de Dios, y aún no se ha manifestado lo que hemos de ser; pero sabemos que cuando Él se manifieste, seremos semejantes a Él, porque le veremos tal como Él es*" (1 Jn. 3:2). En la carta a los Hebreos, el autor afirma que sin "*santidad nadie verá al Señor*" (He. 12:14). La vida de fe discurre por caminos de santidad. La santidad cotidiana tiene que ver con la santificación, la experiencia de llevar a la vida diaria la condición de santo que se alcanza en el nuevo nacimiento. Tiene que ver con separarse de todo lo pecaminoso propio de la vida vieja. El creyente ha de persistir en la santificación haciendo de ello un objetivo prioritario (Fil. 2:12). La santificación es la voluntad de Dios para el salvo (1 Ts. 4:3). La santificación fue el propósito de Dios al llamar al pecador a salvación (1 Ts. 4:7). El carácter santo es una posesión individual en la cual debe progresarse cada día, como resultado de la obediencia a la Palabra y del seguimiento fiel a Jesucristo (Mt. 11:29; Jn. 13:15; Ef. 4:20; Fil. 2:5). El que no lleve una vida santa no puede ver, en el sentido de estar en comunión con Dios. Nada tiene que ver esto con una hipotética posición en la gloria que permita al creyente estar en ella pero no ver al Señor. En la gloria la Iglesia forma una unidad corporativa, como esposa del Cordero, y todos los redimidos estarán delante de Él. Juan afirma que todos *le veremos* (1 Jn. 3:2).

La bendición de la bienaventuranza debe considerarse como sinónimo de comunión íntima y personal con Dios. Quien no vive una vida de separación del pecado no puede gozar de esta bendición, del favor y del trato íntimo con quien es absoluta, perfecta e infinitamente santo. Quien ha nacido de nuevo, ha sido purificado y limpiado con agua pura en la regeneración, ha recibido una vida nueva y con ella la disposición inherente en contra del pecado. Quien practica el pecado de forma habitual y siente en ello satisfacción, manifiesta no haber conocido a Dios, ni haberle visto con mirada de fe para salvación (1 Jn. 1:6; 3:6–9). Los que disfrutan de la comunión íntima de Dios, tienen ya el cielo en la tierra. Sólo los limpios de corazón son capaces de ver a Dios. Sólo ellos sienten profundo deseo de verlo. ¿Qué interés podría tener un corazón sucio en la comunión con quien rechaza y manifiesta su ira contra el pecado? La bendición de la santidad, lo que produce la felicidad íntima para el que es santo por posición y vive la santidad por condición, es la continua presencia de Dios en su vida, el permanente ver al Señor a su lado, disfrutando de su favor en intimidad admirable con Él.

9. Bienaventurados los pacificadores, porque ellos serán llamados hijos de Dios.

μακάριοι	οἱ	εἰρηνοποιοί,	ὅτι	αὐτοὶ	υἱοὶ	Θεοῦ	κληθήσονται.
Dichosos	los	pacificadores;	porque	ellos	hijos	de Dios	serán llamados.

Notas sobre el texto griego.

Bienaventurados, considerado antes, ver v. 3.

Los pacificadores, εἰρηνοποιοί, forma del nominativo plural masculino del adjetivo compuesto εἰρηνοποιος, de εἰρήνη, *paz* y ποιέω, *hacer*, literalmente *hacedor de paz*.

Serán llamados, κληθήσοναται, tercera persona plural del futuro de indicativo en voz pasiva del verbo καλέω, *llamar*, traducido aquí como *serán llamados*.

La séptima condición para ser dichoso, bienaventurado, feliz, está relacionada con la paz. Es una de las contradicciones más visibles del *Sermón del Monte*: μακάριοι οἱ εἰρηνοποιοί, "*Bienaventurados los pacificadores*". En el mundo podrán encontrarse algunos que excepcionalmente son personas pacíficas. Esto es, los que huyen de los conflictos, los que nunca entablarían un pleito con nadie. Los enemigos de las guerras y de las disputas. Este es el concepto que la sociedad suele tener de lo que es ser un *pacificador*. Sin embargo, el texto va mucho más allá de ese simple concepto. El pacificador es aquel que *vive la paz* y, por tanto, la busca insistentemente. Es el que procura y promueve la paz. Paz en el concepto bíblico tiene que ver con una correcta relación con Dios. Es la consecuencia de la relación establecida para el creyente con Dios en Cristo. Es el disfrute consecuente de haber obtenido la reconciliación con Dios (2 Co. 5:18–19). El que ha sido justificado por medio de la fe, está en plena armonía con Dios y siente la realidad de una paz perfecta que sustituye a la relación de enemistad anterior a causa del pecado (Ro. 5:1). El Señor vino al mundo con el propósito de *matar las enemistades* y anunciar las *buenas nuevas de paz* (Ef. 2:16–17). La demanda para el creyente en una vida de vinculación con Jesús, no puede ser otra que su mismo sentir (Fil. 2:5). Por tanto, la paz es una consecuencia y una experiencia de la unión vital con Cristo. La identificación con Él convierte al creyente en algo más que un pacífico, lo hace un *pacificador*. Esto es la forma natural de quien vive la vida que procede del Dios de paz (1 Co. 14:33). El desarrollo visible de su testimonio discurre por una senda de paz, por cuanto sus pies han sido calzados con el apresto del evangelio de paz (Ef. 6:15). La santificación adquiere la dimensión de la vida de paz, por cuanto es una operación del Dios de paz (1 Ts. 5:23). No se trata de aspectos religiosos o de teología intelectual, sino de una experiencia vivencial y cotidiana, que se expresa en muchas formas y hace visible en ellas esa realidad. El pacificador manifiesta esa condición porque anhela la paz con todos los hombres. Hace todo cuanto le sea posible por estar en paz con todos (Ro. 12:18); siente la profunda necesidad de *seguir* la paz (He. 12:14). El *pacificador* anhela predicar a todos el Evangelio de la paz (Ef. 6:15); siente que Dios le ha encomendado anunciar a todos la paz que Él hizo en la Cruz, y procura llevarlo a cabo (2 Co. 5:20). Modela su vida conforme al Príncipe de paz que busca a los perdidos (Lc. 19:10); y restaura al que ha caído, ensuciando parcialmente su vida espiritual (Jn. 13:12–15).

La bendición tiene una razón de ser: ὅτι αὐτοὶ υἱοὶ Θεοῦ κληθήσονται *"porque ellos serán llamados hijos de Dios"*. Un título de honor superior a cualquier otro. Dios reconoce a todo el que cree en el Hijo, como hijo suyo (Jn. 1:12). Pero, a estos a quienes Dios reconoce como sus hijos, el mundo debe *conocerlos*, por su conducta pacificadora que expresa la participación en la divina naturaleza, como hijos del Dios de paz (2 P. 1:4). Quienes los observan deben descubrir en ellos el carácter del Dios de paz (1 Jn. 4:17b). Éstos, que experimentan en ellos la nueva vida de que fueron dotados en la regeneración, buscan y viven lo que Dios hizo en ellos, esto es, la verdadera paz. Son creyentes que tal vez hablan poco de paz, pero viven la experiencia de la paz. No son conflictivos, buscando agradarse a ellos mismos, sino que son capaces de renunciar a sus derechos con tal de mantener la paz. No transigen con el pecado, pero buscan al que ha caído para restaurarlo a la comunión con el Príncipe de paz. La paz de Dios se ha hecho vida en ellos, gozándose en esa admirable experiencia. No hay dificultad ni problema que logre inquietarlos en su vida cristiana, por tanto, al no estar ellos inquietos, no son medio para inquietar a otros, sino todo lo contrario. El que ha experimentado la realidad de la paz de Dios en su vida es un *pacificador*. Si no procura la paz y la sigue, debe preguntarse si ha tenido alguna experiencia personal con el Dios de paz. La diferencia entre un cristiano normal y un pacificador es que el primero suele hablar de Dios y su obra de paz, el segundo vive al Dios de paz de tal modo que no necesita palabras para hablar de su paz. Como escribe el Dr. Lacueva: *"Si tal es la bendición para los que procuran la paz ¡ay de aquellos que procuran la guerra!"*[15].

10. Bienaventurados los que padecen persecución por causa de la justicia, porque de ellos es el reino de los cielos.

μακάριοι οἱ δεδιωγμένοι ἕνεκεν δικαιοσύνης ὅτι αὐτῶν ἐστιν ἡ

[15] F. Lacueva. o.c., pág. 71.

,

Dichosos los perseguidos	por causa de la justiciaporque	de ellos es	el
βασιλεία	τῶν	οὐρανῶν.	
reino	de los	cielos.	

Notas sobre el texto griego.

Bienaventurados, la misma palabra de todas las bienaventuranzas, ver v. 3.

Los perseguidos, οἱ, *los*, δεδιωγμένοι, forma del nominativo plural masculino con el participio perfecto en voz pasiva del verbo διώκω, que denota *echar de un sitio, perseguir*, aquí como *perseguidos*.

Por causa de la justicia, ἕνεκεν δικαιοσύνης, expresión con el adverbio ἕνεκεν, que equivale a *por causa*; y δικαιοσύνης, forma del genitivo singular femenino del sustantivo δικαιοσύνη, que expresa, como se dijo antes, el carácter de lo que es justo.

Porque de ellos es, cláusula con ὅτι, *porque*; el pronombre personal αὐτῶν, *ellos*; y ἐστιν, tercera persona singular del presente de indicativo en voz activa del verbo εἰμί, *ser*, aquí como *es*.

Jesús expresó la octava condición para ser dichoso o bienaventurado. Llamó μακάριοι felices a los δεδιωγμένοι ἕνεκεν δικαιοσύνης *perseguidos por causa de la justicia*. Para los judíos, especialmente para los fariseos, ser perseguido era manifestación del desagrado de Dios. Cualquier mal sin razón aparente procedía, según el pensamiento de aquellos, de un pecado o una mala acción que Dios castigaba de aquel modo. Así pensaban los mismos discípulos cuando preguntaron al Señor si el ciego de nacimiento había sido por un pecado del ciego o de los padres del ciego, que Dios castigaba en él (Jn. 9:2). Sin embargo, los malos no pueden tolerar a los justos. Baste leer con atención los Salmos 37 y 73, para darse cuenta de ello. Los impíos aparentemente progresan, no tienen problemas, incluso están sanos, mientras que los justos son perseguidos, se encuentran con dificultades e incluso lloran. La razón de tal situación es la consecuencia de la propia vida del creyente, contraria a la del mundo y, por tanto, contraria al mismo mundo.

El cristiano no es *distinto* del mundo, es *contrario* al mundo. Son dos modos de vida opuestos el uno al otro. Tan diferentes como la luz y las tinieblas, el bien y el mal, la bondad y la perversidad, el amor y el odio. Así de contraria al mundo es la condición del salvo, de manera que no es difícil entender que "*si fueran del mundo, el mundo amaría lo suyo; pero porque no son del mundo, antes yo los elegí del mundo, por eso el mundo los aborrece*" (Jn. 15:19). El creyente no es del mundo, porque tampoco Cristo es del mundo. El Señor lo afirmó así en su oración al Padre pidiendo por quienes eran antes del mundo pero luego, como regalo de su Padre, ya no son del mundo aunque estén en él (Jn. 17:16). El Señor advirtió a los suyos del rechazo y aborrecimiento que serían objeto por parte del mundo, como consecuencia de ser hijos de Dios. Los cristianos serán aborrecidos por causa del nombre de su señor (Mt. 10:22). En el futuro los creyentes durante el tiempo de la tribulación experimentan persecución por parte del sistema que gobierne el mundo de entonces, conforme a lo anunciado por el mismo Señor en el sermón profético: "*Entonces os entregarán a tribulación, y os matarán, y seréis aborrecidos de todas las gentes por causa de mi nombre*" (Mt. 24:9). La situación que desencadena la persecución de los justos por parte del mundo está en razón directa de la elección divina: "*Si fuerais del mundo, el mundo amaría lo suyo; pero porque no sois del mundo, antes yo os elegí del mundo, por eso el mundo os aborrece*" (Jn. 15:19). El espíritu del mundo es de tal aborrecimiento contra los hijos de Dios, que su odio les lleva incluso a darles muerte. Así ocurrió desde el principio de la historia humana. Ese fue el motivo principal por el que Caín mató a su hermano Abel, como escribe el apóstol Juan: "*... Caín que era del maligno y mató a su hermano. ¿Y por qué causa le mató? Porque sus obras eran malas, y las de su hermano justas*" (1 Jn. 3:12). La conclusión no puede ser otra: "*Hermanos míos, no es extrañéis si el mundo os aborrece*" (1 Jn. 3:13). La identificación con Cristo producirá el rechazo y la persecución, como el Señor anunció a los suyos: "*Acordaos de la palabra que yo os he dicho: El siervo no es mayor que su señor. Si a mí me han perseguido, también a vosotros perseguirán; si han guardado mi palabra, también guardarán la vuestra*" (Jn. 15:20). Los sufrimientos en la experiencia del cristiano pueden proceder de dos formas distintas de vida. El desorden y mal testimonio, la práctica del pecado en cualquier forma, acarreará las consecuencias propias de la justa retribución por el mal hecho. Así lo enseña el apóstol Pedro: "*Ninguno de vosotros padezca como homicida, o ladrón, o malhechor, o por entremeterse en lo ajeno*" (1 P. 4:16). Otra causa de la aflicción es simplemente la vida de identificación con Cristo, ese padecimiento es *mejor*, porque se produce por hacer el bien (1 P. 3:17). La persecución, en este caso, se convierte en prueba que Dios permite. Padecer por hacer mal es recoger el fruto de la semilla sembrada, sufrir por causa de un correcto comportamiento es una concesión de la gracia (Fil. 1:29), e instrumento eficaz para alcanzar la madurez espiritual (Stg. 1:2–4).

El ejemplo supremo en esto es Cristo mismo, quien padeció en la cruz muriendo por los pecados, o mejor con respecto a los pecados, o en relación con los pecados. Es la consumación definitiva en el tiempo del antiguo sacrificio u ofrenda por el pecado (Lv. 5:7; 6:30). Los pecados que le llevaron al sufrimiento no eran suyos, sino ajenos. A la víctima sufriente llama Pedro "*El Justo*". Sólo Jesús podía llamarse de ese modo (1 P. 2:22). Ninguna otra persona podría alcanzar por sí mismo ese calificativo (Ro. 3:10). *Justo* está definiendo al que tiene en sí mismo absoluta santidad y perfección (He. 7:26). Ese justo padeció en sustitución de los injustos o impíos, muriendo en lugar de ellos y experimentando en él las aflicciones redentoras para hacer posible la justificación del injusto y cancelar la deuda de su pecado. En palabras de Pedro, murió sufriendo para *llevarlos a Dios* (1 P. 3:18). Aquel Santo sufrió por los pecadores para abrir para ellos el acceso a Dios mediante la reconciliación (2 Co. 5:20). El trono de ira se cambia ahora para el justificado en un trono de gracia con recursos continuos para el momento necesario (He. 4:14–16).

A causa de la identificación con Cristo, la vida cristiana sufre una transformación molesta para el mundo. Antes vivía como el resto de los perdidos corriendo con ellos en la corriente del desenfreno y de la disolución. Pero, el cambio operado en él por la gracia, transformó su vida de tal modo que ya no hace lo que agrada a las gentes (1 P. 4:3). La consecuencia no puede ser otra que el desprecio que pasa luego al ultraje, la calumnia y el desprestigio personal. La hostilidad rodea al verdadero creyente. Tal vez sea suficiente expresar esta idea con un párrafo del libro apócrifo de Sabiduría: "*Lleva una vida distinta de todos y sus caminos son extraños... se aparta de nuestros caminos como de impurezas; proclama dichosa la suerte final de los justos y se ufana de tener a Dios por padre*" (Sap. 2:15–16).

¿Cómo es posible entender la dicha en medio de la persecución y del sufrimiento? Jesús expresa la razón: ὅτι αὐτῶν ἐστιν ἡ βασιλεία τῶν οὐρανῶν "*porque de ellos es el reino de los cielos*". La evidencia de que son del reino se manifiesta por medio de la persecución de que son objeto. Ninguno de los súbditos del mundo es perseguido por vivir como el mundo, sólo los hijos de Dios, que no son del mundo, padecen persecución por causa de la justicia. Por esa razón Pedro también, como eco de las palabras de Jesús, dice: "*Mas también si alguna cosa padecéis por causa de la justicia, bienaventurados sois*" (1 P. 3:14). Puede tratarse de muy diferentes formas de padecimiento, pero todas ellas se producen a causa de una vida ajustada a la justicia que Dios establece. Es la lógica de la identificación con Cristo. El Señor anduvo haciendo bienes (Hch. 10:38), sin embargo fue perseguido hasta la muerte. Pablo y Silas llevaban una vida de conducta ejemplar. El apóstol afirmaba que para él su vida era Cristo mismo (Fil. 1:21). Los dos fueron azotados y encarcelados injustamente (Hch. 16:22–24). La larga galería de los ejemplos de fe, está rodeada de experiencia de sufrimiento, persecución y muerte.

El resumen de Hebreos es elocuente: "*Otros experimentaron vituperios y azotes, y a más de esto prisiones y cárceles. Fueron apedreados, aserrados, puestos a prueba, muertos a filo de espada; anduvieron de acá para allá cubiertos de pieles de ovejas y cabras, pobres, angustiados, maltratados; de los cuales el mundo no era digno; errando por los desiertos, por los montes, por las cuevas y por las cavernas de la tierra*" (He. 11:36–38). Estos todos que no son del mundo son ya del reino de los cielos (Col. 1:13). En el presente tienen el título de herencia que corresponde a quienes son hijos de Dios. Estos disfrutarán de la plena dimensión del reino de los cielos en el futuro; de la herencia de los santos en luz (Col. 1:12). Los sufrimientos que padecen son la manifestación de la presencia del Espíritu de Dios en ellos, por tanto de evidencia de salvación (1 P. 4:14). Los creyentes son ahora vituperados por el nombre de Cristo, experimentando la bendición de seguirle llevando su vituperio (He. 13:13). Es seguir la senda de Su mismo compromiso. En la prueba se manifiesta el poder de Dios, lo que constituye ya una manifestación de las bendiciones divinas (2 Co. 12:10). Esa es la antesala de la recompensa eterna (Stg. 1:12). La persecución por causa de la justicia tiene ya la aprobación delante de Dios (1 P. 2:19–20). El creyente es bienaventurado en la persecución injusta, porque está siendo en todo conformado a Cristo (Ro. 8:29). La presencia de Dios se manifiesta por su gloria. El Espíritu de gloria llenó el templo de Dios en la antigua dispensación. El nuevo santuario de Dios es cada creyente y la iglesia como conjunto de ellos. El Espíritu que reproduce a Cristo, está conduciendo la vida de cada creyente en esa dirección, contraria al mundo, lo que produce la consecuencia de la persecución. En ella se manifiesta que el cristiano es verdaderamente templo de Dios, por tanto el gozo supremo supera con creces a la angustia de la persecución momentánea. Los sufrimientos van produciendo en cada uno de los que sufren por causa de la justicia, un cada vez más excelente y eterno peso de gloria (2 Co. 4:17). El aliento en medio de las pruebas se experimenta viendo al final el momento en que el perseguido reine con el Señor (Ap. 21:3, 4; 2 Ti. 2:12).

11. Bienaventurados sois cuando por mi causa os vituperen y os persigan, y digan toda clase de mal contra vosotros, mintiendo.

μακάριοι	ἐστε	ὅταν	ὀνειδίσωσιν	ὑμᾶς	καὶ	διώξωσινκαὶ	εἴπωσιν	πᾶν
Dichosos	sois	cuando	vituperen	os	y	persigan y	digan	toda

πονηρὸν	καθ'	ὑμῶν	ψευδόμενοι[1]	ἕνεκεν	ἐμοῦ.
maldad	contra	vosotros	mintiendo	por causa	de mí.

Notas sobre el texto griego.

Bienaventurados, la misma expresión que en todos los versículos anteriores, ver v. 3. *Sois cuando os vituperen y os persigan y digan toda clase de mal*, larga expresión condicional con ἐστε, segunda persona plural del presente de indicativo en voz activa del verbo eimi, *ser*, en este caso *sois*; con la conjunción ὅταν, que equivale a *tan pronto como, luego*, usado aquí como forma condicional traducida por *cuando*; los verbos vituperar y perseguir van precedidos del pronombre personal ὑμᾶς, *os*; ὀνειδίσωσιν, tercera persona plural del aoristo primero de subjuntivo en voz activa del verbo ὀνειδίζω, que en voz activa equivale a *censurar, vituperar*, aquí como *vituperen*; διώξωσιν, tercera persona plural del aoristo primero de subjuntivo en voz activa del verbo διώκω, que expresa la idea de *poner en fuga, ahuyentar*, aquí como *persigan*; enlazando la última parte de la expresión con la conjunción καὶ, *y*; εἴπωσιν, tercera persona plural del aoristo segundo de subjuntivo en voz activa de la forma verbal εἶπον, usado como tiempo aoristo de λέγω, *hablar*, aquí como *digan*; πᾶν, *toda*; πονηρὸν, forma del acusativo singular neutro del adjetivo πονηρός, que denota *un mal que aflige, que entristece, que causa dificultades*, en general expresa *maldad*, aquí como *toda clase de maldades*.

Mintiendo, ψευδόμενοι, forma del nominativo plural masculino con el participio

---

[1] ψευδόμενοι, *mintiendo*, atestiguada en ℵ, B, C, W, D, Q, f^{1}, f^{13}, 28, 33, 157, 180, 205, 565, 579, 597, 700, 892, 1005, 1007, 1071, 1241, 1243, 1292, 1342, 1424, 1505, *Biz* [E, S] *Lect* it$^{aur, f, ff1, l, q}$, vg, syr$^{c, p, h, pal}$, cop$^{sa, meg, bo}$, arm, eth, geo, slav, Orígenes$^{1/2}$, Basilio, Constituciones Apostólicas, Gregorio-Nisa, Dídimo, Epifanio, Crisóstomo, Cirilo, Hesequio, Teodoreto, Cromatio$^{1/2}$, Jerónimo, Rufino, Agustín$^{6/11}$.

Se omite en D, it$^{b, c, d, g, h, k}$, sur^{s}, Orígenes$^{1/2}$, Tertulinao, Hilario, Lucifer, Abrosiaster, Abrosio, Cromatio$^{1/2}$, Agustín$^{5/11}$, Espéculo.

presente en voz media del verbo ψεύδω, que expresa la idea de *mentir, engañar con mentiras*, aquí como *mintiendo*.

Por causa, ver versículo anterior.

¿Es una nueva bienaventuranza o el complemento de la anterior? Puede considerarse tal vez como la novena, que cerraría el conjunto de bendiciones que pueden ser disfrutadas por el creyente. Sin embargo también puede ser el complemento de la octava bienaventuranza. No importa el sentido que se de en el orden numérico de las expresiones de dicha, sino el contenido de las palabras que encierra; Jesús dijo: μακάριοι ἐστε ὅταν ὀνειδίσωσιν ὑμᾶς καὶ διώξωσιν καὶ εἴπωσιν πᾶν πονηρὸν καθ' ὑμῶν ψευδόμενοι[1] ἕνεκεν ἐμοῦ *"Bienaventurados sois cuando os vituperen y os persigan, y digan toda clase de mal contra vosotros mintiendo por causa de Mí"* La felicidad en la persecución consiste en que no es justa sino injusta. Ya se consideró algo de esto en el texto anterior. El cristiano sufre molestias padeciendo injustamente por causa de su conciencia delante de Dios (1 P. 2:19). La persecución no es por causa de sus maldades, sino de su justicia. La conciencia del creyente no le permite hacer lo que Dios reprueba. Ese modo de vida le acarreará consecuencias difíciles en muchas ocasiones. Sin embargo las sufre a causa de la limpieza de su corazón. El sufrimiento por el pecado no es ninguna gloria, sino todo lo contrario, mientras que el sufrimiento por causa de Cristo es una bendición. La prueba puede ser muy intensa y el sufrimiento grande. Pedro lo compara con un *fuego de prueba* que sobreviene (1 P. 4:12). Jesús habla de tres acciones contra el justo. Primeramente está el vituperio, insultos u oprobios que se dicen de él. Vituperar es decir mal de una persona con ánimo de desprestigiarla, considerándola como viciosa o indigna. La segunda acción no es simplemente una denuncia mentirosa hecha de palabras, estas dan paso a la persecución.

El santo comprometido con Cristo molesta en donde esté un ambiente contrario a Cristo, por tanto es perseguido, acosado, para hacerlo desaparecer y evitar la molestia que produce su conducta. La tercera acción es la calumnia maliciosa. Acusando al cristiano de perversidades que nunca ha cometido y de mala conducta que no es la suya. La malicia es procurar el daño contra el que se considera molesto. Es la actitud propia de Satanás. Todo el proceso de oposición tiene una base de mentira. Es mentira, pero acarrea sufrimiento. A la larga toda mentira viene a la luz y deja de ser considerada como verdad, pero mientras esto ocurre, el creyente honesto sufre por causa de Cristo. Casi siempre se considera este sufrimiento y estas acciones producto de impíos que se oponen al

---

[1] ψευδόμενοι, *mintiendo*, atestiguada en א, B, C, W, D, Q, f^{1}, f^{13}, 28, 33, 157, 180, 205, 565, 579, 597, 700, 892, 1005, 1007, 1071, 1241, 1243, 1292, 1342, 1424, 1505, *Biz* [E, S] *Lect* it$^{aur, f, ff1, l, q}$, vg, syr$^{c, p, h, pal}$, cop$^{sa, meg, bo}$, arm, eth, geo, slav, Orígenes$^{1/2}$, Basilio, Constituciones Apostólicas, Gregorio-Nisa, Dídimo, Epifanio, Crisóstomo, Cirilo, Hesequio, Teodoreto, Cromatio$^{1/2}$, Jerónimo, Rufino, Agustín$^{6/11}$.

Se omite en D, it$^{b, c, d, g, h, k}$, sur^{s}, Orígenes$^{1/2}$, Tertulinao, Hilario, Lucifer, Abrosiaster, Abrosio, Cromatio$^{1/2}$, Agustín$^{5/11}$, Espéculo.

evangelio, pero en alguna ocasión nacen de algunos creyentes. Cuando en conciencia delante de Dios un cristiano no continúa asintiendo a cosas que no proceden del Señor. Cuando por causa de la conciencia se opone al sistema religioso con sus falsedades, suele producirse en su experiencia la dinámica de persecución que el Señor cita en la bienaventuranza. En muchas ocasiones hermanos consecuentes con la fe han sido excomulgados de la iglesia donde se congregaban por el único delito de oponerse a una enseñanza que no descansaba en la Escritura. Cuantas veces grandes cristianos, con dones y capacidades han sido reducidos al ostracismo como consecuencia de haber denunciado a líderes que enseñaban como Palabra de Dios mandamientos de hombres. Cuando se produce una situación en que los que se sostienen en la mentira ven tambalearse el firme sobre el que están establecidos, suele abrirse una contraofensiva contra el cristiano honesto que incluye el desprestigio, la calumnia y la difamación. Lamentablemente esto se produce por quienes afirman ser celosos guardianes de la fe. Esta clase de fariseos de los tiempos modernos traen más calamidades sobre el pueblo de Dios que mil demonios desatados luchando contra los santos. Son los correveidiles que esparcen calumnias y nunca presentan pruebas de las acusaciones que propalan. Sin embargo, son capaces de sentarse en actitud santurrona en las reuniones eclesiales proclamando con su boca que aman a Cristo, mientras desprecian a sus hermanos.

El sufrimiento en la experiencia cristiana identifica al creyente con los sufrimientos de Cristo (Fil. 3:10). El que ha resucitado con Cristo experimenta el sufrir por Cristo (Ef. 2:6). Se refiere a llevar el oprobio de Cristo llenando lo que falta a Sus padecimientos por su cuerpo, esto es, por los creyentes (Col. 1:24). Esos sufrimientos no se refieren a los vicarios o salvíficos, que son irrepetibles (He. 10:14), sino a los que experimente al creyente a lo largo de su vida, que siendo miembro en el cuerpo de Cristo, produce una experiencia corporativa de sufrimiento que comprende también a la cabeza de ese cuerpo que es el Señor. En ese sentido el sufrimiento producido a un creyente es hecho a Cristo mismo (Hch. 9:4–5). El cristiano en Cristo tiene la capacidad de comunicar con los sufrimientos de Cristo (2 Ti. 2:12; 1 P. 4:13). El sufrimiento por Cristo y su causa continua permanentemente y forma parte de la experiencia de vida cristiana (Ro. 8:17; 2 Co. 11:24–28; 12:10). Los sufrimientos por causa del Señor pueden adquirir muy diversas formas, baste, a modo de ejemplo, los padecimientos que el apóstol Pablo detalla de su propia experiencia (2 Co. 11:23–28). El cristiano soporta el sufrimiento por Cristo en su condición de testigo de Cristo (Hch. 9:15–16; 22:15). Todo esto supone una gran bienaventuranza, ya que demuestra la realidad de la identificación con Cristo. El que está identificado para sufrir lo está también para el disfrute de todas las bendiciones que Dios otorga en Cristo a quien es de Él. Una larga cadena de bendiciones se concretan en la identificación con Cristo: Sufrir con Él (Ro. 8:17); estar crucificados con Él (Ro. 6:6); muertos con Él (Ro. 6:8; 2 Ti. 2:11); sepultados con Él (Ro. 6:4; Col. 2:12); vivificados con Él (Col. 2:12; 3:1); coherederos con él (Ro. 8:17); glorificados con Él (Ro. 8:18); sentados con Él en su trono (Col. 3:1; Ap. 20:4); reinando con Él (2 Ti. 2:12; Ap. 20:4). Toda experiencia de dificultad y sufrimiento queda sin valor ante la gloriosa dimensión de las bendiciones que se obtienen en Cristo Jesús.

12. Gozaos y alegraos, porque vuestro galardón es grande en los cielos; porque así persiguieron a los profetas que fueron antes de vosotros.

Χαίρετε	καὶ	ἀγαλλιᾶσθε,	ὅτι	ὁ	μισθὸς	ὑμῶν	πολὺς	ἐν	τοῖς	οὐρανοῖς·
Alegraos	y	regocijaos	pues	el	galardón	de vosotros	mucho	en	los	cielos

οὕτως	γὰρ	ἐδίωξαν	τοὺς	προφήτας	τοὺς	πρὸ	ὑμῶν.
porque	así	persiguieron	a los	profetas	-	antes	de vosotros.

Notas sobre el texto griego.

Gozáos y alegraos, cláusula de mandato verbal pronominal, con verbos vinculados con la preposición καὶ, *y*; χαίρετε, segunda persona plural del presente de imperativo en voz activa del verbo χαίρω, con sentido de *estar alegre, regocijarse*, traducido aquí como *alegraos*; ἀγαλλιᾶσθε, segunda persona plural del presente de imperativo en voz media del verbo ἀγαλλιάω, que expresa la idea de un gozo pleno, *exultar*, aquí como *alegraos*.

Galardón, μισθὸς forma del nominativo singular masculino, del sustantivo que significa *recompensa, galardón, premio*; precedido del artículo determinado ὁ, *el*.

Es grande, πολὺς, forma del nominativo singular masculino del adjetivo de grado, que significa *grande, mucho*; con el verbo *ser* implícito.

Persiguieron, ἐδίωξαν, tercera persona plural del aoristo primero de indicativo en voz activa del verbo διώκω, que equivale a *perseguir*, aquí como *persiguieron*.

El Señor orienta la visión de los oyentes a los lugares celestiales haciéndoles notar que el sufrimiento queda plenamente superado por la esperanza de la provisión que Dios tiene para los suyos. En medio de la prueba y aflicciones por el testimonio del Señor, el creyente puede alegrarse y regocijarse, χαίρετε καὶ ἀγαλλιᾶσθε. No está feliz con el sufrimiento, pero sabe que es la puerta a una dimensión gloriosa que no termina jamás. Las dificultades son momentáneas y pasajeras, no pueden durar en la mayor extensión que el tiempo de vida del que las sufre. Pero, más allá de esta vida, se abre una perpetua en la presencia del Señor. Allí Dios ha dispuesto de *galardón*, para quienes le han servido en medio del sufrimiento: ὅτι ὁ μισθὸς ὑμῶν πολὺς ἐν τοῖς οὐρανοῖς "*pues vuestro galardón es grande en los cielos*". El Señor llamó bienaventurados a quienes sufren como consecuencia de su identificación con Él. Así lo entendió Santiago y por eso escribe: "*Bienaventurado el varón que soporta la tentación; porque cuando haya resistido la prueba, recibirá la corona de vida, que Dios ha prometido a los que le aman*" (Stg. 1:12). Los sufrimientos momentáneos y finalmente la muerte física, abre para el creyente la puerta a la experiencia de una vida perdurable, en donde recibirá la recompensa por su fidelidad. El Señor demanda a cada cristiano una entrega semejante a la suya, pero ofrece también la corona que expresa la victoria en medio del conflicto: "*Se fiel hasta la muerte, y yo te daré la corona de victoria*" (Ap. 2:10). El galardón será dado en el día del Señor Jesús, en la revelación de su gloria (1 P. 4:13). Las lágrimas de las pruebas serán enjugadas para siempre en los cielos; esta es la promesa: "*Enjugará Dios toda lágrima de los ojos de ellos; y ya no habrá muerte, ni habrá más llanto, ni clamor, ni dolor; porque las primeras cosas pasaron*" (Ap. 21:4). Esta esperanza ha hecho posible que el creyente supere el sufrimiento y sienta gozo en medio de las pruebas. El ejemplo de Cristo hace posible que las pruebas no detengan el regocijo que el Espíritu produce en el alma cristiana (He. 12:2). Cuando las lágrimas se derraman y las dificultades se producen, cuando Satanás procura debilitar la fe y hacer retroceder al creyente en su camino de testimonio, el cristiano tiene un remedio eficaz: "*Considerad a aquel que sufrió tal contradicción de pecadores contra sí mismo, para que vuestro ánimo no se canse hasta desmayar*" (He. 12:3). Por esa razón la aflicción momentánea, en lugar de producir desaliento, genera una profunda esperanza y un cada vez más excelente y eterno peso de gloria, porque la vista del cristiano no se asienta sobre lo que es pasajero, sino sobre lo que es eterno (2 Co. 4:17–18).

Además el cristiano no está sólo en la experiencia del conflicto y del sufrimiento. Hay una gran compañía de creyentes que a lo largo de la historia humana pasaron por tribulaciones y angustias a causa de su fidelidad al Señor. El Señor hacía notar a su auditorio que οὕτως γὰρ ἐδίωξαν τοὺς προφήτας τοὺς πρὸ ὑμῶν todos los profetas que fueron antes que ellos en la historia de Israel, pasaron también por persecución y dificultades. Es suficiente con la lectura de la lista de héroes de la fe para darse cuenta de ello. Muerte, angustia, dificultades sin número, persecuciones, sufrimientos, fue la experiencia de los profetas, que servían al Señor (He. 11:35–37). El mundo los consideraba indignos de vivir y los perseguía, pero realmente el mundo no era digno de tales personas (He. 11:38). Como ejemplos más próximos al tiempo actual, los apóstoles sufrieron también conflictos continuados. Es altamente impactante el ejemplo de sus experiencias, "*en tribulaciones, en necesidades, en angustias, en azotes, en cárceles, en tumultos, en trabajos, en desvelos, en ayunos;... como engañadores, pero veraces; como desconocidos, pero bien conocidos; como moribundos, más he aquí vivimos; como castigados, más no muertos; como entristecidos más siempre gozosos; como pobres, más enriqueciendo a muchos; como no teniendo nada, más poseyéndolo todo*" (2 Co. 6:5–10). Pero, por si aún fuese poco, el ejemplo supremo del Señor sirve de estímulo para quienes viven su vida en ellos. Fue maldecido, amenazado, maltratado, juzgado injustamente y finalmente muerto (1 P. 2:21–24), cuando su único delito fue el de pasar por el mundo haciendo bienes y sanando a todos los oprimidos (Hch. 10:38). Todo cuando pueda pasar en la vida del creyente se asume y entiende sin perder el gozo y la paz, cuando puede decir como expresión de lo que es su vida: "*Para mí, el vivir es Cristo*".

El testimonio del creyente (5:13–48)

El Señor describió en la sección anterior (5:3–12), el carácter del creyente. Un creyente se mide no por lo que hace, sino por lo que es. Esencialmente es una persona dichosa, *bienaventurada*, en la medida en que sintonice con la voluntad de Dios y viva de acuerdo con ella. Esta actitud interior aflora al exterior en actos concretos, que son visibles a los que le rodean y le distinguen como creyente en un mundo de incrédulos, esto es, le manifiestan como lo que es. Los creyentes están en el mundo, pero no son de él. Sin embargo, tienen relación con el mundo. Nunca deseó el Señor que se separasen de él, sino todo lo contrario, son enviados al mundo con el mismo propósito conque Él fue enviado (Jn. 17:18). El testimonio que corresponde a la evidencia de una vida que descansa en la fe, debe manifestarse en obras (Stg. 2:20). La ley de Dios establece una conducta moral para quienes han sido redimidos, no en el sentido estricto de la letra, sino en la suprema dimensión del espíritu contenido en ella. El Señor enseñó como debe ser el comportamiento de los creyentes que están y son del *Reino de los Cielos*. En ese estilo de vida manifiestan la realidad de su profesión y condición espiritual.

Quienes son *pobres de espíritu, mansos y humildes de corazón*, con *hambre y sed de justicia*, están capacitados para ser también *sal en la tierra* y *luz en el mundo* (vv. 13–16). Esa es la *función* del creyente en la sociedad. Las metáforas de la sal y la luz, indican la influencia que los creyentes deben producir en su entorno social. Es seguro que el mundo perseguirá a los creyentes y los despreciará por su fe (vv. 11–12), pero a esto el creyente está llamado a servir a quienes le persiguen mediante su influencia en ellos que despierte interés por la fe y les ilumine en el modo ético de comportamiento. El creyente no puede aislarse del mundo, sino mostrarse en su medio para servirle del mismo modo que Cristo hizo. Junto con este testimonio, algunos del mundo se preguntarán cuán bueno debe ser una persona para ir al cielo. La Ley establece el nivel moral que deben manifestar quienes son hijos del *Reino de los cielos*. La justicia práctica establecida en los preceptos éticos de la Ley, no pueden ser rebajados para adecuarlos a una vida de *piedad aparente*, el mismo Señor enseña cuál era su relación con tales demandas (vv. 17–18). Algunos pensarían que como Cristo se oponía a la enseñanza tradicional de los fariseos y ellos eran referencia al pueblo sobre el cumplimiento y alcance de la Ley, Jesús tendría que modificar la misma Ley o abrogar alguno de sus mandamientos, el Señor quería dejar claro desde el principio de su ministerio que tal cosa era imposible, ya que Él había venido para cumplirla. Esa misma posición debe ser la natural de quienes son sus discípulos (vv. 19–20). Para enfatizar de un modo práctico la enseñanza, apela a algunas demandas establecidas en la Ley. Tales enseñanzas eran consideradas por los escribas y fariseos desde la literalidad del mandamiento. El Señor toma los mandamientos y extiende el significado que Dios tenía en mente cuando los promulgó y entregó a Su pueblo. En ellos se manifiesta la verdadera *justicia práctica* que el creyente debe manifestar ante el mundo que le rodea. La primera observación tiene que ver con el homicidio (vv. 23–26). La segunda con el pecado del adulterio (vv. 27–30).

Esa forma de justicia estaba muy lejos de la *literalista* con la que se conformaban los escribas y fariseos, quienes procuraban el cumplimiento de la letra de la Ley, pero quebrantaban -en muchos casos conscientemente- el espíritu de la misma. Por tanto Cristo advierte a los suyos que si "*vuestra justicia no fuere mayor que la de los escribas y fariseos, no entraréis en el reino de los cielos*" (v. 20).

La influencia del creyente (5:13–16)

13. Vosotros sois la sal de la tierra; pero si la sal se desvaneciere, ¿con qué será salada? No sirve más para nada, sino para ser echada fuera y hollada por los hombres.

ὑμεῖς	ἐστε τὸ	ἅλας	τῆς	γῆς·	ἐὰν	δὲ	τὸ	ἅλας	μωρανθῇ,	ἐν	τίνι
Vosotros	sois la	sal	de la	tierra;	mas	si	la	sal	se volviere sosa	¿con	qué

ἁλισθήσε ται	εἰς	οὐδὲν	ἰσχύει	ἔτι	εἰ μὴ	βληθὲν	ἔξω	καταπατε ῖσθαι
será salada?	Para	nada	tiene fuerza	ya	sino	arrojada	fuera	para ser pisoteada

τῶν	ἀνθρώπων.
los	hombres.

Notas sobre el texto griego.

Sois, ἐστε, segunda persona plural del presente de indicativo en voz activa del verbo εἰμί, *ser*, aquí como *sois*.

Sal, ἅλας, sustantivo con el mismo significado, precedido del artículo determinado τὸ, *la*.

Desvaneciere, μωρανθῇ, tercera persona singular del aoristo primero de subjuntivo en voz pasiva del verbo μωραίνω, que en sentido causal, significa *hacer necio, enloquecer*, y en el sentido pasivo, *enloquecer, hacerse necio*, aquí como *desvaneciere*, en el sentido de hacerse insípida.

¿Con qué será salada?, forma interrogativa indefinida con ἐν, *con*, τίνι, forma del dativo singular masculino del pronombre indefinido τις, *un cierto, alguno, otro*, aquí conjuntamente como *con qué*; ἁλισθήσεται, tercera persona singular del futuro de indicativo en voz pasiva del verbo ἁλίζω, que equivale a *sazonar, condimentar con sal*, aquí como *será salada*.

No sirve para nada, εἰς οὐδὲν ἰσχύει cláusula negativa con εἰς, *para*; οὐδὲν, forma del nominativo singular neutro equivalente a *nada, no, ninguno, no*, aquí como *nada*; ἰσχύει, tercera persona singular del presente de indicativo en voz activa del verbo ἰσχύω, literalmente *ser fuerte, robusto, tener poder, ser válido*, de ahí *sirve*.

Ser echada fuera y hollada, βληθὲν ἔζω καταπατεῖσθαι, cláusula con βληθὲν, tercera persona singular del aoristo primero de infinitivo en voz pasiva del verbo bletow, con sentido de *arrojar, echar fuera*; καταπατεῖωθαι, presente de infinitivo en voz pasiva del verbo καταπατέω, con sentido de *pisotear, hollar bajo el pie*, aquí como *ser hollada*.

La primera responsabilidad del creyente está expresada mediante la metáfora de la sal. El Señor afirma que ὑμεῖς ἐστε los suyos son τὸ ἅλας τῆς γῆς *"la sal de la tierra"*. La sal siempre fue considerada como algo muy valioso. A los soldados que servían en las legiones romanas se les pagaba parte de sus haberes mediante una porción de sal, de ahí el nombre de *salario* para referirse a los devengos por trabajo personal. En la antigüedad participar en la sal que se ofrecía a los invitados a una comida, era señal de amistad con el que invitaba. Según costumbres de algunos pueblos quien compartía la sal con otro, quedaba bajo su protección. En el ceremonial de la antigua alianza, las ofrendas que se sacrificaban eran sazonadas con sal (Lv. 2:13). Muchos de los contratos o pactos entre personas se confirmaban mediante el intercambio o la participación en una porción de sal. De ahí que simbólicamente se hable de *pacto de sal* al convenio de Dios con David, como queda registrado en la Palabra: "*¿No sabéis vosotros que Jehová Dios de Israel dio el reino a David sobre Israel para siempre, a él y a sus hijos, bajo pacto de sal?*" (2 Cr. 13:5). La sal es también un ingrediente básico en las comidas para sazonarlas y darles un sabor más agradable al paladar, de ahí que en el -probablemente- libro más antiguo de la Escritura, Elifaz diga a Job: "*¿Se comerá lo desabrido sin sal?*" (Job 6:6).

¿Por qué utilizó aquí Jesús la metáfora de la sal? ¿Qué quiso enseñar con ella? Hay muchas respuestas que pueden ser válidas conforme al pensamiento del intérprete. Sin embargo es evidente que la sal tiene tres funciones principales: a) es un elemento antiséptico; b) es una sustancia que provoca la sed; c) es un compuesto que da sabor a los alimentos. Desde estas tres funciones de la sal se puede comprender el alcance de la enseñanza parabólica o metafórica de Jesús.

Como antiséptico la sal no se contamina con la corrupción y combate el deterioro que producen los elementos degenerativos que corrompen otras substancias. La salazón es un procedimiento utilizado desde tiempos antiquísimos para conservar alimentos perecederos, como carnes y pescados, evitando la descomposición. Bajo esta primera condición de la sal, el Señor estaba enseñando que los suyos deben vivir vidas que no se contaminen con la corrupción del mundo. El creyente está llamado a vivir conforme al modelo del Señor que es ejemplo de vida para todos los que han creído en Él y le siguen (1 P. 2:21-25). La condición del creyente es de santidad de vida. Esa vida santa no es el resultado de una imposición por mandamiento, sino de la comunión de vida con Jesucristo. El creyente debe ser santo en todos sus momentos de vida, porque quien lo llamó es también santo y el que ha nacido de nuevo viene a ser partícipe de la divina naturaleza (2 P. 1:4). Es interesante observar que Pedro escribe sobre la razón de la santidad del creyente, refiriéndose a Dios: "*sed santos, porque yo soy santo*" (1 P. 1:16). No dice el apóstol sed santos *como* yo soy santo; eso sería por imitación. Escribe: "*sed santos*, porque *yo soy santo*"; esto es por principio vital de identificación. Es decir, como el Señor es santo, quien vive a Cristo no tiene otra opción que ser santo. No cabe duda que la sal no impide la corrupción, pero la evita. De esta misma manera la influencia del creyente no puede evitar la corrupción espiritual de quienes le rodean, pero evita las manifestaciones externas de ella con su influencia y presencia. Es evidente que muchas veces los perversos guardan de expresar sus perversidades o de hacerlas cuando hay un creyente delante. El creyente ha sido sacado de la masa de pecado del mundo por la poderosa obra de Dios (Ef. 2:1–6). El propósito de Dios al hacer esa obra está bien definido: "*según nos escogió en Él antes de la fundación del mundo, para que fuésemos santos y sin mancha delante de Él*" (Ef. 1:4). Esto es, separados para Dios, en medio de un mundo corrupto para ser referencia visible de Dios en el mundo. Es una operación de la soberanía divina que así lo ha determinado. La conducta del creyente se establece por causa de esta provisión y concordante con ella. Es decir, el cristiano es salvo para ser santo. En razón a la nueva vida de que ha sido dotado el salvo, en la regeneración espiritual, se distancia de la corrupción que hay en el mundo y ésta no lo contamina (1 P. 1:4). Un resumen concluyente de esta verdad está en las palabras de Pedro: "*para no vivir el tiempo que resta en la carne, conforme a las concupiscencias de los hombres, sino conforme a la voluntad de Dios. Baste ya el tiempo pasado para haber hecho lo que agrada a los gentiles, andando en lascivias, concupiscencias, embriagueces, orgías, disipación y abominables idolatrías*" (1 P. 4:2–3). El creyente ha huido de la corrupción que hay en el mundo a causa de haber sido hecho partícipe de la naturaleza divina (2 P. 1:4).

La sal es también un elemento provocador de la sed. En lugares donde el trabajo se realiza bajo elevadas temperaturas y existe el riesgo de deshidratación, suele administrarse a quienes trabajan en ese ambiente, una dosis de sal para que produzca sed y se haga la ingesta de agua necesaria. En ese mismo sentido, la vida del creyente debiera despertar *sed* en quienes están bajo su influencia y presencia. El testimonio cristiano es el inevitable complemento a la predicación del evangelio; un mensaje que ofrece agua de vida, que apaga la sed del mundo, que es Cristo mismo (Jn. 4:13–14; 6:35; Ap. 22:17). La evangelización debe ir respaldada por el testimonio de vidas que expresan la satisfacción alcanzada en Jesús. El incrédulo debe sentir sed para acudir a la fuente de agua viva. No cabe duda que quien despierta el deseo y capacita al pecador para salvación es el Espíritu Santo (1 P. 1:2). Sin embargo, se vale muchas veces de los creyentes para que con sus vidas despierten en otros interés por Cristo, y deseo de beber del agua de vida que satisface plenamente. En la sociedad actual, las palabras que expresan promesas, son poco aceptadas, sin embargo el ejemplo de vidas transformadas son un poderoso instrumento que Dios usa para despertar en los perdidos deseo por Cristo. Si la iglesia no tiene un pueblo con un testimonio poderoso, no tiene mensaje válido que proclamar.

Además la sal es también un elemento generador de sabor. Esta es, sin duda, una aplicación de la metáfora mucho más genérica que las anteriores. La presencia del creyente da una nota de sabor en una sociedad insípida y sin aliciente alguno para satisfacer las necesidades morales. No se trata aquí de una actuación colectiva de toda la Iglesia, sino individual de cada uno de los creyentes, que actúan mediante el testimonio personal. La Iglesia no está llamada a pronunciamientos políticos, no es una institución temporal sino eterna, no es una organización política sino celestial. Esto no significa que su presencia e influencia no pueda orientar ciertas decisiones políticas en el gobierno del mundo, pero la misión de la iglesia es testimoniar a las gentes de la esperanza que hay en Cristo, y manifestar al mundo la sociedad transformada por el poder de Dios mediante el testimonio de la comunidad cristiana. La conducta ejemplar del creyente produce un sabor especial y agradable en la sociedad. De muchos modos se manifiesta esto. Hay un sabor especial cuando el cristiano es ejemplo en el cumplimiento de lo establecido por las leyes del país donde vive (Ro. 13:1ss). De la misma manera se hace evidente en una relación familiar concordante con lo que la Biblia establece, en donde cada uno de los miembros procura el bien de los demás, sometiéndose en ese sentido los unos a los otros (Ef. 5:22ss). No hay peor ejemplo para el mundo que un cristianismo nominal intransigente que establece *jerarquías* dentro de la familia y exige sumisión en lugar de comunión de amor. No significa esto que no se establezca el orden necesario para el correcto funcionamiento del hogar. Pero, no es menos cierto que la sociedad actual queda impactada cuando hay matrimonios que se conservan en afecto entrañable a pesar de los años transcurridos; cuando hay padres que comprenden a sus hijos y los tratan sin imposiciones traumáticas, dándoles tiempo y atención a sus problemas; cuando hay hijos que respetan a sus padres, no por razón de autoridad sino por expresión de amor. Hay un sabor especial en unas relaciones laborales desde la base del respeto y del rendimiento en el trabajo, esté o no el creyente bajo la vigilancia atenta de algún superior (Ef. 6:5–9). Cuando las leyes laborales que rigen la relación del trabajo, quedan en todo superadas por las normas morales establecidas en la Palabra de Dios. Hay sabor en una vida que vive una conducta irreprochable en medio de una sociedad cada vez más corrompida; en donde la mentira está proscrita; el enojo cancelado; el robo no existe; el trabajo se desarrolla con el propósito no de enriquecerse sino de poder tener para compartir con el necesitado; donde las palabras corrompidas desaparecen de la forma de hablar; donde la amargura, el enojo, la ira, la gritería, la maledicencia y la malicia ni siquiera existen; donde la benignidad, la misericordia y el perdón, son el modo natural de relación entre creyentes (Ef. 4:25–31). Hay sabor en la vida de quienes cuando son atropellados, despreciados, maltratados, acosados, victimas en el sufrimiento injustamente provocado por otros, tienen la capacidad de perdonar cualquier ofensa y amar a sus propios ofensores (Col. 3:12–14). No cabe duda que la misión principal de la Iglesia es predicar el evangelio (Mt. 28:18–20; Mr. 16:15–16; Hch. 1:8), pero el contenido espiritual del evangelio de salvación para todo aquel que crea, debe ir acompañado de la asistencia social que también forma parte del mismo.

El contenido social del evangelio, al que no puede renunciarse, se proclama, no con palabras, sino con las acciones que los cristianos lleven a cabo en ese entorno. Algunos creen que la misión de la Iglesia consiste en una denuncia social, entendiendo que ese era el carácter del mensaje profético del Antiguo Testamento, y que la Iglesia solo estará en la línea de obediencia al mandato de Cristo, en la medida en que su mensaje sea un mensaje de denuncia social, en lo que algunos llaman *Teología de la Liberación*. Sin duda alguna las injusticias sociales, la opresión a los menos favorecidos, el hambre de un tercer mundo que contrasta escandalosamente con la opulencia y despilfarro de los países más desarrollados, debe ser denunciado, contrastándolo con la ética del reino de los cielos y proclamando como referencia la conducta que Jesús practicó durante su vida. Pero, el mensaje profético del Antiguo Testamento, tenía el carácter de denuncia social para el entorno del pueblo de Dios, esto es, de Israel en el tiempo en que fueron predicados. Los profetas no denunciaron alteraciones y abusos sociales para otras naciones que no fuese Israel, y cuando lo hicieron con algunas otras, siempre estaba involucrada alguna acción relativa a Israel. Éste era el pueblo de Dios. Los profetas llamaban a este pueblo al arrepentimiento y a un retorno a Dios, que debía expresarse en un estilo de vida consecuente. El cristianismo convulsionó el mundo antiguo no por denuncia, sino por testimonio. Con todo, la Iglesia tiene un mensaje de alto contenido social manifestado en la Palabra al que no puede renunciar, sin dejar mermado un importante grado de testimonio si renuncia a la acción social para el mundo de su tiempo y entorno. Es necesario entender claramente que junto con el evangelio de salvación, es necesario dar de comer al hambriento, consolar al afligido y restituir el derecho al agraviado, como Jesús hizo.

La metáfora de la sal tiene aplicación para algunos de los que estaban oyendo las palabras de Jesús. Jesús dijo ὑμεῖς ἐστε τὸ ἅλας τῆς γῆς *"vosotros sois la sal de la tierra"*. ¿A quiénes se estaba refiriendo? Sin duda primariamente a los que él había escogido para ser sus discípulos y enviarlos luego en misión apostólica. Son los que habían descendido con él al lugar donde predicaba y le rodeaban acompañándole en todo momento. Pero, por extensión alcanza a todos los que en el tiempo llegarían a ser sus discípulos, de todas las naciones, en el transcurso de la historia (Mt. 28:19). La sal de la tierra sólo es posible cuando en cada uno de los discípulos de Cristo haya el componente espiritual que los hace sal a ellos mismos. De este modo recoge Marcos en su Evangelio: "*Tened sal en vosotros mismos*" (Mr. 9:50). El buen sabor de la gracia es lo que produce por comunión el buen sabor de la vida cristiana. No se puede salar sin sal, no hay vida de testimonio posible sin la comunión vivencial con la vida de Cristo.

Junto con la demanda de ser sal, el Señor presenta un problema: ἐὰν δὲ τὸ ἅλας μωρανθῇ, ἐν τίνιά λισθήσεται *"si la sal se desvaneciere, ¿con qué será salada?"*. Los liberales toman estas palabras para afirmar su oposición a la inspiración plenaria de la Escritura. Ellos encuentran aquí un *error* científico. La sal nunca puede desvanecerse, es decir, nunca puede dejar de ser *salada* si es realmente sal. Como compuesto químico la sal nunca pierde su sabor. Sin embargo, el verbo que Mateo utiliza aquí[16] tiene el sentido de *hacerse vano*, literalmente se lee *"si la sal se vuelve necia"*. El verbo tiene una raíz que lo vincula con algo obtuso, lento, torpe, estúpido, etc. El Señor no está afirmando que la sal pudiera desvanecerse, es decir, dejar de ser salada, simplemente lo está apuntando como una hipótesis para resaltar la inutilidad que produciría si se pudiese llegar a esa situación. Es como si Jesús dijese: *"Suponed que ocurriría si la sal pudiese perder su salinidad, ¿cómo podría recuperarla?"*. Lo que Cristo está enfatizando con esta hipótesis es la realidad de los creyentes y no la apariencia externa del profesante (5:20). El que no obra como sal, es que nunca fue sal. Esto reviste una especial gravedad, porque si aquel que dice ser sal para otros no lo es ¿quién podrá ser sal para él? Solamente el salvo es sal en la tierra por tener el elemento espiritual que lo capacita en él mismo. El profesante tiene apariencia de ser sal, apariencia de piedad, pero con su vida niega la eficacia de ella. En la iglesia de Cristo

[16] Ver notas al texto griego.

siempre hubo y habrá, junto con los convertidos otros que solo son *convencidos*, que viven al estilo de los cristianos pero no tienen a Cristo.

Del hipotético problema de una sal que se desvanece, se desprende la consecuencia que traería: εἰς οὐδὲν ἰσχύει ἔτι εἰ μὴ βληθὲν ἔξω καταπατεῖσθαι τῶν ἀνθρώπων “*No sirve más para nada, sino para ser echada fuera y hollada por los hombres*”. Si lo que aparenta ser sal no lo es, es simplemente arena, que sólo es buena para ser pisada por las gentes. No vale para las funciones de la sal, y solo puede ser usada para las propias de la tierra, servir de sustento a los pies de las gentes que caminen sobre ella. La hipocresía espiritual conducirá a esa situación. Los que sin ser hijos del reino de los cielos, se consideran como tales, su único destino no será el de la vida en el reino, sino el ser tomados, como intrusos sin derecho al reino y echados en las tinieblas de afuera (Mt. 8:12). En esta misma línea de comportamiento contrario a lo que realmente se es, debe recordarse el deterioro que la sal produce cuando se echa sobre la tierra, haciéndola improductiva. De ese modo se actuaba cuando se quería causar un daño definitivo sobre alguna propiedad. Así actuó Abimelec con Siquem (Jue. 9:45). La piedad aparente sirve muchas veces para hacer estéril el mensaje del evangelio, como consecuencia del mal testimonio de los que aparentan ser cristianos. Incluso este problema hace estéril también el alimento de la Palabra en aquellos que observan la conducta inconsecuente de otros que se llaman hermanos. Uno de los daños más graves que se ha hecho sobre muchas generaciones de sencillos creyentes, fue la hipocresía de quienes hablaban de santidad en la iglesia y eran infames en el mundo. Otros naufragaron al ver como la unidad y comunión solo se mantenía con aquellos que simpatizaban con el pensamiento del liderazgo, mientras se marginaba a quienes discrepaban de ellos, no en asuntos de doctrina, sino en opiniones personales. Muchos adolescentes y jóvenes fracasaron en la fe porque vieron como quienes debían manifestar amor por los demás expresaban rencor y odio contra ellos. Muchos hijos de cristianos están en el mundo por haber visto el mal ejemplo de sus padres en lo que se refiere al amor y a la comprensión mutua en el hogar.

14. Vosotros sois la luz del mundo; una ciudad asentada sobre un monte no se puede esconder.

ὑμεῖς	ἐστε	τὸ	φῶς	τοῦ	κόσμου. οὐ	δύναται	πόλις	κρυβῆναι	ἐπάνω
Vosotros	sois	la	luz	del	mundo; no	puede	una ciudad	ser escondida	sobre
ὄρους					κειμένη·				
monte					situada.				

Notas sobre el texto griego.

Sois, considerada antes, ver versículo anterior.

La luz del mundo, construcción normal con los sustantivos φῶς, *luz* y κόσμου, *del mundo*.

Asentada sobre un monte, ἐπάνω ὄρους κειμένη, expresión con ἐπάνω, adverbio que significa *sobre, encima*; ὄρους, forma del genitivo singular neutro del sustantivo ὄρος, *monte*, aquí como *un monte*; καιμένη, forma del nominativo singular femenino con el participio presente en voz pasiva del verbo κεῖμαι, equivalente a *yacer, estar tendido*, traducido aquí como *asentada*, con la idea de extendida sobre un monte.

No se puede esconder, οὐ δύναται ... κρυβῆναι, cláusula negativa con οὐ, no; δύναται, tercera persona singular del presente de indicativo en voz media del verbo δύναμαι, equivalente a *ser capaz, tener poder*, aquí como *se puede*; y κρυβῆναι, aoristo segundo de infinitivo en voz pasiva del verbo κρύπτω, con sentido de *cubrir, ocultar, mantener escondido*, aquí como *esconder*.

Después de la metáfora de la sal, una nueva sobre la luz: ὑμεῖς ἐστε τὸ φῶς τοῦ κόσμου, "*Vosotros sois la luz del mundo*". La luz tiene como condición propia la de comunicarse disipando las tinieblas. Fue el primer elemento creado por Dios (Gn. 1:3). Sin duda nada más importante e imprescindible que la luz. Un universo en tinieblas es impensable; la vida sobre la tierra no sería posible sin la luz. Jesús se calificó a sí mismo como "*la luz del mundo*" (Jn. 8:12). El Evangelio según Juan presenta a Jesús como la luz de Dios que hacía irrupción en el mundo en tinieblas, brillando para todos los hombres (Jn. 1:9). En la Biblia la luz equivale al verdadero conocimiento de Dios, de tal modo que el salmista dice: "*contigo está el manantial de la vida; en tu luz veremos la luz*" (Sal. 36:9). La luz o la vida en la luz está relacionada con la bondad, justicia y verdad (Ef. 5:8–9). El camino del justo está rodeado de luz; la luz ilumina continuamente su senda produciendo con ello alegría y gozo, por eso la Biblia dice: "*luz está sembrada para el justo, y alegría para los rectos de corazón*" (Sal. 97:11). La presencia del Mesías en la tierra hizo que el pueblo que andaba en tinieblas viese gran luz (Is. 9:2). La metáfora de la luz puede ampliarse hasta comprender todas las bendiciones que proceden de la salvación (Lc. 1:77–79). La verdadera luz es Dios y está en Él, de ahí que se afirme que Dios es luz (1 Jn. 1:5). En ese sentido, quien está en Dios y Dios en él por Cristo, se convierte en un luminar al resplandecer en él la luz de Dios (Fil. 2:15). Cuando se habla de *brillar*, de lucir como un luminar, una lumbrera, en un mundo en tinieblas se está diciendo lo mismo que *vivir a Cristo* (Gá. 2:20; Fil. 1:21). Solo es luminosa la vida del que Dios se hace vida y luz en el mismo por su presencia vivencial. El creyente no es luz por sí mismo, sino que la luz de Dios le es comunicada por la presencia de Cristo en él. El Señor es la única y verdadera luz. Por eso el salmista dice que "*el Señor es mi luz y mi salvación*" (Sal. 27:1); y por tanto solo en él "*veremos luz*" (Sal. 36:9). La luz necesaria para el camino santo y sin tropiezo del creyente procede de Dios, a quién se dirige la súplica: "*Envía tu luz y tu verdad; estás me guiarán; me conducirán a tu santo monte, y a tus moradas*" (Sal. 43:3). Mientras que el mundo desorientado es conducido por sendas que concluyen en muerte, el creyente alumbrado por Dios es conducido a Dios mismo, su alegría y su gozo (Sal. 43:4). Dios ha dado a Cristo por luz de salvación a todas las naciones (Is. 49:6). De ahí que el profeta diga al pueblo que estaba en la esperanza del Mesías, que su llegada traería consigo la luz y la gloria de Dios (Is. 60:1). La irrupción del Verbo de Dios hecho carne, en el mundo de los hombres, hizo resplandecer la luz de Dios como la aurora naciente del día de salvación, para dar luz a los que estaban en tinieblas y alumbrar el camino de la paz (Lc.

1:78–79). La luz de Dios para los gentiles se manifestó también en Cristo (Lc. 2:32). Por eso nadie más que Jesús podía decir de sí mismo: "*Yo soy la luz del mundo; el que me sigue no andará en tinieblas, sino que tendrá la luz de la vida*" (Jn. 8:12); y afirmar que "*entre tanto que estoy en el mundo, luz soy del mundo*" (Jn. 9:5). Cuando el Señor llamó a la fe lo hizo también en relación con la luz, proclamando un cambio de las tinieblas a su luz admirable: "*Aún por un poco está la luz entre vosotros; andad entre tanto que tenéis luz, para que no os sorprendan las tinieblas; porque el que anda en tinieblas, no sabe a dónde va. Entre tanto que tenéis la luz, creed en la luz, para que seáis hijos de luz. Yo, la luz, he venido a este mundo, para que todo aquel que cree en mí no permanezca en tinieblas*" (Jn. 12:35–36).

El creyente no es luz en sí mismo, pero es luz en el Señor. La acción salvadora de Dios hace posible esta transformación, "*porque Dios, que mandó que de las tinieblas resplandeciese la luz, es el que resplandeció en nuestros corazones, para iluminación del conocimiento de la gloria de Dios en la faz de Jesucristo*" (2 Co. 4:6). Por esa razón dice Pablo, al referirse a los cristianos: "*porque en otro tiempo erais tinieblas, más ahora sois luz en el Señor*" (Ef. 5:8). Quien permanece en comunión con Cristo, quien vive la luz de Dios en Cristo en su propia vida, es luz a los demás (Jn. 15:4, 5). Andar en luz, brillar, ser luz, es poder señalar el rumbo al que vive en tinieblas, lo que es el cumplimiento fiel de la comisión que Cristo dio a los creyentes (Hch. 1:8).

Esto conduce a la gran lección del testimonio que Jesús enseñó con la figura de la luz: οὐ δύναται πόλις κρυβῆναι ἐπάνω ὄρους κειμένη "*Una ciudad asentada sobre un monte no se puede esconder*". De la figura sencilla de la luz individual a la efusión luminosa de la colectividad de creyentes, que son hijos de luz y deben andar en la luz, brillando en el mundo (1 Ts. 5:5; Fil. 2:15). En algún sentido los creyentes son puestos como señales luminosas en el mundo de confusión y pecado, como fueron Isaías y sus hijos (Is. 8:18). El énfasis de la metáfora está en situar la luz en un monte alto que no puede ocultarse a la vista. La realidad es a veces otra, pero la evidencia de la luz de Dios en los cristianos debiera ser semejante a la de una gran ciudad situada sobre un monte, incapaz de dejar de ser apreciada por quienes estén mirando en aquella dirección. La ciudad donde nosotros vivimos está edificada sobre varios montes, si hay algo que siempre me impresiona es ir aproximándose a ella en la noche. Desde mucha distancia el resplandor de las luces de la ciudad se aprecia en la oscuridad, pero, cuando ya los montes no lo impiden, aparece el espectáculo soberbio de una gran extensión de luces sobre los montes que se hacen visibles desde cualquier lugar. La Iglesia está llamada a ser como conjunto de cristianos, luz a un mundo en tinieblas. Su testimonio debiera ser imposible de ocultar y el resplandor de su conducta absolutamente visible para todos los hombres. Nada debiera hacer posible que se ocultase a la vista o pasase desapercibido. Es la luz suprema de Dios en Cristo brillando en las vidas de todos los que son sus discípulos. Dios brillando con su luz a los perdidos por medio de personas regeneradas, que en Cristo son luz en el Señor. Una exhortación concluyente: "*En otro tiempo erais tinieblas, más ahora sois luz en el Señor; andad como hijos de luz (porque el fruto del Espíritu*[17] *es en toda bondad, justicia y verdad), comprobando lo que es agradable al Señor. Y no participéis en las obras infructuosas de las tinieblas, sino más bien reprendedlas"* (Ef. 5:8–11). Sólo en este modo se llega a ser verdaderamente luminares que resplandecen en un mundo en tinieblas y orientan los pasos de los extraviados, conduciéndolos a Cristo, la única luz del mundo.

15. Ni se enciende una luz y se pone debajo de un almud, sino sobre el candelero, y alumbra a todos los que están en casa.

οὐδὲ	καίουσιν	λύχνον	καὶ	τιθέασιναὐτὸν	ὑπὸ	τὸν	μόδιον	ἀλλ'	ἐπὶ
Ni	enciende	lámpara	y	ponen la	debajo	del	almud	sino	sobre
τὴν	λυχνίαν,	καὶ	λάμπει	πᾶσιν	τοῖς	ἐν	τῇ	οἰκίᾳ.	
el	candelero	y	alumbra	a todos	los	en	la	casa.	

Notas sobre el texto griego.

Ni se enciende una luz, οὐδὲ καίουσιν λύχνον, cláusula negativa con οὐδὲ, *ni;* καίουσιν, tercera persona plural del presente de indicativo en voz activa del verbo καίω, que significa *arder,* aquí con sentido de *se enciende;* λύχνον, forma del acusativo singular masculino del sustantivo λύχνος, que significa *lámpara.*

Se pone debajo del almud, expresión con τιθέασιν, tercera persona plural del presente de indicativo en voz activa del verbo τίθημι, *poner,* aquí como *se pone;* ὑπὸ, *debajo;* y μόδιον, forma del acusativo singular masculino del sustantivo μόδιος, que significa *almud.* El almud era una medida para granos que equivalía aproximadamente a nueve litros.

Alumbra, λάμπει, tercera persona singular del presente de indicativo en voz activa del verbo λάμπω, equivalente a *resplandecer, alumbrar,* aquí como *alumbra.*

Después de la luz sobre la montaña el Señor pasa a ilustrar la vida del creyente siguiendo la metáfora de la luz en la casa. La enseñanza se introduce mediante una comparación negativa. La luz οὐδὲ καίουσιν λύχνον καὶ τιθέασιν αὐτὸν ὑπὸ τὸν μόδιον, "*ni encienden lámpara y la ponen debajo del almud*", no se enciende para ocultarla, sino para que alumbre. El μόδιον almud era una medida para grano hecha con madera en forma de cubo o pirámide truncada, que podía equivaler a un celemín. Mateo utiliza aquí el sustantivo *módios,* que era equivalente a dieciséis sextarios, aproximadamente unos 13 litros. El Señor procuraba que sus oyentes se diesen cuenta de lo inconsecuente que sería encender una luz para taparla luego, de modo que aunque encendida no iluminase el lugar, o lo que es igual, no valiese para nada, no fuese de ninguna utilidad. Habría luz encendida, pero el entorno permanecería en tinieblas. Por el contrario, la luz encendida se debía poner sobre un lugar elevado para que iluminase la mayor zona posible, cumpliendo así su función de iluminar. Un λυχνίαν *candelero,* es un soporte para

[17] En muchos mss. se lee: *"el fruto de la luz",* en lugar del fruto del Espíritu.

lámparas. Ese es el significado en cada una de las doce veces que ocurre la palabra en el Nuevo Testamento[18]. Es interesante el orden de los verbos, primero se enciende y luego alumbra. Así ocurrió también con Juan el Bautista, la antorcha que ardía y alumbraba (Jn. 5:35).

En ἐν τῇ οἰκίᾳ la casa, una sola luz λάμπει πᾶσιν alumbra a todos. De la ilustración de muchas luces sobre un monte a la intimidad de una sola luz en la casa. Un solo creyente puede iluminar a todos los que están con él en el hogar, compartiendo la misma casa. El testimonio luminoso de un creyente no ha de verse sólo en el mundo, sino también en la comunión de la familia. En cada circunstancia el creyente debe manifestarse como aquello para lo que ha sido escogido por Dios: "*Más vosotros sois linaje escogido, real sacerdocio, nación santa, pueblo adquirido por Dios, para que anunciéis las virtudes de Aquel que os llamó de las tinieblas a su luz admirable*" (1 P. 2:9). El ejemplo de virtudes, es decir, de la acción poderosa y transformadora de Dios, debe verse continuamente en el hogar, donde la intimidad hace necesariamente más conocida a la persona, que en el mundo o en la iglesia. El ejemplo del hogar de Timoteo es elocuente, donde una madre y una abuela alumbraba con su fe no fingida (2 Ti. 1:5). El testimonio en el hogar es esencial para la propia familia y para el mundo. Nada más frustrante que un cristiano que pretende alumbrar en el mundo y en la iglesia, pero se manifiesta con un comportamiento propio de quien está en tinieblas, dentro de su hogar. Nada más contrario al testimonio y que cause mayores fracasos en la evangelización de los hijos, que unos padres que hablan del amor de Dios pero que son incapaces de amarse entre ellos o al resto de la familia.

El creyente debe alumbrar también con su testimonio en la Iglesia, que es la casa de Dios. Es allí donde debe prestarse especial atención en ese sentido. Pablo escribía a Timoteo una carta con el propósito de que supiese como debía comportarse en la casa de Dios, que es la iglesia del Dios viviente (1 Ti. 3:15). En la congregación de creyentes el testimonio luminoso de quien es luz en el Señor se manifestará en una vida ejemplar que sea referencia a los más jóvenes, sobre todo cuando se trate de líderes, como Pablo exhortaba a Timoteo: "*se ejemplo de los creyentes en palabra, conducta, amor, espíritu, fe y pureza*" (1 Ti. 4:12). Ejemplo equivale a *tipo*, modelo a imitar. Ser ejemplo en palabra exige conversaciones ejemplares, positivas y edificantes (Ef. 4:29, 31, 32). Las conversaciones negativas, los chismes y las quejas, destruyen en lugar de edificar. Una persona resentida se amarga a sí misma y amarga a los demás. El ejemplo se extiende también a la conducta, la forma de comportarse. Ejemplo como expresión de amor, mostrando una exquisita consideración hacia los demás, preocupación por el prójimo e interés por el bien ajeno (1 Co. 10:24). Ejemplo de espíritu, término que no aparece en la mayoría de los mss. pero que tendría expresión en la espiritualidad genuina del cristiano, lejos de cualquier manifestación de mera religiosidad o de piedad aparente, mediante una vida bajo la conducción y dirección del Espíritu (Gá. 5:16). Vida luminosa en el campo de la fe, o de la

[18] Archibald Thomas Robertson. *Figuras de lenguaje del Nuevo Testamento.* Clie. Terrassa, 1985.

fidelidad. Un creyente leal a Dios, que expresa esa lealtad en el plano de la iglesia local, como expresión visible del fruto del Espíritu (Gá. 5:22). Ejemplo de vida luminosa en el terreno de la pureza, mediante un testimonio intachable. Exige apartarse de cualquier manifestación de intimidades y relaciones pecaminosas, como ocurría en Corinto (1 Co. 5:1). Pero, en general, se trata de una moral digna en conformidad con la ética que Dios establece. Los líderes deben brillar en la iglesia con la luz del ejemplo personal. Baste recordar las palabras de Pedro: "*Ruego a los ancianos... apacentad la grey de Dios que está entre vosotros, cuidando de ella, no por fuerza, sino voluntariamente; no por ganancia deshonesta, sino con ánimo pronto; no como teniendo señorío sobre los que están a vuestro cuidado, sino siendo ejemplos de la grey*" (1 P. 5:1–3). El testimonio cristiano de una vida luminosa debe ser visible a todos, tanto en el hogar como en la iglesia.

16. Así alumbre vuestra luz delante de los hombres, para que vean vuestras buenas obras, y glorifiquen a vuestro Padre que está en los cielos.

οὕτως	λαμψάτω	τὸ	φῶς	ὑμῶν	ἔμπροσθεν	τῶν	ἀνθρώπων,	ὅπως
Así	alumbre	la	luz	de vosotros	delante	de los	hombres,	para

ἴδωσιν	ὑμῶν	τὰ	καλὰ	ἔργα	καὶ	δοξάσωσιν	τὸν	Πατέρα	ὑμῶν
que vean	de vosotros	las	buenas	obras	y	glorifiquen	al	Padre	de vosotros

τὸν	ἐν	τοῖς	οὐρανοῖς.
él	en	los	cielos.

Notas sobre el texto griego.

Así alumbre, οὕτως λαμψάτω, cláusula con οὕτως, adverbio que significa *así*; λαμψάτω, tercera persona singular del aoristo primero de imperativo en voz activa del verbo λάμπω, *alumbrar, brillar*, aquí como *alumbre*.

Delante, ἔμπροσθεν, se usa adverbialmente con significado de *delante*.

Vean, ἴδωσιν, tercera persona plural del aoristo segundo de subjuntivo en voz activa del verbo ὁράω, que equivale a *ver*, aquí como *vean*.

Glorifiquen, δοξάσωσιν, tercera persona plural del aoristo primero de subjuntivo en voz activa del verbo δοξάζω, con sentido de *magnificar, glorificar, exaltar, alabar*, aquí como *glorifiquen*.

El resto del texto sigue a la letra la traducción interlineal, con el verbo *estar*, implícito en la oración.

La enseñanza sobre la influencia del creyente, ilustrada mediante las metáforas de la sal y de la luz, se complementa con un mandamiento que el Señor establece para quienes son hijos de Dios en el reino de los cielos. Les manda que cumplan la misión para la que han sido dotados, alumbrando como luminares en donde se encuentren: οὕτως λαμψάτω τὸ φῶς ὑμῶν ἔμπροσθεν τῶν ἀνθρώπων, *"así alumbre vuestra luz delante de los hombres"*. La luz pone de manifiesto la realidad de las tinieblas. La luz de Dios brilló en las tinieblas del mundo alumbrando a todo hombre (Jn. 1:9). Aquel brillar de la luz de Dios en la persona de Jesucristo puso de manifiesto la suciedad del pecado en los hombres, que reaccionaron contra la luz porque denunciaba su situación personal (Jn. 3:19). De otro modo, los hombres que amaban su vida de pecado, procuraron apagar la luz de Dios que brillaba en la Persona y obra de Jesucristo, hasta el extremo de procurar y ejecutar su muerte. Es natural que quien vive en pecado desprecie la luz (Jn. 3:20). La luz de Dios en el testimonio y ejemplo del Señor, ponía en evidencia la miseria de quienes sólo eran meros profesantes, pero que mantenían una vida contraria a la verdadera piedad. Jesús fue perseguido, despreciado, cuestionado y finalmente crucificado porque manifestó lo oculto de las tinieblas que había en el hombre. En identificación con Cristo, brillando con la luz que Él es en cada uno de los que han nacido de nuevo, el creyente lleva a cabo ahora la misma obra que fue la del Señor, en la denuncia sin palabras, con la luz de una vida transformada y poderosa de la realidad de vidas entenebrecidas por el pecado.

La luz que pone de manifiesto la realidad de las tinieblas también explica *la causa* de las tinieblas. La razón de la situación del mundo no tiene explicación para el hombre, que busca respuestas en su propio razonamiento, autoconvenciéndose falsamente de lo que no es real. La única respuesta a la situación de entenebrecimiento del mundo obedece a la rebeldía del hombre como consecuencia de un corazón malo. Las alteraciones y fracasos, la violencia y miseria moral de la sociedad ocurren a causa de un corazón que no ha querido tener en cuenta a Dios (Ro. 1:18ss). La desorientación del mundo que busca un camino que conduzca a la solución de su fracaso, o de sus múltiples fracasos, es la consecuencia de seguir un camino sin luz, en abierto rechazo a Cristo y su oferta (Jn. 8:12). No hay descanso porque se busca en donde no se puede alcanzar, mientras el Señor invita a todos los fracasados a acudir a Él para encontrar en Él descanso para el alma (Mt. 11:28). Es necesario seguir de cerca a Cristo para gozar de su luz admirable (Jn. 12:35). Nadie puede advertir al mundo de su fracaso en relación con la búsqueda de la luz orientadora, más que aquellos que han pasado de las tinieblas a la luz y que resplandecen como luminares en el mundo.

La luz ofrece también la única salida a la situación de oscuridad y tinieblas. El hombre necesita recibir el mensaje de buenas nuevas que lo conduzca a la única luz que es Cristo mismo. El Evangelio, aceptado por fe, produce un cambio profundo e íntimo que hace que el pecador ame la luz, cuando antes se deleitaba en las tinieblas. El Evangelio es poder de Dios para salvación (Ro. 1:16, 17). Este mensaje transformador no sólo debe ser proclamado con palabras, sino también y muy especialmente con la vida luminosa de quienes son hijos de luz. La conducta de ellos conducirá a muchos a Cristo *sin palabras*, a ver su ejemplo de vida (1 P. 3:1).

El Señor determina, junto con el mandamiento de alumbrar, el modo de hacerlo: ὅπως ἴδωσιν ὑμῶν τὰ καλὰ ἔργα *"para que vean vuestras buenas obras"*. Es el evangelio silencioso que se expresa con acciones y no con palabras. La vida en luz del creyente no alumbra para que el mundo vea al creyente y lo alabe a él por sus buenas acciones, sino que sea un elemento para glorificar a Dios. Las buenas obras son evidencia visible de la fe salvífica. Es cierto que el creyente no se salva por obras, pero se salva para obras. De modo que la fe que no obra, es decir, que no opera en una manifestación de vida transformada, no es verdadera fe, sino mera credulidad (Stg. 2:17, 26). Las buenas obras no se hacen para ser santos, sino porque se es santo. Es decir, no se hacen para santificación, sino como expresión visible de ella. No es suficiente que los hombres oigan el evangelio predicado por los creyentes con buenas palabras, es preciso que lo vean expresado en las buenas obras de quienes lo predican. Las buenas obras no son el resultado del esfuerzo personal del cristiano, sino el estilo propio de vida de quien ha sido salvo. Es un obrar en consonancia con la voluntad de Dios, que determinó de antemano el buen obrar para que el creyente ande en Él (Ef. 2:10). Es necesario entender bien que Dios no estableció esas buenas obras para que el creyente *las practique*, sino para que *ande* en ellas, es decir para que el buen obrar, el pasar *haciendo bienes*, sea el modo natural de su vida. Este buen obrar conforme a la voluntad de Dios fue manifestado por Cristo, quien anduvo *haciendo bienes* (Hch. 10:38), por tanto, sólo es posible vivir en la dimensión que Dios demanda en la medida en que se viva a Cristo, y esto depende de la entrega y sujeción a la dirección y control del Espíritu (Gá. 5:16). Las buenas obras no son el resultado del esfuerzo religioso, sino el estilo de vida del salvo, operado en su intimidad por el poder de Dios (Fil. 2:12–13).

El objetivo final del mandato de Jesús tiene que ver con la gloria de Dios: καὶ δοξάσωσιν τὸν Πατέρα ὑμῶν τὸν ἐν τοῖς οὐρανοῖς, *"y glorifiquen a vuestro Padre que está en los cielos"*. Que Dios sea glorificado por la conducta y testimonio de sus hijos. Es necesario entender claramente que cuando Dios salva a alguien lo hace con un propósito principal, que sea glorificado en él. Por tres veces enfatiza el apóstol Pablo esta verdad, que Dios salva para alabanza de su gloria (Ef. 2:6, 12, 14). El creyente está puesto para glorificar a Dios. Ese debe ser el objetivo principal que motive toda acción: *"Si, pues, coméis o bebéis, o hacéis otra cosa, hacedlo todo para la gloria de Dios"* (1 Co. 10:31). Una buena forma de entender lo que es correcto o no en la vida cristiana es preguntarse si se puede dar gracias a Dios por lo que se está haciendo, o si aquello está glorificando a Dios. En el pasaje se menciona por primera vez en el Nuevo Testamento la relación paterno filial de Dios con el creyente. Dios es para el creyente *el Padre que está en los cielos*. Por tanto, quien tiene a Dios por Padre debe reflejar su carácter, *"pues como Él es, así somos nosotros en este mundo"* (1 Jn. 4:17). El mandamiento del Señor se traslada a la Iglesia en los escritos apostólicos, cuando se dice: *"manteniendo buena vuestra manera de vivir entre los gentiles; para que en lo que murmuran de vosotros como de malhechores, glorifiquen a Dios en el día de la visitación, al considerar vuestras buenas obras"* (1 P. 2:12). El proceso es sencillo y claro: El creyente practica y sigue una vida de buen obrar. El mundo le observa. Dios es glorificado por el estilo de vida del que se llama su hijo. Esta enseñanza del *Sermón del Monte*, sirve para entender que la alabanza no es una *actividad*, sino una *actitud*, que no se alaba con ciertas formas, como el cántico y la oración, sino con cada momento de la vida cristiana. De otro modo, el creyente alaba o desprestigia a Dios con su vida.

Bibliografía.

Biblias.

BA: *La Biblia de las Américas*. 1986. The Lockman Foundation, Anaheim, California.

BJ: *Biblia de Jerusalén*. 1975. Desclée de Brouwer, Bilbao.

BT: *Biblia Textual, el Nuevo Testamento*. 2001. Sociedad Bíblica Iberoamericana.

CI: *Sagrada Biblia*, versión crítica por Francisco Cantera Burgos y Manuel Iglesias González. 1979. Biblioteca de Autores Cristianos, Madrid.

DHH: *Dios habla hoy*, versión popular del Nuevo Testamento. Sociedades Bíblicas Unidas.

LACUEVA: *Nuevo Testamento interlineal griego-español*. Traducción de Francisco Lacueva. 1984. Editorial CLIE, Terrassa.

LXX: *The Septuagint with Apocrypha, Greek and English*. Edición de Sir Lancelot Brenton (1851). 1995. Hendrickson Publishers.

NVI: *Nueva Versión Internacional del Nuevo Testamento*. 1975. Sociedades Bíblicas Unidas.

RV60: *La Santa Biblia, versión de Casiodoro de Reina y Cipriano de Valera, revisión de 1960*. Sociedades Bíblicas Unidas.

RV95: *La Santa Biblia, versión de Casiodoro de Reina y Cipriano de Valera, revisión de 1995*. Sociedades Bíblicas Unidas.

RVA: *Santa Biblia, versión Reina-Valera actualizada*. 1989. Editorial Mundo Hispano, El Paso, Texas.

Comentarios y otros.

W. F. ALBRIGHT y C. S. MANN: *Matthew*, en *The Anchor Bible*. 1971. Doubleday & Company, Nueva York.

Willoughby C. ALLEN: *A Critical and Exegetical Commentary on the Gospel according to Saint Matthew*. 3ª edición, 1912. T. & T. Clark, Edimburgo.

William BARCLAY: *El Nuevo Testamento comentado*, volumen 1: *Mateo I*. 1973. Editorial La Aurora, Buenos Aires.

James BARTLEY: *Mateo*, tomo 14 del *Comentario Bíblico Mundo Hispano*. 1993. Editorial Mundo Hispano, El Paso, Texas.

Pierre BONNARD: *Evangelio según San Mateo*. 1976. Ediciones Cristiandad, Madrid.

John A. BROADUS: *El Evangelio según Mateo*, tomo 1 del *Comentario Expositivo sobre el Nuevo Testamento*. 1959. Casa Bautista de Publicaciones, Barcelona.

Burt, D. F. (2003). ¿Qué Hombre es Éste?, Mateo 7:28–9:34 (1a Edición., Vol. 6, pp. 269–271). Barcelona: Publicaciones Andamio.

David BROWN (Roberto Jamieson, A. R. Fausset y David Brown): *Comentario exegético y explicativo de la Biblia; tomo III, Nuevo Testamento*. 1959. Casa Bautista de Publicaciones, Barcelona.

F. F. BRUCE: *¿Son fidedignos los documentos del Nuevo Testamento*? 1972. Editorial Caribe, Miami.

Donald A. CARSON: *Cuando Jesús confrontó al mundo; una exposición bíblica de Mateo 8–10*. 1996. Publicaciones Andamio, Barcelona.

CENT: *Comentario Expositivo del Nuevo Testamento*, por David F. Burt. Varios volúmenes. Publicaciones Andamio, Barcelona.

J. Knox CHAMBLIN: *Matthew*, en *The Marshall Pickering Commentary on the NIV*. 1991. Marshall Pickering, Londres.

J. J. C. COX: *Gadara*, en ISBE, volumen 2.

Ralph EARLE: *Mateo*, en el volumen VI del *Comentario bíblico Beacon*. 1991. Casa Nazarena de Publicaciones, Kansas City.

H. L. ELLISON: *The Gospel according to Matthew*, en *A New Testament Commentary*. 1969. Pickering and Inglis Ltd.

Carlos R. ERDMAN: *El Evangelio de Mateo*. 1974. T.E.L.L., Grand Rapids.

R. T. FRANCE: *Matthew*, en *Tyndale New Testament Commentaries*. 1985. Inter-Varsity Press, Leicester.

Santiago GUIJARRO: *El mensaje del Nuevo Testamento: Evangelio según San Mateo*. 1991. Ediciones Sígueme (y otras), Salamanca.

Robert H. GUNDRY: *Matthew, a Commentary on his Literary and Theological Art*. 1982. William B. Eerdmans Publishing Company, Grand Rapids.

Donald GUTHRIE: *New Testament Introduction*. 1970. Tyndale Press, Londres.

William HENDRIKSEN: *El Evangelio según San Mateo*. 1986. Subcomisión literatura cristiana, T.E.L.L., Grand Rapids.

Matthew HENRY: *Concise Commentary on the Whole Bible*. Moody Press, Chicago.

H. A. IRONSIDE: *Estudios sobre Mateo*. 1986. Editorial CLIE, Terrassa.

ISBE: *The International Standard Bible Encyclopedia*. Volumen 1, 1979; volumen 2, 1982; volumen 3, 1986; volumen 4, 1988. Wm. B. Eerdmans Publishing Company, Grand Rapids, Michigan.

Flavio JOSEFO: *Los escritos esenciales (Antigüedades de los judíos; Las guerras de los judíos)*, editados por Paul Maier. 1988. Editorial Portavoz, Grand Rapids.

LACUEVA-HENRY: *Comentario exegético-devocional a toda la Biblia por Matthew Henry, traducido y adaptado al castellano por Francisco Lacueva. Mateo*. 1984. Editorial CLIE, Terrassa.

Roland Q. LEAVELL: *Mateo: el Rey y el Reino*. 1988. Casa Bautista de Publicaciones, El Paso, Texas.

R. C. H. LENSKI: *Interpretation of St. Matthew's Gospel*. 1932. Columbus.

Ulrich LUZ: *El Evangelio según San Mateo*, volumen 1. 1993. Ediciones Sígueme, Salamanca.

William MACDONALD: *Comentario al Nuevo Testamento*. 1995. Editorial CLIE, Terrassa.

Jerome MURPHY-O'CONNOR: *The Holy Land*. Cuarta edición revisada, 1998. Oxford University Press.

NDB: *Nuevo Diccionario Bíblico*. 1991. Ediciones Certeza, Barcelona.

R. E. NIXON: *Matthew*, en *The New Bible Commentary Revised*. 1970. Inter-Varsity Press, Londres.

W. L. PETTINGILL: *Estudios sencillos sobre Mateo*. 1986. Editorial CLIE, Terrassa.

Arthur ROBERTSON: *Mateo*. 1994. Editorial Portavoz, Grand Rapids, Michigan.

J. C. RYLE: *Los Evangelios explicados: Mateo*. Reimpresión de 1988. Editorial CLIE, Terrassa.

Bernardo SÁNCHEZ: *Mateo*. Volumen 10 de *La Biblia y su mensaje*. 1993. Unión Bíblica, Barcelona.

Josef SCHMID: *El Evangelio según San Mateo*. 1991. Editorial Herder, Barcelona.

José de SEGOVIA: *Notas diarias sobre Mateo*, en *Mi encuentro diario con Dios*. Enero a julio de 1998. Unión Bíblica, Esplugues de Llobregat, Barcelona.

A. B. SIMPSON: Mateo; *Comentario al Evangelio*. 1985. Editorial CLIE, Terrassa.

R. V. G. TASKER: *The Gospel according to St. Matthew*. 1961. The Tyndale Press, Londres.

Richard C. TRENCH: *Notes on the Miracles of Our Lord*. 1878. Syckelmoore, Filadelfia.

Ernesto TRENCHARD: *Introducción a los cuatro Evangelios*. 1961. Reimpresión de 1994. Editorial Portavoz, Grand Rapids.

Juan de VALDÉS: *El Evangelio según San Mateo*. Edición de 1986. Editorial CLIE, Terrassa.

A. Lukyn WILLIAMS y B. C. CAFFIN: *St. Matthew*. Volumen 15 de *The Pulpit Commentary*. William B. Eerdmans Publishing Company, Grand Rapids.